本项研究得到国家社会科学基金重点项目"中华民国新闻史研究

南京师范大学民国新闻史研究所丛书（第二
新闻史人物研究系列 ｜ 倪延年 主编

社会与人生：
新闻人范长江研究

周浒 著

南京师范大学出版社

图书在版编目(CIP)数据

社会与人生：新闻人范长江研究 / 周浒著. --南京：南京师范大学出版社，2025.4
(南京师范大学民国新闻史研究所丛书 / 倪延年主编. 第二辑)
ISBN 978-7-5651-5691-5

Ⅰ.①社… Ⅱ.①周… Ⅲ.①范长江(1909-1970)—人物研究 Ⅳ.①K825.42

中国国家版本馆 CIP 数据核字(2023)第 184588 号

丛 书 名	南京师范大学民国新闻史研究所丛书(第二辑)
丛书主编	倪延年
书　　名	社会与人生：新闻人范长江研究
作　　者	周浒
策划编辑	晏　娟
责任编辑	李思思
出版发行	南京师范大学出版社
地　　址	江苏省南京市玄武区后宰门西村 9 号(邮编：210016)
电　　话	(025)83598919(总编办)　83598412(营销部)　83373872(邮购部)
网　　址	http://press.njnu.edu.cn
电子信箱	nspzbb@njnu.edu.cn
照　　排	南京开卷文化传媒有限公司
印　　刷	镇江文苑制版印刷有限责任公司
开　　本	787 毫米×960 毫米　1/16
印　　张	15.75
字　　数	283 千
版　　次	2025 年 4 月第 1 版
印　　次	2025 年 4 月第 1 次印刷
书　　号	ISBN 978-7-5651-5691-5
定　　价	72.00 元
出 版 人	张　鹏

南京师大版图书若有印装问题请与销售商调换
版权所有　侵权必究

关于民国时期新闻史人物研究的再思考

——序《南京师范大学民国新闻史研究所丛书》（第二辑）

新闻史是新闻事业发生、发展和变化的历史。在构成新闻事业的诸要素中，新闻人是最具主动和能动性的要素。新闻活动是新闻人借助新闻媒介传播新闻内容至目标受众的社会活动，而新闻媒介只是新闻人为传播新闻创造且只有在新闻活动中才能发挥"新闻媒介"独特价值的"专业工具"，至于新闻内容更是新闻人发现、选择和传播的社会生活景象。因此，新闻史人物研究理应是新闻史研究的基本内容，中国新闻史研究如此，外国新闻史研究似乎也应是如此。

一

呈现在读者诸君面前的是一套由年轻新闻史学者完成的以民国时期新闻史人物为研究对象的学术丛书。他们有一个共同的身份或生活经历——都曾经是南京师范大学新闻与传播学院的博士研究生，都是在南京师范大学新闻与传播学院完成了博士研究生学业，博士阶段都是从事新闻史论方面选题的研究，论文主题也都是对民国时期新闻史人物的研究。

南京师范大学的前身是在新中国第一次高等院校专业调整中以原南京大学和公立金陵大学的中国语言文学和教育学专业为主体成立的南京师范学院。至于师范教育的历史则可溯源至公元1902年由清末名臣张之洞奏请清廷创办的"三江师范学堂"（而后历经两江优级师范学堂、国立南京高等师范学校、中央大学师范学院及南京大学师范学院等不同发展阶段，直到新中国成立后全国高等学校专业调整成立南京师范学院）。1964年6月，教育部批复江苏省委宣传部同意在南京师范学院（政教系）设立的新闻专业，成为新中国成立后南京师范学院设立的第一个非师范专业。全国恢复高考,学校在中文系77级招收40名新闻专业学生,培养方式为江苏省委宣传部《新华日报》和南京师范学院联办共管——这一模式被后人称为"省部共建高校新闻院系"的最早探索之一。1995年,学校在新闻专业和电化教育系基础上合并成立新闻与传播学院。2006年,南京师范大学的新闻学科获准设立由新闻学理论、新闻史论和新闻法学为主要研究方向的二级学科博士学位授权点,据说是当时全国省属师范院校中获准设立的唯一的新闻学二级学科博士学位授权点,因而被学界同行专家誉为"进入全国新闻教育第一方阵"。2008年开始招收新闻史论方向的博士研究生。2012年5月在学院乔迁进新办公大楼之际,南京师范大学新闻与传播学院民国新闻史研究所正式成立。2013年5月获准立项国家社会科学基金重点项目"中华民国新闻史研究",同年11年竞标成功新闻史学领域第一个国家社会科学基金重大项目"中华民国新闻史"。2014年5月成立国内高等学校第一个"南京师范大学民国新闻史研究所",学校聘请了所长,研究所聘请了第一批兼职研究员。自2014年起,南京师范大学和中国新闻史学会于2014、2015、2016及2018年先后举办了四届"民国新闻史研究高层学术论坛",先后出版了《民国新闻史研究2014》《民国新闻史研究2015》《民国新闻史研究2016》3本专题性研究集刊。

2018年11月南京师范大学出版社出版的"南京师范大学民国新闻史研究所丛书"(第一辑,收录了研究民国时期新闻人胡道静、林语堂、黄天鹏、马星野的4种专题研究著作),即是在这种浓郁的学术氛围中产生的第一套"民国新闻史人物研究丛书"。现在呈现给各位读者的则是《南京师范大学民国新闻史研究所丛书》(第二辑),分别收录了关于民国时期新闻史人物英敛之、任白涛和范长江等的3种专题研究著作(按原定计划,《南京师范大学民国新闻史研究所丛书》第二辑也是由4种子目著作组成。研究"新闻人陈独秀"一书因工作程序方面影响而未能列入该辑丛书,将另行出版)。这既是国家社会科学基金相关项目的后续研究成果,也是南京师范大学民国新闻史研究群体向学术界同仁呈交的又一份答卷。

二

《南京师范大学民国新闻史研究所丛书》(第一辑)序言中,我曾就民国时期新闻史人物研究的社会环境和评价维度等谈过一些看法。认为民国时期的社会环境具有"两半"(半殖民地半封建)社会性质依旧、国民党(在较长时间内)处于强势地位、共产党(在较长时间内)处于弱势地位、外国势力(主要是美、苏、日等国)影响中国政治及舆论影响政治走向等主要特点;评价民国时期新闻史人物可以从国家观念、民族利益、社会道德、阶段表现等不同维度进行,这些观念至今仍未改变。鉴于本辑丛书所收录3种著作的具体研究对象(历史人物)同样生活在民国时期,这里我想进一步就研究民国时期新闻史人物的基本要求问题谈一些个人看法。

首先,研究民国时期新闻史人物必须坚持尊重历史的原则。"尊重历史"是指研究民国时期的新闻史人物应当尊重历史文献和原始史料,尊重历史文献所记载的客观历史事实,尊重历史文献呈现的完整人物形象。与研究对象直接相关的文献史料,应该尽可能完整、系统、全面。应该依据有关文献的历史记载来描绘、叙述研究人物的人生轨迹、思想变化、社会贡献和历史评价。一切从客观存在的事实出发,一切从记载历史事实的历史文献出发,一切从完整全面地记载历史事实的历史文献出发,而不是从零碎的、片面的、有选择的历史文献中寻找符合研究者"人设"的文献进行阐释性"描绘"。特别应强调的是,对那些与研究者预设的研究结论不很一致的史料甚至是相反的史料,尤其应予以充分的尊重,而不应"有意识"地忽略。只有立足于站得住脚的史料,从史料呈现的历史本身来阐释研究人物的人生经历、思想变化,才能使我们的研究成果站得住脚,得出的结论经得住时人的辩驳,对历史人物的评价经得住历史的检验。

其次,研究民国时期新闻史人物必须坚持实事求是的原则。"实事求是"是指研究民国时期的新闻史人物必须把他们放在当时特定的历史社会环境中去认识和评价。因为在不同历史语境和多种因素作用下,同一历史人物很可能会有与他在其他历史阶段截然不同的社会表现。由于民国时期特定的社会环境(执掌政权的国民党竭力打压摧残共产党及其领导的工农民主革命)与当今社会意识形态的差异,除国共合作抗日和国共和谈时期外,生活在国统区的历史人物要在国民党执政的社会环境中生存,一般不会公开与执政者"叫板",而更多是"曲言语是非"或"借古讽今""含沙射影"地表达自己的政治倾向或情感倾向。一些新闻人在国统区出版发行的新闻报刊上"奉命"刊载国民党中央社的"通稿电讯",那既是"奉命行事",实际上也是他被"逼上梁山"的"保命之举"。当今研究者应具有基本的辨别历史是非的常识,而不能"认死理"地坚持"唯史料主义",被"这些"史料带进了认识的"沟里"(误区),得出不符合历史唯物主义的结论。

再则是研究民国时期新闻史人物必须坚持一分为二的原则。"一分为二"是指我们对于民国新闻史人物的研究,不但应看特定历史人物顺应历史发展的主流部分,即一生中主体的社会活动、主要的社会经历、所处的社会阵营及重大社会事件中的思想倾向,同时也不能或不应该采取平面的、单一的角度去认识复杂的历史人物。马克思说过,人是各种社会关系的总和(大意)。正常情况下,人的一生从事社会活动的时间大约有四五十年,在这四五十年间,中国的社会力量发生了巨大的变化,中国的政治态势发生了巨大的变化,中国的社会环境发生了巨大的变化。而作为社会存在的新闻史人物在这些变化当中当然也在发生变化。认识历史人物既要从他的人生大局、思想整体、政治主流等方面认识和评价,同时也不应忽略历史人物的其他方面,尤其不应忽视人物变化的客观环境条件,只有这样,才有可能把我们的研究对象(民国时期新闻史人物)完整地呈现在我们的研究成果中。

最后,研究民国新闻史人物必须坚持有所超越的原则。"有所超越"是指,现在的研究者对于民国时期新闻史人物的研究,应有超越前人的目标追求。这里"超越前人"的追求主要是指对前人研究成果的超越,包括研究对象范围的超越,获得原始史料水平的超越,思想认识深度的超越,对历史人物评价完整客观性的超越等。因为只有这样,才能使我们的研究、研究工作及研究成果,对已有的社会知识体系有所贡献、有所增补,对后人的研究有所补益。"学术研究无禁区",只要坚持正确的政治立场和科学的方法,民国时期的新闻史人物应该都可以研究。与此同时,那些民国时期比较著名的新闻史人物已有很多研究成果,没有被研究过的民国时期著名新闻史人物已经不多。因此,民国时期新闻史人物研究就必须有所超越,或者是研究角度的超越,或者是研究路径的超越(另辟蹊径),或者是研究史料的超越(新史料的挖掘和发现),或者是研究结论的超越(评价更为全面、客观、科学和完整)。总之,后来的研究成果必须对已有研究成果有所超越,才有研究的价值。

三

对照上述几点看法,收录在《南京师范大学民国新闻史研究所丛书》(第二辑)里的这3种以民国时期新闻史人物为研究对象的著作,可说是有圈有点,至少可说有一些值得欣慰的地方。

在坚持尊重历史方面。这3种以民国时期新闻史人物为研究主题的著作共同特点之一就是十分重视原始史料文献的搜集、研读(解构和建构),并在研究成果中提供了认识特定历史人物的"钥匙"。仅以张勇丽的《办报与爱国:新闻人英敛之研究》为例。为研究著名新闻人英敛之,张勇丽尽最大努力搜集了与英敛之研究相关的各类文献史料。仅作者在该书正文后列出的参考文献就包括:晚清民国时期的报刊共计13种,中文著述140种,外文译著11种,硕博及期刊论文63种,合计达227种。作者正是在如此丰富翔实的文献史料基础上,对英敛之人生道路转折与社会环境、英敛之的新闻实践活动、英敛之与天主教、英敛之与清末政治、英敛之与辛亥革命的关系以及英敛之的新闻思想进行了较前人更为全面、系统的研究。在此基础上从四个角度提出对英敛之的历史评价:在列强侵略面前主张自强兴国的"爱国新闻人",在封建君主制度下推进君主立宪的"进步新闻人",迷惘无奈借助天主教"聚心育民"的"宗教新闻人",在氏族感情上忠于清廷但未逆大势的"明智新闻人"。个人认为,从上述四个侧面描述的"完整英敛之"应该是基本符合"历史英敛之"实际的。

在坚持实事求是方面。这3种以民国时期新闻史人物为研究对象的著作都努力践行实事求是的原则,即努力把民国时期新闻史人物放到当时特定的社会语境中研究。任白涛是与徐宝璜、邵飘萍等属于同一时期的我国第一代新闻学者。由于各种原因,学界对任白涛的研究成果很少。改革开放后公开发表的第一篇研究任白涛的学术论文是当时在上海复旦大学新闻学院任职的马光仁先生,于1986年在《新闻大学》(1986年第13期)上发表的《任白涛与新闻学研究》。后来尽管有学者陆续发表过一些文章,但作为博士学位论文选题的学术基础还是非常单薄。张炳旭坚持实事求是的研究方法,从搜集基础的、原始的文献史料入手,一步一步踏踏实实地向前走,基本厘清了任白涛作为"中国早期新闻学研究的先知先觉者"从南阳、开封、上海、东京到重庆、恩施的人生轨迹和在日本留学期间参加"大日本新闻学会"研习新闻学时就出版《应用新闻学》、回国后创办中国新闻学社出版《综合新闻学》,以及在全面抗战期间从事抗日新闻宣传的学术历程,充分彰显了坚持"实事求是"的巨大学术张力。

在坚持一分为二方面。这3种著作都努力践行了这一辩证思维的原则,看到了历史人物的两面性甚至多面性。研究者们努力认识某一特定民国时期新闻史人物的各个(或多个)方面,力求科学全面完整地认识和评价研究的历史人物,避免"一边倒""一刀切","说好皆一切都好,说坏则一无是处"的简单性结论。集天主教徒、清室眷属、爱国报人于一身的英敛之是如此;从赴日本留学跟随日本人学习新闻学理论,到回国从事新闻学理论研究,抗战爆发后进行"新闻抗日"研究的任白涛也是如此。周浒在《社会与人生:新闻人范长江研究》中不仅客观叙述并热情肯定了范长江从进步新闻人走向革命新闻人的历史进程,对范长江同志在"革命新闻人"岗位上为无产阶级革命新闻事业努力工作予以高度赞扬,同时也向读者客观展现了范长江作为一个"努力挣脱旧新闻圈影响和束缚"的"新型"新闻人的侧面:他在成为"革命新闻人"后努力摆脱资产阶级报纸运作习惯对他的影响和努力挣脱旧新闻界所获名声的束缚,努力使自己成为彻底的"革命新闻人"。比较顺畅地解释了范长江在新中国成立后工作中所遇到的矛盾和困难,在读者面前展现出一个"较为完整的范长江"形象。

在有所超越方面。这3种著作都有所表现,都有自己的亮点,或多或少都有超越前人的地方。张炳旭的《学术与救国:新闻人任白涛研究》除了是国内新闻史学界的第一篇研究"中国早期新闻学研究先知先觉者"任白涛的博士学位论文,更在研究任白涛有关新闻事件及新闻思想的基础上,研究了任白涛面对日寇侵略而立足新闻人岗位和民族良心所进行的反对日本军国主义新闻侵略的斗争,这在以往的研究成果中所见不多,毋庸置疑是一个创新和超越。张勇丽研究的英敛之、周浒研究的范长江,都是新闻史学界的著名人物,也是学术界已有众多成果的研究对象。但他们在充分获取已有学术成果营养的基础上,立志有所创新,努力有所超越:周浒从"社会关系网络视域"研究社会关系网络对范长江人生道路、思想发展和业务经历的影响;张勇丽对英敛之的研究跳出了学术界常见的"报业革命""报人启蒙"范畴,大胆从英敛之与天主教、与清末政治(君主立宪)、与辛亥革命关系的角度切入。这些角度或切入点大多

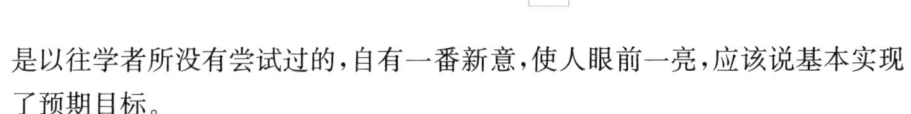

是以往学者所没有尝试过的,自有一番新意,使人眼前一亮,应该说基本实现了预期目标。

四

南京是研究民国时期新闻史具有独特优势的城市之一。南京师范大学是我国新闻史领域第一个国家社会科学基金重大项目的责任单位。南京师范大学新闻与传播学院是在我国新闻教育界享有盛誉的教学研究单位,目前拥有新闻与传播学一级博士学位授权点,先后有4个国家社会科学基金重大项目在这里安家落户。南京师范大学民国新闻史研究所是国内高等学校设立的第一个面向全国的民国时期新闻史研究学者的开放型学术平台。《南京师范大学民国新闻史研究所丛书》(第二辑)的出版得到国家社科基金有关项目的经费资助和学院的关心支持。这里要特别说明以下几点:

一是关于丛书名称。尽管张勇丽著作《办报与爱国:新闻人英敛之研究》中的英敛之的主要新闻实践是在清末(1902年6月16日创办天津《大公报》,1912年2月23日在《大公报》上刊登告白宣布"外出"后"不理报馆事");周浒著作《社会与人生:新闻人范长江研究》中范长江的新闻实践又一直延续到新中国成立之后,但考虑到与第一辑丛书的名称有所承继,且丛书的出版事宜主要由南京师范大学民国新闻史研究所在实际操作,所以仍然沿用《南京师范大学民国新闻史研究所丛书》之名,成为该套丛书的"第二辑"。

二是《南京师范大学民国新闻史研究所丛书》(第二辑)所收入著作的作者都是年轻的新闻史研究者。尽管都是南京师范大学新闻与传播学院培养的新闻史学方向的博士,但由于各自不尽相同的主客观条件,在攻读博士学位期间都承受了不同方向的压力和个人面临的不同困难:张勇丽在孩子出生不满11个月时便忍痛将孩子留在老家,自己来南京求学;周浒的孩子刚上幼儿园,为了来南京攻读博士学位,只能由夫人接送孩子和照顾日常生活;张炳旭虽然没有家庭老小之累,但学术积累方面的"补课"和突破一直是他面临的巨大压力。值得欣慰的是,他们都克服了各自的困难,如期完成了博士学位论文的撰写、修改、盲审和答辩,如期毕业并获得博士学位。他们专注于特定新闻史人物研究的"打深井",尽可能搜集相关资料并进行认真研究,尽可能探讨这些历史人物所处的社会环境与人生道路的关系,探析他们思想和业务转变的内在动因,尽可能"还原"特定历史人物的"完整图像",顺利实现了这一阶段的人生目标。

最后要特别强调的一点是:这3位作者都是20世纪八九十年代出生的年轻人,他们所研究的对象则是出生在民国时期乃至在民国之前,主要的新闻实践和研究活动是"民国时期"社会环境。这些年轻学者不可能有机会去亲身经历和体会这些民国时期历史人物所处的那个风云突变的时代、那个错综复杂的社会环境、那种新旧交替的人际关系以及那种由于社会环境突变对人们思想造成的冲击和震撼,加上各人学术经历和文献的积累及对研究对象认识程度的差异,不同研究对象原始文献搜集和研读难度的不同,当然也受导师学术水平、学术视野及学术积累等方面的局限,所以收入《南京师范大学民国新闻史研究所丛书》(第二辑)中的著作难免有这方面或那方面的不足。但正如我在丛书第一辑的"序言"最后所说的:好在他们是一群年轻人,是一群在高等学校从事教学科研工作的年轻人,且是一群有志于学术研究的年轻人,相信他们会通过不断努力达到不断完善的目标。更相信他们在顺利跨出第一步之后会走出更加精彩的人生之路,在学术探索和研究领域绽放出更加鲜艳灿烂的学术之花,结出更为丰硕优良的学术之果。

是为序。

倪　延　年
二〇二一年六月五日初稿于南京师范大学随园
南京师范大学民国新闻史研究所
二〇二四年十一月十八日改定于龙凤花园寒舍

目 录

引 言 ·· 1

第一章　社会网络视域下的范长江早期经历研究 ······················ 14
　第一节　范长江早期的社会环境与活动经历 ··························· 14
　第二节　范长江早期的社会网络 ··· 26
　第三节　范长江早期社会网络的特征与影响 ··························· 39
　小　结 ·· 46

第二章　社会网络视域下的《大公报》记者范长江研究 ············· 48
　第一节　范长江就职《大公报》时期的社会环境 ····················· 48
　第二节　《大公报》记者范长江的社会网络 ··························· 57
　第三节　社会网络对《大公报》记者范长江的影响 ·················· 84
　小　结 ·· 92

第三章　社会网络视域下的进步新闻人范长江研究 ··················· 95
　第一节　范长江组织"青记"的社会网络 ······························· 95
　第二节　范长江领导国际新闻社的社会网络 ·························· 113
　第三节　范长江《华商报》时期的社会网络 ·························· 120
　第四节　社会网络对进步新闻人范长江的影响 ······················· 126
　小　结 ··· 132

第四章　社会网络视域下的无产阶级新闻人范长江研究 ………… 135
  第一节　华中抗日根据地时期范长江的社会网络 ………………… 135
  第二节　解放战争时期范长江的社会网络 …………………………… 149
  第三节　范长江在新中国新闻事业中的社会网络 …………………… 159
  第四节　社会网络对无产阶级新闻人范长江的影响 ………………… 180
  小　结 …………………………………………………………………… 187

第五章　对社会网络视域下的新闻人范长江之评价 ……………… 190
  第一节　以作品扬名并善于构筑社会网络的著名记者 ……………… 191
  第二节　践行"新闻救国"理念的记者领袖 …………………………… 195
  第三节　连接不同群体的枢纽性新闻人 ……………………………… 198
  第四节　挣脱旧新闻圈束缚的"新型"新闻人 ………………………… 201
  第五节　全力投身人民新闻事业的无产阶级新闻人 ………………… 204
  小　结 …………………………………………………………………… 207

结　语 …………………………………………………………………… 209

附　录　范长江新闻活动大事记 ……………………………………… 211

参考文献 ………………………………………………………………… 222

后　记 …………………………………………………………………… 237

引 言

人是历史研究的"题眼"。历史研究离不开人物研究,人物研究始终是历史研究的核心主题。人物研究不能孤立地就人论人,而要考察人物生存的背景与时代,尤其要考察人物的生活经历,尽可能地与所研究的人物对话,这样才能理解人物的思想与行动,所谓知人论世,亦即知世论人也。新闻史人物研究亦是如此。在新闻史的书写过程中可以发现,新闻事业的发生、发展离不开人的活动。正是人物的新闻实践史、活动史、思想史、生活史、社会交往史等构筑了新闻史的重要内容。

范长江是中国近现代新闻史上最杰出的新闻人之一。他是卓越的新闻记者、新闻事业领导者和社会活动家。20 世纪 30 年代,他以《大公报》特约通讯员身份赴川北、甘南等地采访,报道了红军长征行踪和西北地区的近况。"西安事变"爆发后,他最早报道了"西安事变"的真相,传达了中国共产党抗日民族统一战线的政策和主张。1937 年 2 月,范长江访问延安,成为第一个到延安采访的国统区记者。他的通讯作品《中国的西北角》《塞上行》脍炙人口,举世瞩目。1937 年,范长江组织成立了中国青年新闻记者学会("青记",即中国记者协会前身)。1938 年,他离开《大公报》独立创办新闻事业,先后参与创立国际新闻社、香港《华商报》等。日寇侵占香港后,他来到苏北解放区,担任新华社华中分社社长、华中新闻专科学校校长等职务。1949 年后,范长江历任《解放日报》社长、新闻总署副署长、《人民日报》社长等职。作为具有典型意义的新闻人,范长江的相关史实和问题值得不断地挖掘与研究。

一、从"社会网络"视角研究新闻人范长江的意义与价值

(一) 认识新闻史人物的复杂面相

历史人物都是复杂多面的,单面相的人是不存在的。范长江如今被大众所熟知的往往是《大公报》著名记者范长江,或者是《中国的西北角》作者范长

江。而范长江不仅仅只有记者这一副面孔,他同时还是参加过南昌起义的战士,曾是就读国民党中央政治学校(简称中央政校)的青年学生。他在北京大学哲学系求过学,抗战时期组织过"青记"和国际新闻社,加入中国共产党后担任过《华商报》负责人、根据地《新华日报》(华中版)总编辑、中共和谈代表团新闻发言人、新华社副总编辑,新中国成立后曾担任《解放日报》社长、《人民日报》社长及新闻总署副署长等职务。范长江的新闻实践经历是丰富的,在新闻史上扮演的角色亦是多元的。范长江的身上有着非常多的身份标签,每一个标签背后都能折射出新闻人在革命年代的探索与抉择。

(二)认识新闻史人物的命运与人生道路中的转折问题

正如史学家陈旭麓所言,写具体人物、具体事件,要放在全局的链条上考察。对于新闻史人物,他们的特定时空场域中的选择与命运需要后人结合当时的社会环境与背景,以客观、唯物的态度去认识和理解。他们的实践活动或者在十字路口的选择都是多种因素共同作用的结果。后世研究者需要穿梭到当时的历史背景中把握那些复杂的因素及其相互之间的作用。例如,以范长江这一典型人物为对象,可以窥探民国时期新闻人在救亡图存、外敌入侵、政党纷争的时代背景下如何进行个体的思考与抉择。

(三)透过社会网络认识人物思想、活动及其事业之成败的影响因素

马克思指出:"在其现实性上,人是一切社会关系的总和。"范长江的人生经历曲折,工作活动的场域多变,社会关系复杂。系统梳理和把握范长江这一新闻史上重要人物的社会网络,透过社会网络这一过往在研究中被忽略的视角来认识、理解人物,可以有效解释其人生历程。

(四)借助对新闻人范长江的研究,有助于实现"清晰先人、借鉴当下"的新闻史研究功能,实现再现历史、探寻规律的目标

"清晰先人"才能对人物进行合情合理的判断与评价;"借鉴当下"则是在研究中发掘新闻史人物的独特性与标志性意义,探讨其对社会的影响。对范长江的研究是中国新闻史学界比较活跃的领域。系统地梳理和认识范长江的社会关系网络、人生经历和新闻实践,坚持"打深井",借助真实、完整、系统、全面的史料和正确的世界观与方法论指导下的研究,可以把本已存在过的历史图景"再现"出来。同时,对范长江不同时期社交网络的研究,可以认识新闻记者的成名与其所在平台的关系;认清自由知识分子在社会进步潮流面前为何

会选择中国共产党,诸如范长江这样的新闻人为何投身中国共产党领导的人民新闻事业。发掘其中的人心向背因素与蕴含的历史规律,恰恰是新闻史人物研究的重要着力点。

二、现有研究述评

范长江是中国近现代著名新闻人。他在新闻事业中的丰富经历以及人生道路中的转折让其成为新闻学研究的"显学",近四十年来吸引了诸多学者从新闻实践、新闻思想、作品风格、范长江精神提炼、历史贡献等角度进行研究,产生了大量的成果。

(一) 关于新闻人范长江的研究

关于范长江的研究成果主要有以下几类:对范长江的史料整理与回顾;对范长江新闻实践、新闻作品的研究;对范长江新闻思想与精神价值的研究;对范长江的专题性研究;对范长江研究的学术争鸣等。

1. 对范长江的史料整理与回顾

该类研究主要以传记,回忆性、纪念性文章,文集形式出现,对范长江的生平经历进行总结与回顾。其中传记主要有三本:一是方蒙的《范长江传》[1],是作者在搜集范长江生平事迹,阅读范长江日记,访问范长江生前战友、亲友、采访对象,获得第一手资料后完成的。但该书仅考察了范长江1942年进入解放区前的新闻活动。二是徐向明的《范长江传》[2],全面地对范长江的人生经历与思想进行了叙述,一定程度上丰富了范长江研究的史料基础。三是陈涛的《新闻巨子范长江评传》[3],采用史论结合的方式对范长江从内江学子到新闻事业领导人的多元身份及实践进行了评价,同时对范长江的历史贡献进行了总结。

改革开放后,范长江生前友人、同事等发表了大量纪念他的回忆文章,《不尽长江滚滚来——范长江纪念文集》[4]、《范长江与"青记"》[5]、《国际新闻

---

[1] 方蒙.范长江传[M].北京:中国新闻出版社,1989.
[2] 徐向明.范长江传[M].南京:南京大学出版社,2002.
[3] 陈涛.新闻巨子范长江评传[M].北京:中国文史出版社,2014.
[4] 胡愈之,夏衍,等.不尽长江滚滚来——范长江纪念文集[M].北京:群言出版社,2004.
[5] 范苏苏,王大龙.范长江与"青记"[M].北京:北京工艺美术出版社,2008.

社回忆》①、《范长江在桂林——抗战时期红色新闻资料专辑》等文集收录了这些文章。其中,《长江的道路》(夏衍)回顾了夏衍与范长江的相识过程,对范长江组织"青记"、国际新闻社等经历进行了回忆。《记长江的三次谈话》(徐盈)回忆了范长江离开《大公报》时的状况。《范长江在苏北》(谢冰岩)回顾了范长江在解放区筹办新华社华中分社、创办华中新闻专科学校的过程。此外,曹聚仁、黄仁宇等人的回忆录也有关于范长江的记述与评价。这些文章中记述了范长江革命生涯中的丰富经历和诸多轶事,为后续的研究提供了史料参考。

20世纪80年代开始,范长江的夫人沈谱,范长江的后人范苏苏、范东升对范长江生前的作品进行整理,出版了《范长江新闻文集(上、下)》《范长江新闻文集补遗》,此外,中国社科院新闻研究所、新华社等机构组织出版了《中国的西北角》《塞上行》《通讯与论文》《西线风云》《卢沟桥到漳河》等书籍,为研究范长江的作品提供了文本基础与条件。

2. 对范长江新闻实践、新闻作品的研究

新闻实践和新闻作品的研究是范长江研究的重点,积累的学术成果最为丰硕。部分学者对范长江不同时期的新闻实践活动和新闻通讯作品进行剖析。

蓝鸿文对范长江的记者生涯进行了细致入微的考察,并以2009年纪念范长江诞辰一百周年的契机出版了《范长江记者生涯研究》②。该研究是他多年研究范长江的论文集,紧扣范长江"记者"的身份,从新闻作品、新闻活动、新闻思想三方面进行论述,并发掘出了大量佚文和新闻专电,对范长江与红军的关系、范长江的个人能力进行了探讨。这些研究让我们清晰地了解一个名记者的新闻道路。

关于范长江的新闻活动研究③,刘志杰考察了抗战时期以胡愈之、范长江等人为代表的进步文化人士在桂林新闻事业发展中所起的关键作用,对范长江组织国际新闻社的活动亦有论述。陈娟从"青记"的发展历程、理论

---

① 广西日报新闻研究室.国际新闻社回忆[M].长沙:湖南人民出版社,1987.
② 蓝鸿文.范长江记者生涯研究[M].北京:中国人民公安大学出版社,2009.
③ 关于范长江新闻活动的研究主要有湖南师范大学刘志杰的硕士论文《抗战时期外地、外籍文化人士在桂林的新闻活动》、华中科技大学陈娟的硕士论文《中国青年新闻记者学会历史研究》、南京大学马英之的硕士论文《范长江战地报道研究》、兰州大学安佳的硕士论文《范长江职业认同初探》等。

思想、宣传活动、评价等几个方面来研究"青记",其中对"青记"负责人范长江也有研究。马英之以范长江从1936年至1938年战地记者生涯中所写的战事电讯与战地通讯为研究对象,分析范长江战地报道的主题、立场、写作特色及其成因,将范长江战地报道的特色总结为敏锐的军事判断力、浓烈的政论色彩和充分的人文主义关怀。安佳将范长江的新闻职业认同放回到其具体的成长语境中,发现范长江的转变是独特个性和特殊历史背景相结合的必然结果。刘绍卫、范东升、吴廷俊、胡正强、陈锐、高卫红等学者对范长江在不同空间地域、不同时期的新闻实践、新闻教育等史实进行了梳理与研究。

范长江最为后人称道的是他在《大公报》发表的通讯,《中国的西北角》《塞上行》《西线风云》以及其他战地通讯报道都成为研究者关注的对象和研究的文本。[①]部分学者将范长江的通讯作品作为研究对象,运用比较研究、文本分析、叙事学分析等方法,探究范长江作品的特色与价值,对作品的思想内涵、写作技术技巧等问题有着较为深刻的认识。张涛甫、项一嶷[②]从西北通讯的文本中研究范长江通讯写作的视角问题。李文[③]认为范长江报告文学成功的原因主要表现在思辨能力、社会责任感以及诚实的品格和极强的社会活动能力。张俊生、彭益民[④]认为,以《中国的西北角》为代表的范长江通讯表现手法既丰富又独到,以格局特别的评论性,气势恢宏的政论,援古证今的史论,摇曳多姿的笔法(如散文笔法、杂文笔法、对比反衬和烘云托月等),风土人情的生动描绘,自然景物描写中的国画写意,风情习俗的描摹铺张扬厉等体现出强烈的时

---

① 关于《中国的西北角》《塞上行》《西线风云》以及战地通讯报道的研究主要有湘潭大学曾敏的硕士论文《论范长江通讯美——对〈中国的西北角〉和〈塞上行〉的美学解读》、河北大学张金凤的硕士论文《范长江新闻通讯的特色及历史意义》、河北经贸大学宋瑶的硕士论文《范长江及其新闻通讯研究》、湘潭大学田小波的硕士论文《范长江通讯作品的叙事学解读》、黑龙江大学孙艳迪的硕士论文《大公报时期范长江新闻通讯的民本思想研究》、湖南师范大学项青青的硕士论文《〈西行漫记〉与〈中国的西北角〉之比较》、吉林大学胡亮的硕士论文《论范长江报告文学的忧患意识》等。
② 张涛甫,项一嶷.发现"西北中国":范长江的视角[J].新闻大学,2012(4):19-25.
③ 李文.范长江报告文学创作成功原因探析[J].西北师大学报(社会科学版),2001(6):85-88.
④ 张俊生,彭益民.浅论《中国的西北角》的表现手法[J].宿州学院学报,2004(5):63-66.

代性。陈涛[①]认为范长江新闻作品是将新闻层面的现代民众话语、思维层面知识分子的理性话语和表述层面的非虚构文学话语进行有机融合,形成了独特的话语结构。

3. 对范长江新闻思想与精神价值的研究

思想与精神是范长江留给后世新闻人的精神财富之一。

首先,部分学者对范长江新闻思想观念进行了整体的提炼与把握。李涛[②]认为范长江对于报纸性质和作用的认识是其新闻思想的精髓,这种认识以1942年为界可大致分为两个阶段:1942年以前,处于由民主主义者向共产主义者转变的范长江提出了报纸政治工具论的观点,并认为这是基本的新闻学原理;1942年以后他则形成了马列主义新闻观。孙波[③]主要从范长江的新闻实践中描述、梳理范长江的思想内核及主要的观点,论述范长江新闻思想对当代新闻工作的启示。

其次,阐述范长江的"民本"新闻观。陈涛[④]认为范长江以其新闻经典作品阐释了其"民本"新闻观,即新闻活动以民众为核心;郑磊、窦克林[⑤]也从民本视角阐述范长江的思想底色。

再次,总结范长江的无产阶级党报思想。《发扬党报党刊光荣传统——〈新华日报〉〈群众〉杂志老战士座谈范长江、石西民、恽逸群、许涤新、徐进同志的新闻思想》[⑥]《论范长江的党报思想》[⑦]《报纸三"工具"论——1942年以前范长江对于报纸性质和作用的认识》[⑧]等文章阐明了范长江对党报的性质、党报的办报方针、党报工作者的工作作风和修养等方面的论述。另外还包括揭示范长江思想、精神对当今新闻界影响与启示的研究。《客观真实 公共服务

[①] 陈涛.范长江新闻作品的话语初探[J].内江师范学院学报,2006(3):95-98.
[②] 李涛.浅析范长江的新闻思想[J].文学教育,2010(2):53-55.
[③] 孙波.范长江新闻思想评述[D].兰州:兰州大学,2012.
[④] 陈涛.范长江的"民本"新闻观[J].新闻界,2006(2):61-62.
[⑤] 郑磊,窦克林.范长江的"民本"思想—纪念范长江诞辰100周年[J].青年记者,2009(33):87-88.
[⑥] 徐中海,芮德法.发扬党报党刊光荣传统——《新华日报》《群众》杂志老战士座谈范长江、石西民、恽逸群、许涤新、徐进同志的新闻思想[J].传媒观察,1990(1):13.
[⑦] 陶喜红.论范长江的党报思想[J].新闻爱好者,2007(2):33-34.
[⑧] 蒋晓丽,闻子峰.报纸三"工具"论——1942年以前范长江对于报纸性质和作用的认识[J].西南民族大学学报(人文社科版),2009(10):129-133.

社会责任——论范长江新闻专业主义精神及其当代启示》[①]、《弘扬长江精神,开创新闻出版事业新局面》[②]、《强化四种意识　提升新闻"四力"》[③]等文章都是从范长江的思想、精神出发,讨论其对当下新闻界的影响与启示。

4. 对范长江的专题性研究

随着范长江著作、生平行止等史料不断被挖掘,部分研究者带着明确的问题意识结合史料对范长江新闻活动中的具体事件、问题进行专题讨论,例如范长江离开《大公报》的原因、范长江加入中国共产党的历程、范长江离开新闻事业、《中国的西北角》成名的原因等。

关于范长江离开《大公报》的原因,学界讨论较多,学界争论的焦点围绕三大问题展开:① 范长江是主动离开还是被辞退;② 离开的原因是综合因素还是人事关系冲突、"品德有亏说"、政治观点歧异、"夜班争吵说"等单方面因素;③ 范长江离开的根本原因是政治原因还是行政原因。现有的研究普遍认为范长江与《大公报》领导层存在政治观点的分歧与矛盾,这一矛盾也被视为范长江离开《大公报》的主要原因。方蒙、徐向明、穆欣、冯英子、范东升、王咏梅等主要使用范长江《我的自述》为史料,认为范长江是主动辞职。刘宪阁、樊亚平、王润泽等学者在史料搜集和使用上更为全面,基于史料的论述也比较充分,他们趋向于认为范长江的离开是被辞退的,夜班问题、人事关系矛盾等是促使范长江离开的因素。

樊亚平[④]在分析史料的基础上对范长江新闻实践中的诸多问题提出了见

---

① 蒋晓丽,李玮.客观真实　公共服务　社会责任——论范长江新闻专业主义精神及其当代启示[J].采写编,2012(1):60-61.
② 李东东.弘扬长江精神,开创新闻出版事业新局面[J].新闻战线,2009(12):11-12.
③ 史力.强化四种意识　提升新闻"四力"[J].新闻世界,2019(3):3-6.
④ 樊亚平所著的范长江研究系列论文包括《挽救国运为"体",职业选择为"用"——范长江步入记者生涯的心路与动力因素探析》,见《兰州大学学报(社会科学版)》2018年第4期;《从职业无意识到职业认同——范长江职业认知与职业精神的发育与建构》,见《兰州大学学报(社会科学版)》2017年第1期;《从"超然""独立"到"新闻参战"——抗战初期范长江职业身份与新闻思想的转变》,见《甘肃社会科学》2018年第2期;《抗日民族统一战线下的特殊话语表达——抗战时期范长江在国统区的公开言说与话语策略》,见《国际新闻界》2018年第10期;《范长江离开〈大公报〉的原因探析》,见《新闻大学》2017第3期;《从自由记者到中共党员:范长江走向中共的步履》,见《山西大学学报(哲学社会科学版)》2016年第4期;《群众运动中的表情与会意——范长江离开新闻事业的原因探析》,见《安徽大学学报(哲学社会科学版)》,2016年第4期。

解。多篇论文细腻地分析了范长江从步入新闻事业,到走向中国共产党,再到离开新闻事业的历史进程,阐释了范长江的职业认同问题、思想观念演变、话语方式与策略等问题。

此外,蒋忠波、李秀云、朱孟艳、胡正强、倪延年等学者探讨了《中国的西北角》的价值与影响问题。[①]任振宇、马懑[②]强调了要辩证地看待历史人物的局限性,同时抓住范长江与民族独立和自由的关系来考察、认识青年范长江问题。刘宪阁[③]探讨了范长江在抗战时期写作风格的转向及其原因,并由此发现其思想的变动。钱江[④]揭示了范长江从主持《人民日报》到离开《人民日报》的来龙去脉,并讨论了他离开的深层次原因。叶青青的《建国初期〈人民日报〉"大转变"中的制度构建与观念冲突》[⑤]讨论的主要是《人民日报》在新中国成立初期的转型问题,其中亦涉及范长江的活动。上述三篇文章为我们考察范长江在新中国成立初期的新闻活动与实践提供了重要参考。

国外涉及范长江的研究也多以专题形式出现,尤其围绕范长江的战地报道实践来探讨战时中国新闻场域、理念、范式的变化。洪长泰从"纸弹"的概念出发,对范长江战时新闻实践进行了讨论;柯博文以抗战中的中国战地记者为考察对象,讨论了战时新闻报道的手法和以范长江为核心的记者群体构建,并对战地报道模式进行了反思。

5. 对范长江研究的学术争鸣

20世纪80年代中期开始,蓝鸿文、尹韵公、范长城、黄春平、范东升、张威

---

① 相关研究包括蒋忠波的《析〈中国的西北角〉连版九次的原因》,见《编辑之友》2011年第12期;李秀云、朱孟艳的《时代的呼唤:〈中国的西北角〉成功要因分析》,见《浙江传媒学院学报》2012年第2期;胡正强的《论媒介转换对〈中国的西北角〉成功的影响》,见《内江师范学院学报》2014年第3期;倪延年的《论〈中国的西北角〉产生轰动的动因及启示》,见《新闻春秋》2019年第1期。

② 任振宇,马懑.如何理解"青年范长江"?——"为民族独立与自由而呼号"的新闻记者[J].宁夏社会科学,2015(1):180-183.

③ 刘宪阁.做宣传,还是写史论?——关于抗战时期新闻遗产之思考[J].天府新论,2015(6):26-32.

④ 钱江所著的范长江相关研究文章有《为什么调范长江主持〈人民日报〉》,见《中国报业》2011年第15期;《范长江为什么离开〈人民日报〉》,见《百年潮》2009年第6期。

⑤ 叶青青.建国初期《人民日报》"大转变"中的制度构建与观念冲突[J].国际新闻界,2013(5):157-165.

等学者围绕范长江"西北之行的目的""范长江是中国第一位进入西北角进行考察的记者""第一次公开如实地报道了工农红军的二万五千里长征""范长江研究红军北上以后中国的动向的动机""范长江西北之行的实际路线"等问题撰写了多篇论文进行讨论。其中议题主要围绕范长江的两个"第一"问题和范长江西北采访的目的问题,而这些论文的研究指向了如何正确认识范长江、如何客观评价范长江的议题。

尹韵公[①]自1986年开始发表《范长江西北采访行程究竟是多少?》《范长江前的几位西北考察者》《范长江与红军长征——兼论范长江的世界观的转变》《为什么不是范长江?》《〈大公报〉与红军长征落脚点之研究》《论范长江"研究红军北上以后中国的动向"的目的之不能成立》《关于范长江与〈中国的西北角〉之余论》等多篇文章,核心论点包括:范长江西北采访的目的之一(研究红军北上以后中国的动向)不成立;范长江并非第一位进入中国西北角进行考察的记者;范长江亦并非第一次公开如实地报道了工农红军的二万五千里长征。蓝鸿文[②]则发表了《应该怎样还历史的本来面目?——对〈范长江与红军长征〉一文的意见》《我的声明》,对尹文中的观点进行了反驳。范长江之子范东升[③]接连撰文四篇(《关于我父亲范长江先生生平的几桩公案》《〈中国的西北角〉究竟是怎样一本书——关于我的父亲范长江先生生平的几桩公案(之二)》《请给历史多一点宽容——关于我的父亲范长江先生生平的几桩公案(之三)》《我父亲为什么离开〈大公报〉——关于我的父亲范长江先生生平的几桩公案(之

---

① 尹韵公发表的《范长江西北采访行程究竟是多少?》,见《新闻战线》1986年第2期;《范长江前的几位西北考察者》,见《新闻研究资料》1986年第2期;《范长江与红军长征——兼论范长江世界观的转变》,见《新闻学论集(第10辑)》,中国人民大学出版社,1986年;《为什么不是范长江?》,见《新闻与传播研究》2003年第2期;《〈大公报〉与红军长征落脚点之研究》,见《新闻与传播研究》2002年第3期;《论范长江"研究红军北上以后中国的动向"的目的之不能成立》,见《新闻与传播研究》2009年第3期。这些文章围绕范长江与红军长征问题进行了深入探讨。

② 蓝鸿文发表的《应该怎样还历史的本来面目?——对〈范长江与红军长征〉一文的意见》,见《新闻学论集(第12辑)》,中国人民大学出版社,1987年;《我的声明》,见《新闻大学》2009年第1期,对尹文中的观点进行回应。

③ 范东升所著文章见范东升的新浪博客。

四)》,呼吁应本着宽容的精神评价历史人物。高长明[①]、黄春平[②]、李晓灵与王晓梅[③]等学者就范长江研究的论争进行了较为系统的述评。

这些争鸣文章反映了学界对范长江西北之行以及范长江评价问题的关注。争鸣中的焦点问题也启示研究者在研究中应该谨慎使用诸如"第一""如实"等结论,坚持从史实出发,秉持实事求是的精神与态度,从学术的视角对范长江及其活动进行认识,做出评价。

(二) 关于新闻史领域中的社会网络研究

社会关系、社会网络是贯穿本书的核心概念。社会关系是一个相对宽泛的概念,既包括由阶级、地位所决定的社会角色,又受到其载体的个体情感因素影响。社会关系的建立不仅取决于个体之间的互动作用,还取决于个体所代表的社会角色之间的相互作用。本书中的社会网络是指社会个体成员之间因为互动而形成的相互稳定的关系体系。社会网络是由许多节点构成的一种社会结构,节点通常指个人或组织。社会网络在某种意义上可以看成是社会关系的集成,它既受到客观的社会角色、位置的影响,又包含着主观上的情感作用。

随着技术和理论的成熟,社会网络作为一种研究方法和路径,目前由社会学扩展到管理学、图书情报学、新闻传播学、文学等多学科领域中。个体所处的社会结构是以每一个行动者为中心的关系网络。借助社会网络的路径,可以更深刻地把握行动者与社会结构之间的交互影响。在新闻史研究领域,部分学者也将社会网络引入报人记者及报馆组织团体等研究中。

1. 报人、记者的社会网络、社会关系研究

庞慧敏、常媛媛[④]分析民国时期记者社会网络的构成和形态,探讨了记者社会网络运作对新闻实践产生的影响。常媛媛[⑤]从先赋性关系网、业缘关系

---

① 高长明.用史料说话——关于范长江与中国新闻史研究的思考[J].新闻大学,2011(1):27-32.

② 黄春平.历史需要宽容还是需要真实?——关于范长江"新说法"争论的思考[J].新闻大学,2008(1):29-37.

③ 李晓灵,王晓梅."CNKI"视域下的范长江研究(2000—2011)及反思[J].当代传播,2012(4):98-102.

④ 庞慧敏,常媛媛.民国时期记者社会网络特征与运作动力[J].新闻与传播研究,2017(8):108-122,128.

⑤ 常媛媛.民国时期记者社会网络研究:建构、特征与动力[D].太原:山西大学,2017.

网和自获性关系网等维度研究了民国记者社会网络建构的方式、特征与动力问题。李茜[1]以新记《大公报》记者为研究对象,采用社会网络分析方法,考察记者关系网络由传统向现代转变的特点及原因,提出记者社会网络由先赋性关系向业缘关系拓展、交往方式由传统向现代转变等观点。路鹏程[2]从记者的社会关系网、社会互动与交往等角度进行了研究。《私谊网络:晚清报人聚合途径研究》分析了晚清报人亲缘、地缘、学缘、幕缘等交往网络的构成因素,讨论了私谊网络的正负功能。《民国记者的关系网与新闻采集网》指出新闻采集网是中国传统社会关系网的表现,并探讨了记者关系网与新闻采集之间存在的共生关系。《传、帮、带:民国新闻记者的职业社会化与组织社会化——以〈大公报〉为例》以《大公报》为对象讨论了报人与报馆组织、新闻职业的关系问题,提出了报馆帮助记者构建采访关系网络的观点。

2. 报人的公共交往与职业团体研究

罗映纯、林如鹏[3]讨论了报人如何形成职业群体,并进一步分析了报人公共交往对新闻职业化的影响。赵建国、朱颖[4]以上海新闻记者联欢会为个案,讨论了新闻职业团体的形成过程,其中记者的互动与交往是职业化的重要条件。张慧芳[5]认为报人社会网络的变化与《时报》转型具有密切的关系。李琴[6]讨论了影响报人群体形成和流动的主要动因,指出报人群体的流动受到经济、政治、人际关系等方面的影响。杨晓燕[7]以公共交往视角讨论张季鸾由

---

[1] 李茜.从传统到现代——新记《大公报》记者社会网络研究[D].太原:山西大学,2019.

[2] 路鹏程关于记者社会网络研究主要有《私谊网络:晚清报人聚合途径研究》,见《国际新闻界》2010年第4期;《民国记者的关系网与新闻采集网》,见《国际新闻界》2012年第2期;《传、帮、带:民国新闻记者的职业社会化与组织社会化——以〈大公报〉为例》,见《传播与社会学刊》2016年第36期;《论民国新闻记者交际费用的来源、使用与影响》,见《新闻大学》2017年第2期。

[3] 罗映纯,林如鹏.公共交往与民国职业报人群体的形成[J].新闻与传播研究,2012(5):102-108,112.

[4] 赵建国,朱颖.上海新闻记者联欢会与近代新闻业的职业化[J].新闻与传播研究,2009(3):33-41,107.

[5] 张慧芳.社会关系网络嬗变与《时报》转型[D].南昌:南昌大学,2017.

[6] 李琴.世界报系报人群体的形成与流动——报人职业认同的视角[D].武汉:华中科技大学,2015.

[7] 杨晓燕.民国报人的公共交往——以张季鸾为核心的考察[D].合肥:安徽大学,2011.

地缘、学缘、政缘等形成的交往网络。林盼[①]以《中外日报》的组织行为与流变为研究对象,探讨了以血缘、地缘、业缘等人际关系网络在报馆组织的建立与发展的过程中所起的核心作用。王敏[②]阐释了业缘关系如何影响报人社会生活与交往。

以上研究在充分运用史料的基础上讨论了特定时期记者报人或团体在交往、互动基础上形成关系网络的历史过程,分析了形成的原因和影响。这些研究所提炼出的血缘、学缘、地缘、业缘等社会关系在记者的职业实践、职业化进程中发挥了重要作用。社会网络对报人从社会人的视角进行研究,有助于认识报人与特定社会结构之间的关系。

三、本书的内容框架、思路与方法

本书以新闻人范长江为研究对象,以其社会网络为切入视角,观照范长江如何由青年知识分子步入新闻业,从普通记者成长为著名记者,从自由新闻人转向中国共产党,成为人民新闻工作者的历史过程。借助社会网络的新视角来研究,有助于达到既见"树木"又见"树林","透过树林看树木"的效果,从而丰富现有范长江研究的维度。本书主要从以下几方面进行讨论:第一,社会网络视域下的范长江早期人生经历研究。结合地方志等文献,梳理范长江的早期生活、求学、社会活动等经历。阐述范长江成为职业记者之前的亲缘、地缘、学缘关系网络的基本面貌,分析早期社会网络对他的影响。第二,社会网络视域下的《大公报》记者范长江研究。结合当时的社会背景,探析范长江以《大公报》记者身份在报馆内部、新闻采访实践以及他在与中国共产党人士交往活动中所形成的社会网络。分析这些关系网络对《中国的西北角》引起社会轰动和范长江成名所起到的作用,对范长江积累社会资本,乃至对范长江政治倾向上的变化所产生的影响。第三,社会网络视域下的进步新闻人范长江研究。在国共合作背景下,考察范长江与统一战线性质的中国青年记者学会、国际新闻社和《华商报》等新闻机构的关系。研究范长江如何参与社团机构的组织运作,如何建立社会网络并依托网络的力量推动统一战线新闻工作的开展,讨论社会网络对范长江最终选择加入中国共产党所起的作用。第四,社会网络视

---

① 林盼.清末新式媒体与关系网络——《中外日报》(1898—1908)研究[D].上海:复旦大学,2013.

② 王敏.上海报人社会生活(1872—1949)[M].上海:上海辞书出版社,2008.

域下的无产阶级新闻人范长江研究。考察范长江在进入根据地后的角色变化,对他以无产阶级新闻人的身份参与根据地文化建设、新闻宣传、文艺运动、城市办报等工作进行梳理,对其在这些工作中所构建的社会网络进行讨论。研究范长江在华中根据地、转战陕北和新中国成立初期城市办报期间所形成的社会网络,讨论社会网络与其无产阶级新闻观、党报改革乃至最终离开《人民日报》的关系。第五,对社会网络视域下的新闻人范长江的评价。在对人物不同时期、不同角色、不同新闻工作场域的社会关系网络进行全面认识、研究的基础上,对范长江给予了系统性、总体性的评价。

在研究方法上主要采用文献研究法、系统分析法和社会网络分析法。首先,对涉及范长江的文献资料进行系统的搜集、整理、研读、考辨和筛选。对文献资料的性质、流布的情况进行研究,以求完整呈现范长江的人物形象、生平经历与社会关系网络。本书主要分析的文献资料包括《范长江新闻文集》《通讯与论文》,范长江在不同报刊包括《大公报》、《华商报》和《新华日报》(华中版)等撰写的文章,各类回忆录、书信手稿以及研究范长江的传记、专著及期刊论文、学位论文等。其次,借助社会网络分析的方法对范长江的社会网络进行研究。将范长江的传记、文集,相关人物的纪念文章、回忆录、书信等进行数字化处理,提取关键的人物姓名;运用软件工具进行文本挖掘、计算,对范长江高频关联的人名进行点度、中心度测算;利用可视化分析工具对高频人名进行可视化呈现与分析。结合社会网络分析法可以一定程度上呈现范长江的社会关系网络状态。再次,运用系统的观点结合社会时代背景与时空条件,从社会整体出发对人物的行为、思想与观念进行探讨。系统运用新闻学、社会学、政治学、传播学、心理学、管理学等多学科知识与方法,综合考察人物的社会网络、新闻活动与思想变迁。

第一章 社会网络视域下的范长江早期经历研究

范长江人生的早期阶段指的是自1909年范长江出生至1934年成为《大公报》通讯员前的二十多年时间。他的早期人生历经了辛亥革命、五四运动、国民大革命、九一八事变等重大历史事件。军阀割据混战、社会转型与动荡、革命思潮的涌动,都深刻影响、塑造着青少年时期范长江的行为与认知。亲缘、地缘、学缘等社会网络成为范长江进行自我探索与道路选择的社会背景资源。

第一节 范长江早期的社会环境与活动经历

范长江生于辛亥革命前,他的童年、青年时代正是辛亥革命、五四运动、国民大革命等掀起的中国革命与进步思潮风起云涌的时期。这一时期,内忧外患的持续压迫,尤其是列强有形侵略与无形压迫所产生的强烈民族危机,驱动着范长江这样的知识青年凭借着理想主义在社会的激荡中寻找自己的出路,探索救亡图存、改造中国、重建中国社会的道路。

一、范长江的家庭背景与早期社会环境

(一) 范长江的家庭背景

内江位于四川东南部,沱江下游中段,东邻重庆,南界泸州,西连自贡、眉山,北邻资阳,因为盛产甘蔗而有着"甜城"的美称。始于东汉建县,有着悠久历史的内江人文荟萃,文化底蕴深厚。

1909年10月16日,范长江出生于内江县田家乡赵家坝一个四世同堂的

封建大家庭。据《范氏族谱》记载,内江范氏家族是北宋范仲淹的后裔,因躲避战乱迁徙至四川。按照范氏家族谱系,范长江是范仲淹第三十一代孙。[①]在范氏大家庭中,范长江祖父范延馨有五个儿子,范长江父亲范云菴排行第四。范云菴有三子,分别是范希天(范长江)、范钧天、范立天。范长江出生时家道已中落,祖父不问事,由大伯父当家。在这个二十多口人组成的大家庭内部,人际关系复杂,常有阋墙之争。家庭成员的身份地位是按"差序格局"模式进行配置的。资历和辈分是确立个体地位和被尊重感的依据。[②]范云菴二十岁外出当兵,不料理家事。因此,范长江所在的小家庭在整个大家庭中处于边缘的位置。

年少时的经历对个体成长影响非常大。少年时期封建大家庭的生活深刻影响着范长江的性格养成。一方面,父亲在封建军阀部队当兵,很少顾家,范长江回忆"我在十岁左右以前,很少见过他"[③]。后来范云菴回到内江在马路局任职,父子关系比较紧张,范长江与他说话经常发生冲突。另一方面,家庭在家族的边缘地位及家族内部的纷争、倾轧让范长江对封建大家庭"一直没有好感"[④]。这些因素使得范长江自幼非常独立,性格也比较刚烈。

封建家庭在塑造范长江性格的同时也为少年范长江提供了教育的滋养,这主要体现在祖父范延馨的教诲与启蒙。范延馨是晚清秀才,作为身处过渡时代的读书人,他把自己读新书中领会到的新思想、新观念灌输给范长江。家庭的教育与启蒙对范长江日后的思想观念、文化素养、社会认知等方面产生着潜移默化的影响。

(二) 范长江早年的社会环境

范长江生于晚清,早年生活于民国初期。民国初建并未立即给中国社会带来稳定与繁荣,而是接引了一个持续的政治动荡时期。[⑤]在政治上,中国经历了从"宫廷政治"到"议会政治"的转变。以争斗为标志的议会政治在动荡之中并未树立起人们的信心。人们转而开始寻找更具效率、更符合中国实际的

---

① 陈涛.新闻巨子范长江评传[M].北京:中国文史出版社,2014:3.
② 卜长莉."差序格局"的理论诠释及现代内涵[J].社会学研究,2003(1):21-29.
③ 范长江.范长江新闻文集[M].北京:新华出版社,2001:1156.
④ 徐向明.范长江传[M].南京:南京大学出版社,2002:2.
⑤ 王建朗,黄克武.两岸新编中国近代史:民国卷(上)[M].北京:社会科学文献出版社,2016:7.

政治体制。"政党政治"在1920年代开始出现。接受了苏俄理念的中国国民党和中国共产党开始在政治舞台上扮演重要角色。[1]同时,自1916年袁世凯去世到1928年东北易帜的13年间,各路军阀名义上归属"中央政府",但在地方上采用各种手段扩大其势力范围。

明末欧阳直公在《蜀警录》中有云:"天下未乱蜀先乱,天下已治蜀后治。"古谚道出了四川在中国整体格局中的独特地位。据不完全统计,四川从1912年"省门之乱"到1935年中央军入川,大小战争达四百次以上,几乎每年都有大规模的混战发生。四川各派军阀在经过一系列血雨腥风的吞并混战后,渐渐形成杨森、邓锡侯、田颂尧、刘湘、刘文辉、刘成勋等势力。学者柯白在《四川军阀与国民政府》一书中指出:"在民国时期,四川省的黩武主义,一方面是时代的病症,它体现了清朝灭亡后的特殊情况;另一方面,四川省的分裂主义也体现了帝制中国早已有之的政治倾向与困难局面。"[2]可见,黩武主义和分裂主义是民国时期四川政治的主要面貌。在封建军阀统治下的四川饱受连绵不断的战争之苦,吸毒成风、经济混乱,政府腐败、形同虚设。"在一个社会里,如果公然使用武装力量与毫无节制地榨取财富变成了决定权势大小和职位高低的手段,那么这个社会迟早必然会耗尽它的经济资源。"[3]在军阀统治时期,四川经历了重大的、有时是破坏性的变化,经济与社会的危机日益加深。

与军阀横行同步的是帝国主义对华持续施压。一战后的中国受帝国主义控制的程度日益加深。历史学家杨格指出:"20世纪前20年,最栩栩如生的就是西方与日本帝国主义在中国的自动成长。它已在中国的土壤中扎下了根。"[4]1919年"五四运动"的导火索即巴黎和会上中国外交的失败。深陷亡国恐惧的青年学生、知识分子走上街头,高呼"还我青岛、还我河山""外争主权、内惩国贼"等口号。"五四运动"之所以后来能成为一场轰轰烈烈的社会革新运动,与中国的反帝反封建资产阶级民主革命密不可分。数十万觉醒的爱国青年学生英勇地站在运动的前头呼喊与抗争,起到了"先锋队的作用"和"带

---

① 王建朗,黄克武.两岸新编中国近代史:民国卷(上)[M].北京:社会科学文献出版社,2016:8.
② [美]罗伯特·A.柯白.四川军阀与国民政府[M].殷钟崃,李惟键,译.成都:四川人民出版社,1985:1.
③ [美]罗伯特·A.柯白.四川军阀与国民政府[M].殷钟崃,李惟键,译.成都:四川人民出版社,1985:69.
④ [美]沙培德.战争与革命交织的近代中国(1895—1949)[M].高波,译.北京:中国人民大学出版社,2016:91-92.

头作用"。这场运动在日益严重的民族危机下激发了中华民族的活力,也唤起了一代代爱国青年投身反帝反封建的革命运动中。此后,新思想浪潮由城市传入乡村,越来越多的乡村青年开始受到激进主义、社会达尔文主义和民族主义的影响,"革命气氛"也开始在学校中弥漫。"青年学生在五四前后的积极表现,使各政党认识到青年学生是一种大可利用的重要资源,亦主动挟其主义学说渗入学界,竞相争取和吸引这一股新生的社会力量。"[①]范长江读书期间也受到社会思潮影响,政治参与意识不断增强。

二、范长江早期的求学经历与社会活动

求学、参与社会活动是范长江早期人生经历中的重要内容。他在内江、资中、重庆、武汉、南昌、汕头、南京、北平等不同城市空间的辗转中找寻着自身出路,探索着个人与国家、社会的命运。

(一) 内江:范长江的童年

1921年后,范长江先后就读于田家乡和松柏乡两个小学。因为家里穷且上学路途远,范长江每天从家里带米和蔬菜,沿途拾树枝,生火做饭。求学期间的衣服都是大人衣服改小染洗的。鞋子也是母亲自己做的,并经过多次缝补。童年的贫苦生活和磨砺成为范长江成长道路上的宝贵财富,锻造了他吃苦耐劳的品质和良好的生存能力。

1923年,范长江考入内江县立中学。他虽有较好的古文功底,但在数理化等"新学"科目上成绩不理想。罗志田在讨论近代边缘知识分子的兴起问题时指出,同时代的知识青年常常因为新学校"看重英文和数理化",原来"所熟悉的古文"不受重视而"逐渐产生自卑感"。[②]不过,范长江却表现出不服输的劲头。他在学业上付出了比旁人更多的时间和精力,常常"开夜车"刻苦读书。[③]经过一年的努力,他取得了全班前三名的成绩,令同学们刮目相看。中学时代的范长江有两个爱好,演讲和踢足球。范长江胞弟范长城(即范立天)

[①] 王奇生.党员、党权与党争:1924—1949年中国国民党的组织形态[M].北京:华文出版社,2010:32-33.

[②] 罗志田.权势转移:近代中国的思想与社会(修订版)[M].北京:北京师范大学出版社,2014:135.

[③] 徐向明.范长江传[M].南京:南京大学出版社,2002:3.

回忆,长江从小性情好动,热情活跃。老师说他善于演讲,很有口才,是班里的学生代表。①作为一项讲究组织配合的运动,踢足球则是范长江青少年时期锻炼身体的重要方式。

反帝反封建、救国救民的思想主张由城市传播到乡村并渗入学校,激起了学生的参与热情。青年时期是一个人世界观、人生观、价值观形成的关键时期。参与各类社会活动形塑了范长江的价值观和爱国情怀。作为热血青年,他和好友一起成立社团,组织谈话会,传阅由北京、广州等大城市传来的革命报刊,传唱革命歌曲,还时常上街游行,张贴诸如"打倒帝国主义!""打倒封建军阀!"等标语。②由内江前往北京等地求学的进步学生所创办的《不平鸣》《江涛》《江锋》是他们重要的读物。③其中,影响最大的《不平鸣》由廖恩波、朱朝壁、刘触周等具有共产主义信仰的成都青年学生主办。王友梅回忆,长江家中藏着《新青年》《响导》《语丝》等刊物。④阅读进步书刊、与倾向革命的青年在一起生活学习等因素促使范长江成为热心于政治活动的爱国青年。

(二)资中:范长江的中学时代

范长江在中学期间显示出较强社会活动能力的端倪,但他对革命活动的热衷没有得到家庭和学校的认同。家族长辈们希望他好好读书,不要"不务正业""胡闹";学校里一些教师也指责他破坏教学秩序,对他存在诸多非议。⑤为此,他转学到资中省立六中。走出家乡内江的范长江在资中依然热衷参与革命活动。当地有着较大势力的基督教会常打着庇护教徒的名义对地方政事横加干涉。在范长江眼中,教会是帝国主义在华侵略的重要形式。因此,他和朋友组织策划过反教会活动。⑥可见,范长江对帝国主义的侵略行径有所认识,反帝思想在他的实际行动中已有体现。

---

① 范长城,邱沛篁.范长江的成长[J].新闻界,1985(1):18-20.
② 陈涛.新闻巨子范长江评传[M].北京:中国文史出版社,2014:6.
③ 徐向明.范长江传[M].南京:南京大学出版社,2002:4.
④ 胡愈之,夏衍,等.不尽长江滚滚来——范长江纪念文集[M].北京:群言出版社,2004:307.
⑤ 陈涛.新闻巨子范长江评传[M].北京:中国文史出版社,2014:6.
⑥ 陈涛.新闻巨子范长江评传[M].北京:中国文史出版社,2014:6.

(三) 重庆:踏出故土

1926年夏,国民革命军在广州誓师北伐,试图以武力打倒封建军阀。10月,北伐军攻克武汉,广州国民政府迁往武汉。为迎接革命大发展,满足培养政治、军事人才的需要,蒋介石委派邓演达负责筹备黄埔军校武汉分校,并确定将黄埔第五期政治科学员移往武昌就读,同时面向全国招收新生。在重庆,黄埔军校也设有招生点。得到消息的范长江与同学一道奔赴重庆。无奈报名时间已过,范长江阴差阳错地进入中法大学重庆分校就读。这所学校由革命家吴玉章创办,目的是为四川的大革命培养革命力量。

重庆的革命氛围要比内江、资中浓烈得多。范长江在中法大学被编入短期干部训练班,开始接受革命启蒙教育。课程和讲座有政治、经济、唯物史观、阶级斗争与社会发展史等,授课者有吴玉章、杨闇公、冉钧、漆南熏等。这些课程为范长江打开了思想的窗口,激发了他的革命志趣。然而,"短期培训"意味着这种教育模式强调实用性,理论的

图1-1 位于重庆渝中区的中法大学旧址

意义与价值未必能及时被消化,国民革命的曲折性和复杂性也使得革命青年时常会有困惑和不解。但这并未影响他们投身革命活动。中法大学师生经常到重庆城中对群众进行革命宣传,范长江也扮演着街头革命演讲者的角色。

1927年3月24日,国民革命军分三路纵队进兵南京,停泊在南京下关江面的英美军舰向城内发动炮击,造成南京城内军民死伤两千余人,多处房屋被毁,史称"南京事件"。[1]这是帝国主义干涉中国革命的行为。消息传到重庆后,为了表达对帝国主义的抗议,由中共四川省委领导的"重庆工农商学兵反英大同盟"决定于3月31日举行抗议活动。当日,范长江和同学来到打枪坝参与集会。为了讨好蒋介石的四川军阀刘湘派便衣入场破坏大会秩序。共产党员、共青团员、国民党左派党员、工农商学群众被便衣追逐、刀砍、枪击、棍

---

[1] 郭曦晓.对1927年南京事件几种评论的剖析[J].近代史研究,1990(2):200-215.

敲、棒打,呼救声、哀号声溢于场外。①曾给范长江授过课的中法大学教师杨闇公、冉钧、漆南熏等惨遭杀害,范长江也被暴徒击伤昏倒。"三三一"惨案发生后,刘湘指挥王陵基搜捕革命群众和爱国学生。劫后余生的范长江辗转到姑父伍心言家避难。姑父把范长江收留、反锁在房间里加以保护。

1927年4月,蒋介石发动反革命政变,大肆捕杀共产党员、国民党左派及革命群众。四川的中共组织遭受严重破坏,学生革命团体被捣毁,风起云涌的人民革命运动被军阀镇压。重庆沉寂在白色恐怖中。目睹革命活动被镇压、群众被屠戮惨状的范长江陷于彷徨苦闷之中。

(四) 武汉:参加国民革命

身在重庆的范长江,面前有几条路:第一,回家。父母曾写信催他回家。父亲范云菴在马路局当差,他已为范长江订下婚事。②接受了新思想熏陶的范长江追求自由和个性解放,并不愿意回家受封建旧习俗的摆布。第二,留在重庆,借助姑父的关系谋个职业。当时伍心言是刘湘的重要幕僚之一,凭借权势给范长江安排个工作并非难事。然而,范长江不甘平庸,也不求稳定的工作。第三,追随革命的洪流。很多同学在经历重庆惨案后心生胆怯,纷纷回家。范长江执意去武汉继续探索革命道路。有人认为,内江人因为当地农业较发达,比较容易自足而不思远途。③显然,范长江并非容易满足的内江人,他有更为远大的志向。从四川到武汉,可以看作范长江与乡土的一次彻底告别。

宁汉分裂后,南京、广州的革命青年群趋于武汉来寻找出路。④在武汉,来自全国各地的革命群众天天集会、游行示威,控诉蒋介石的反革命行径,支持国共联合。来到武汉后的范长江异常兴奋地奔走于各种集会活动。⑤革命潮流高涨的武汉不但是"世界革命"的中心,也是"道德革命"的中心。反叛旧式家族、伦理和婚姻制度的青年男女们,在这里迎来了他们所追求的"解放"。⑥1927年7月,汪精卫发动反革命政变开始"分共"。武汉革命形势急转直下,集会和游行示威被取缔,工人纠察队被解散。范长江再次来到了人生的"十字

---

① 倪良端.刘湘与重庆"三三一惨案"[J].文史春秋,2003(9):42-43.
② 陈涛.新闻巨子范长江评传[M].北京:中国文史出版社,2014:8.
③ 陈涛.新闻巨子范长江评传[M].北京:中国文史出版社,2014:8.
④ 李志毓.大革命失败后国民党左派青年的困顿与探求(1927—1932)[J].华东师范大学学报(哲学社会科学版),2019(6):60-69.
⑤ 徐向明.范长江传[M].南京:南京大学出版社,2002:8.
⑥ 李志毓.论新知识青年与国民革命[J].史林,2016(6):146-157.

路口"。众多逃离家庭投身革命的青年学生在走投无路时选择回家,范长江又一次接到家人劝他回家的信件。然而,"铅华褪尽留本色,大浪淘沙始见金",他毅然选择继续去探索救国救民的革命之路。

许多知识青年在精神上非常压抑、苦闷、愤懑,渴望获得新的革命理论或是革命行动以维系探寻国家与社会出路的初心。范长江在武汉《国民日报》上看到一则征兵公告,号召青年学生参军支持革命战争。他找到了在国民革命军第二十军的内江老乡谢独开,顺利加入学兵营,成了一名革命战士。范长江参军当日,就随着部队向江西开拔。

国民革命军第二十军沿江东下,途径鄂城、九江等地后于7月26日到达江西南昌。8月1日凌晨,范长江和战友们紧急集合,教导团总队长下达武装起义的命令。"南昌起义"正式打响。经过五小时的激战,起义部队歼灭敌人万余人,胜利占领了南昌城。①敌军迅速展开反扑,范长江跟随部队撤出南昌,向广东进发。在行军跋涉中,起义部队被打散了。为了冲出重围,部队将战斗力较弱的人员遣散,范长江就此流落街头。像范长江这样的"旧礼教的叛徒,是无家可归或有家不能回的人,于是只得四处流亡"②。在汕头,范长江再一次陷入困顿之中。他当时思想糊涂了。南昌起义的军队是国民革命军,蒋介石、汪精卫的军队也是国民革命军,这种仗他暂时不愿意打,要弄清谁是谁非再打。③的确,"这一时期国共两党之间以及它们和各式军队之间的相互关系,远比国共对抗这种历史叙事框架表现得更为错综复杂"④。对未满二十岁的青年范长江来说,要梳理、厘清南昌武装起义过程中的各种政治、军事力量关系是非常困难的。所以,他决定"设法接近大城市,找地方读书,弄清楚中国革命的出路问题"⑤。范长江从汕头一路北上,经过曲折,途经赣州、皖北,于1928年春到达南京。

(五)南京:就读国民党中央政治学校

来到举目无亲的南京城,范长江万念俱灰,萌生过"上小火车到下关跳长江自杀"⑥的念头。1927年至1928年间,在革命的暴动和反革命的屠杀中侥

---

① 徐向明.范长江传[M].南京:南京大学出版社,2002:10.
② 李志毓.论新知识青年与国民革命[J].史林,2016(6):146-157.
③ 范长江.范长江新闻文集[M].北京:新华出版社,2001:1159.
④ 黎志辉.政党、军系与暴动组织——中共南昌起义的跨界关系网络[J].苏区研究,2017(4):76-88.
⑤ 范长江.范长江新闻文集[M].北京:新华出版社,2001:1159.
⑥ 范长江.范长江新闻文集[M].北京:新华出版社,2001:1161.

幸逃生的青年,创造了民国史上又一个"自杀时代"。①报端上关于青年自杀的报道不胜枚举。绝望的情绪和自戕的选择在当时的青年中蔓延。庆幸的是范长江遇到了同学周裕猷,并得知国民党中央政治学校正在招生。

　　随着北伐的推进,国民党军事力量发展很快,而党务干部严重不足,国民党召开常务会议决议设立中央党务学校。②1927年5月,国民党中央政治学校正式在南京成立,蒋介石兼任校长,罗家伦实际负责校务。该校免收学费,提供住宿、膳食及一切学习、生活用品。月津贴三元,毕业后分配工作。对亟待寻找出路的范长江而言,入校既能实现读书的目的,又可以解决生活问题。1928年7月,学校续招第二期新生,范长江顺利被录取,重新开始了"从读书中找出路"的学业生活。

　　从1928年到1931年,范长江在国民党中央政治学校学习了三年多时间。他给自己设定的主要任务是埋头读书,探索中国的出路问题。他在自述中写道:"我在南京三年半,思想上的发展可以分为三个阶段。"③第一阶段是认同孙中山的三民主义。上课以外,范长江在图书馆里大量阅读,构建自己的"知识仓库"。阅读书目包括《经济科学概论》《社会进化史》《经济史》《国民经济原理》《中国社会之史的分析》《太平洋之将来》《欧洲政治思想史》《社会学》等。④范长江对孙中山的三民主义思想比较认同,尤其是其中民生主义的内容。第二阶段是关注社会改良主义阶段。民族、民权、民生状况日益恶化,民不聊生。⑤帝国主义加紧侵略中国的脚步。国民党上层政客的投机与消沉,让革命青年深感失望。他发现三民主义理论不能救中国,国民党的统治集团贪污腐化严重。他在学校里也经常耳闻一些统治阶级内部钩心斗角、挥金如土的丑闻。1927年大革命失败后,社会上就开始讨论"中国何去何从"的问题。诸如梁漱溟等人主张从乡村入手,从社会底层入手,改善农民生活,改良中国社会。这些主张吸引了范长江走出书斋,投身到下层去"切切实实地干"。"我虽然和若干青年人一样不满意当时上层政治之设施,但是我却赞成了这样一种理论,认为中国政治之改造,只有从下层政治入手。这大概无外乎当时流行的乡村教育、农村行政、乡村调查、县政

---

① 李志毓.论新知识青年与国民革命[J].史林,2016(6):146-157.
② 朱燕平.历史视野中的国民党中央党务学校[J].文史天地,2013(10):16-18.
③ 范长江.范长江新闻文集[M].北京:新华出版社,2001:1161.
④ 方蒙.范长江传[M].北京:中国新闻出版社,1989:28.
⑤ 徐向明.范长江传[M].南京:南京大学出版社,2002:17.

改革这一批理论和做法。"① 1929 年下半年,中央党务学校更名为中央政治学校,学制为四年。范长江由行政系转到乡村行政系,希望能在乡村建立一个理想世界。②他时常去位于南京北郊燕子矶的晓庄师范学校,参与陶行知主持的乡村改良实验。他在日记中写道:"我深深地领略着他们的勤劳独立的精神和教育生活化的特点。以乡村生活为立身标准,力反城市贵族的意味……青年学生能得此种训练,当可完成完善之国民。"③乡村实践激励着范长江立志"把救民族、救人类的责任放在自己肩上",毕业后投身于改造中国农村的洪流中。

范长江在中央政治学校思想发展的第三阶段表现为对国民党的彻底失望。他在日记中写道:"在这个官僚势力统治下的教育环境中,精神上很难有求得自由发展的充分机会。与其不生不死的被官僚式的教育敷衍时日,不如一刀两断地求自己理想的生活!"④产生这个想法源于外界环境的变化与国民党的表现。1930 年 4 月 12 日,陶行知因支援南京下关和记洋行工人罢工及反对日舰停泊下关,被国民政府下令通缉,晓庄师范学校也被迫封闭。国民党压制爱国行为的举动让范长江看清了其专制腐败的本质。他愈发意识到,原本寄希望于以底层改造来改善社会、完善国家的目标在国民党统治之下不过是空想。

更加刺激范长江的事件发生在 1931 年"九一八事变"后。蒋介石对日本侵华的恶劣行径采取了"不抵抗政策"。面对东北国土沦丧,三千万同胞生灵涂炭,各地青年学生进行了大规模请愿游行运动,"大有非立行宣战不肯罢休之势"⑤。国民政府却出动军警对爱国请愿活动进行镇压。国民党中央 9 月 28 日发表《告全国学生书》,声称学生应受统一之指挥,政府有军事处分之权衡,宣战与否,爱国之学生要信任政府,不必过问。⑥中央政治学校也禁止师生组织任何抗日救亡活动。范长江得知后按捺不住内心的义愤,他向周围的同学慷慨陈词,控诉国民党当权者。同时,他又组织同学找到教育长罗家伦要求召开全校大会,讨论抗日问题。⑦在范长江主持下,大会气氛激昂,同学们的救亡热情被激发。学校迫于压力,同意学生可以去郊区游行。但是七八天后,因

---

① 范长江.范长江新闻文集[M].北京:新华出版社,2001:912.
② 陈涛.新闻巨子范长江评传[M].北京:中国文史出版社,2014:15.
③ 徐向明.范长江传[M].南京:南京大学出版社,2002:19.
④ 方蒙.范长江传[M].北京:中国新闻出版社,1989:36-37.
⑤ 陈伟.尝试与困境:蒋介石在九一八事变后学生请愿中的应对[J].民国档案,2015(1):137-143.
⑥ 国民党中央执行委员会.中央告全国学生书[N].民国日报,1931-09-29.
⑦ 方蒙.范长江传[M].北京:中国新闻出版社,1989:39.

为学校的劝说和分化瓦解,部分同学中途退出,活动很快偃旗息鼓。作为组织者的范长江面对这种情况既忧虑又悲愤,认识到"欲从政府系统中求出路,是一条绝路"[①]。他遂决心离开中央政治学校,另谋出路。同学劝他说很快就要毕业了,放弃快到手的文凭非常可惜。对于很多人来说,这一纸文凭是跻身国民党统治集团,实现身份跨越的"敲门砖"。然而,范长江求学的目的根本不是加官晋爵,谋得一官半职。于是,他在某个周日秘密离开学校,临行前特意换下了学校发给的衣服鞋袜,丢下了国民党党证,以表示"从此我和国民党一刀两断"[②]。

(六)北平:考入北大寻出路

范长江1932年元旦到达北平,开启了求索的新征途。北平是中国的文化中心,也是"五四"新文化运动的发源地。范长江非常欣赏北大"精神自由,兼容并包"的传统。他在《祖国十年》中表示:"为了希望享受一点蔡元培先生的遗风,吸一点自由的空气。"[③]对于向往自由、想作为的青年来说,北京大学有五四"遗风流韵",是理想的求学之所。

范长江想入学北大,面临两大困难:一是学费,二是入学资格。民国时期的大学学费相对于一般收入而言,是十分昂贵的。能上得起大学的只有少数人。[④]北大为国立大学,学费相比私立学校要便宜得多,但对范长江来说仍是一笔巨款。所以他写信向家人求助,家里寄来一百块银元。北大的入学门槛要求也很高,英语成绩一般的范长江要通过外语考试的难度很大,另一途径是免试入学,但须提供大学肄业成绩证明。范长江得到罗家伦寄来的中央政治学校成绩单,得以同等学力方式入学北大。

范长江在1932年夏季后以半工半读的方式开始了北大求学生活。他课余时间除勤工俭学卖豆浆、面包,给学生送早点,其他时间都用来读书学习。因为就读哲学系,他常常泡在图书馆里,从希腊古典哲学开始读起,试图从哲学中探索人生真理,寻找解决个人理想和中国现实问题的出路。哲学既是万学之学,却也是形而上的"无用之学",并不能直接解决实际问题。

---

① 方蒙.范长江传[M].北京:中国新闻出版社,1989:39-41.
② 范长江.范长江新闻文集[M].北京:新华出版社,2001:1167.
③ 范长江.范长江新闻文集[M].北京:新华出版社,2001:923.
④ 叶文心.民国时期的大学文化(1919—1937)[M].北京:中国人民大学出版社,2012:133-134.

困扰范长江的很多问题在哲学中不能直接找到答案。内忧外患的社会环境无法让"不安分"的范长江沉浸于书斋研究哲学。他认为:"从读书中找中国出路的方针,行不通了……因此,我想只有先投入实际的抗日斗争,在实际斗争中找出路。"①

1933年,日寇攻占热河后又占领察哈尔及河北大部分土地,进逼北平、天津。北大爱国学子义愤填膺,范长江报名参加北大学生前线慰劳团,为前线战士筹集物资。他跟随慰劳团去了热河前线,实地考察日本侵略势力在华北的深度扩展,也看到了国民政府在大敌当前的"不抵抗"。他在日记中记述:"这些都是政治的弊端、国家的不幸、民族的灾难啊!"②

抗日前线慰劳与实地考察后,范长江回到学校后希望从抗日救国实际需要中寻找课题,并以课题为核心进行研究。他拟定了四个大课题,分别是世界局势研究、苏区研究、国防中心研究和以北大为中心的专业学术研究。③他与同学组织了"一九三六研究会",探讨抗日的相关问题。范长江撰写的研究会筹备大纲在《北平晨报》上发表后,引起北大同学的关注,入会人数达到一百二十余人。在关注苏区方面,他一是系统研究苏区的土地问题,二是秘密前往南昌阅读关于苏区的小册子。④对共产党的研究过程中,他也发现了很多问题,他敏锐地意识到"建立巩固西部国防事业之于抗战的重要性",希望组织"中国青年西部考察团"去西北考察。该研究计划虽未能实施,却为他后来的西北采访埋下了伏笔。

1933年开始,范长江向《北平晨报》投稿,"经济压迫也是逼着我冒险投稿的一个原因"⑤。虽是"职业无意识"⑥的举动,却可看作范长江新闻工作的开端。1934年底,他正式成了《北平晨报》通讯员,相继发表了《佛学在北大》(1934年12月14日)、《陶希圣与〈食货〉》(1935年1月16日—18日)、《顾颉刚与〈禹贡〉》(1935年1月22日—25日)、《北京大学地质系沿革及其成绩》(1935年1月27日)等通讯文章。此外,他还向天津《益世报》《大公报》投稿。

---

① 范长江.范长江新闻文集[M].北京:新华出版社,2001:1172.
② 方蒙.范长江传[M].北京:中国新闻出版社,1989:71.
③ 陈涛.新闻巨子范长江评传[M].北京:中国文史出版社,2014:28-31.
④ 范长江.范长江新闻文集[M].北京:新华出版社,2001:1173-1175.
⑤ 徐向明.范长江传[M].南京:南京大学出版社,2002:49.
⑥ 樊亚平,丁冬女.从职业无意识到职业认同——范长江职业认知与职业精神的发育与建构[J].兰州大学学报(社会科学版),2017(1):124-131.

第二节 范长江早期的社会网络

"每个人都会以自己为中心结成一定的社会网络,这样的社会网络由近到远,彼此的互惠程度与关系程度成正比。"[①]对范长江来说,在早期人生经历和社会活动中,亲缘(血缘)、地缘(同乡、会馆)、学缘(同学、师生、校友、校友会)等社会网络发挥了特定的功能与作用。

一、早期的亲缘网络

亲缘网络在传统农业社会中是以血缘为基本纽带,以等级(辈分、长幼、男女)为秩序准则,以婚姻为连接其他同类群体方式所形成的人际关系网络。[②]亲缘关系具备持久、频繁交往的先天条件,是一种先赋性关系。此种关系的存在决定了关系人之间进行情感性互助与工具性互惠的优先性和必要性,亲缘网络具有生产经营、生育繁衍、维系保护和教育濡化等社会文化功能,因此在范长江早期成长经历中发挥着重要的影响。

(一)祖父范延馨:言传身教

《宋通典》有云"祖为家主"。范长江祖父范延馨在整个范氏四世同堂大家庭中是"大家长"。范延馨,字桂山,生于咸丰四年(1854)。他是清末秀才却反对科举,反对写八股文,主张散文,赞成白话文,特别推崇先祖范仲淹。据记载,范仲淹治家甚严,制定《六十一字族规》和《义庄规矩》,并专门写有《诫诸子书》。范氏后人依其训导整理成《范文正公家训百字铭》《范文正公训子弟语》,用以教导子孙后代正心修身、积德行善,教导族人和睦相处、相辅相助。范延馨秉承"先天下之忧而忧,后天下之乐而乐"的祖训教诲家族子弟。范长江自幼随堂兄一起

---

① 廖大伟.彰显被遮蔽的面相和细节——"近代人物研究:社会网络与日常生活国际学术研讨会"综述[J].史林,2011(3):184-187.
② 郭于华.传统亲缘关系与当代农村的经济、社会变革[J].读书,1996(10):48-54.

跟着祖父在家族的"三希书馆"①识字读书。范长江原名中的"希天"二字出自宋代大儒周敦颐的《通书·志学》。祖辈期望借此名勉励他以治国平天下为己任。

作为过渡时期读书人，范延馨坚守传统的儒家伦理价值。同时，可贵的是，他受到维新思想、启蒙思想的影响，并乐于将这种影响传递给了自己的子孙，一定程度上实现了思想与观念的"代际流动"。罗志田认为，近代中国读书人对革命的青睐和憧憬，其程度远超过认知。②开明的范延馨渴望求新、希望变革，对梁启超开创的"新文体"非常钟情。此类文章不拘格式、多用比喻，具有强烈的鼓励性和进取精神。范长江回忆："范延馨喜欢看新书，鼓吹青年人作文学家、诗人、科学家、实业家、谋臣、策士等，主张清高，鼓吹个人刻苦奋斗，这些主张对我童年思想很有影响。"③

范延馨是形塑童年范长江最有力之人，他把诸多希望寄托于范长江等子孙身上。祖父的言传身教既体现在对范长江独立自主、求新进取精神的形塑，也体现在对范长江文化知识的熏陶与培养。在祖父教诲下，范长江阅读、背诵《三字经》《百家姓》《幼学琼林》《增广贤文》《千家诗》，学习诸葛亮的《出师表》、文天祥的《过零丁洋》、岳飞的《满江红》、范仲淹的《岳阳楼记》和《渔家傲·塞下秋来》等诗文。少年时期积淀的古典文学功底为范长江的求学和新闻工作奠定了坚实的基础。梁启超的《少年中国说》等"新文体"的通俗畅达也或多或少影响了日后范长江通讯报道的写作风格。

（二）母亲郭玉瑞：咽苦吐甘

范长江母亲郭玉瑞出生于一个贫苦农家，幼年读过私塾，裹着三寸金莲，上得厅堂、下得厨房，能干家务，很爱整洁，是个勤俭持家、心地善良且深明大义的家庭妇女。母亲在范长江成长过程中扮演了至关重要的角色。她辛劳地靠织麻纺线等副业劳动挣钱供养范长江读书，对他的教育影响同样深刻。"有一个赶场天，母亲拿出自己制作的挂面，要他到墟场上去卖。长江不去，母亲教育他说，出售自己劳动所得，不是耻辱，应当从小养成自食其力、勤劳奋发的

---

① 所谓"三希"，即"圣希天，贤希圣，士希贤"，语出宋代大儒周敦颐的《通书·志学》，意思是"圣人寄希望于天，贤人寄希望于圣人，士卒寄希望于贤人"。见李敖.周子通书 张载集 二程集[M].天津：天津古籍出版社，2016:8.
② 罗志田.近代读书人的思想世界与治学取向[M].北京：北京大学出版社，2009：104-141.
③ 范长江.范长江新闻文集[M].北京：新华出版社，2001：1156.

精神。这使年少的长江很有触动。"①

(三) 父亲范云菴:缺席的角色

范长江的父亲范昌光,字云菴,生于光绪十三年(1887),范延馨第四子,通省自治研究所毕业。二十岁到封建军阀熊克武的川军当兵,曾任连排级军官。范长江回忆:"范云菴在我童年时不在家……也没有寄什么钱回家。"②后来,范云菴回乡参加地方封建政权,并在马路局当局员时,范长江已经离开内江。因此,在范长江早年经历中,父亲的角色是缺失的。范长江胞弟范长城回忆:"(父亲)在军队多年,性情刚烈。"③在儒家伦理支配下的家庭秩序中,父子关系常陷入紧张与拘谨。④现年八十岁内江人刘云松的长辈曾是范云菴所雇长工。刘云松口述的一件事反映了范云菴与范长江父子之间的紧张关系。1922年深冬某日,一个衣衫褴褛的小男孩在捡拾掉落在地的、范云菴家晾晒的红苕粉条时不慎落水。范长江正放学回家,见此一幕,脱下外衣给全身湿透的小男孩披上,并顺手扯下一大把粉条塞给小男孩。范云菴雇请的管家见此情景,上前制止,范长江与管家争执:"这是我的家事,你管不着,我愿把粉条给谁就给谁!"管家一气之下把这事告诉范云菴。范云菴听闻后火冒三丈,抓住范长江一顿暴打。倔强的范长江挣脱父亲,跑得无影无踪。心理学家阿德勒认为:"父亲给予孩子的影响至关重要,很多孩子的一生中,父亲在他们的心理上的影响都很有分量。"⑤幼年父爱的缺失以及少年时期父子关系不睦等因素一定程度上铸就了范长江"叛逆的性格"。这也是范长江立志要从赵家坝出走,摆脱封建大家庭和父亲束缚的重要原因之一。

(四) 姑父伍心言:保护加引导

范长江姑父伍心言,字星垣,1886年出生于内江县松柏乡。1902年赴科考,中秀才。1906年考入四川省立选科师范,专修历史。伍心言毕业后,回到内江县立中学任教。后来结识了担任北洋政府教育部次长的王章祜,1915年

---

① 方蒙.范长江传[M].北京:中国新闻出版社,1989:3.
② 范长江.范长江新闻文集[M].北京:新华出版社,2001:1156.
③ 中国人民政治协商会议内江市委员会文史和学习委员会.内江文史资料选辑(第19辑)[G].2002:6.
④ 许知远.青年变革者:梁启超(1873—1898)[M].上海:上海人民出版社,2019:24.
⑤ [奥]阿尔弗雷德·阿德勒.自卑与超越[M].若初,译.武汉:华中科技大学出版社,2017:125.

经王章祐引荐任四川省教育司主任科员。翌年被调至省立第二中学任校长。1921年与张澜、邵从恩等创办《辛酉日刊》并任总编辑。1925年经重庆知名人士李公度举荐任四川军阀刘湘国民革命军第二十一军政务处副处长,后任军部文职秘书长。1927年,重庆打枪坝"三三一"惨案发生后,范长江被反动派追捕,幸亏得到伍心言保护才逃过一劫。伍心言孙子伍丕庆向笔者口述[①],伍心言资助并掩护范长江乘船出川去了武汉。

伍心言为人耿直,思想也很开明,在青年范长江的人生道路上起到过重要的启蒙与引导作用。范长江在他保护下免遭劫难,在他的指导、鼓励下安心学习、博览群书、积累知识,为后来的新闻工作做了充分的准备。1929年,伍心言辞去刘湘部队秘书长一职,赴任南京盐务署编译。范长江在南京中央政治学校就读期间曾去拜访姑父。伍心言劝导范长江埋头读书,要让自己知识更加丰富,任何书都应该读,头脑要冷静,还告其读书期间不要参加活动。范长江铭记着姑父教诲并在日记中写道:"我们青年现在只有认真读书,充实自己,磨砺自己,不觉于功名,不觉于事业。一切一切都置之度外,淡泊以明志,宁静以致远,诸葛亮的名言,应作我的座右铭。"[②]

亲缘关系是信任结构建立的基础,使人产生信任和亲密度,也是实际获得资源的重要途径。[③]由祖父、父母、姑父等人构成的亲缘网络给予范长江来自家人的支持,让其早年有了接受教育的机会和条件。同时,在范长江遇到危难的时刻,亲缘关系也助力其摆脱困境。

二、早期的地缘网络

地缘关系以土地或地理位置为连接纽带,是指因在一定的地理范围内共同生活而产生的关系。[④]地缘关系反映着关系人之间的同乡关系,是共同居住在某一地方的人们在本乡本土以外的地区里,即外乡外土上的人际关系。[⑤]地

---

① 2019年11月10日,汕头大学举办"纪念范长江诞辰110周年暨2019年记者节系列活动",笔者对伍心言的后人伍丕庆先生进行访谈。
② 方蒙.范长江传[M].北京:中国新闻出版社,1989:29.
③ 卜长莉."差序格局"的理论诠释及现代内涵[J].社会学研究,2003(1):21-29.
④ 李汉宗.血缘、地缘、业缘:新市民的社会关系转型[J].深圳大学学报(人文社会科学版),2013(4):113-119.
⑤ 方李莉.血缘、地缘、业缘的集合体——清末民初景德镇陶瓷行业的社会组织模式[J].南京艺术学院学报(美术与设计版),2011(1):8-19.

缘关系在空间地理上呈现出一定的层次性,可以是同村同乡,也可以是同县同市,甚至是同省同州。传统中国社会在费孝通看来本质是乡土社会。乡土是一种精神寄托,家乡则是共享的文化符号。在乡土社会中,血缘与地缘是个人最基本的人际关系。具有先赋性的地缘关系在人们的社会生活中具有仅次于血缘关系的重要性。长期的农耕文化和以家庭为内核、乡村为场域空间的群居生活熏陶、铸就了中国人根深蒂固的地缘意识。这种意识也直接渗透于国人的日常生产生活、社会交往等行为范式之中。

清末民初的社会转型浪潮中,整个社会的流动性加剧,一大批乡村精英知识分子实现了从乡村到城市的空间跨越,与城市的关联越来越紧密,而与乡村日益疏远。但在城市的陌生社会中,需要乡土相邻、乡音相近、乡情相知的地缘关系作为这群漂泊的异乡者借以相聚相助的纽带。①地缘网络在范长江早期的社会活动与求学经历中亦是一种重要的资源和抓手。诸多内江、四川同乡影响着范长江早期的求学深造、革命活动、思想交流等。

(一) 与同乡周裕猷的交往

范长江在内江中学读书期间,和同学李源岷、刘惠、邓崇禄等组织"进步青年谈话会",传阅宣传革命和三民主义的报纸,传唱革命歌曲。通过李源岷,范长江认识了周裕猷。周裕猷"不是内江中学同学,但和我通过许多信,成了好朋友"②。周裕猷和李源岷都是四川安岳人。安岳地处四川盆地中部,西南与内江县接壤。从地缘上看,周裕猷和范长江也算同乡。在范长江早期人生经历中,周裕猷是一个重要人物。范长江所做出的诸多选择都和他有密切关联。

1926年,范长江离开资中奔赴重庆的最初目的是报考黄埔军校,原因有二:一是范长江的同学李源岷已于1925年去广东参加黄埔军校;二是"内江中学的一些进步同学,决定去重庆报考军校,他们没有忘记在资中的范长江,他们给长江写信,希望长江也去报考"③。学者许纪霖指出,传统的血缘、乡缘和学缘关系以各种方式渗透到黄埔学生中,因为最初学生们多数都是通过亲戚、同乡、老师和同学等介绍来报考黄埔军校的。④因为错过了报名时间,范长江后

---

① 路鹏程.私谊网络:晚清报人聚合途径研究[J].国际新闻界,2010(4):105-111,119.
② 范长江.范长江新闻文集[M].北京:新华出版社,2001:1157.
③ 方蒙.范长江传[M].北京:中国新闻出版社,1989:5.
④ 许纪霖.从边缘走向中心——黄埔军校与现代中国的学生知识分子[J].同舟共进,2014(8):21-23.

来就读了重庆中法大学。周裕猷则顺利进入黄埔军校。《黄埔军校同学录》可查,周裕猷为黄埔六期学生,入学地点是黄埔军校武汉分校。1927年,范长江从重庆到武汉,"见到周裕猷,他在工人纠察队工作"①。武汉工人纠察队不仅承担起保卫工会、维护工运的基本职能,还在实践中形成了反帝、肃反的职能。②周裕猷是这一时期典型的革命青年。作为处于权力和文化边缘的学生知识分子,他离开故土,带着革命的理想主义投奔到革命中心武汉,希望借助军校的军事训练和文化学习,成为革命战士。常与其交往的范长江势必受到这位同乡朋辈的影响。

1928年,流落南京街头的范长江正处于人生的低谷。恰巧他在街上碰到了好友周裕猷。周裕猷也是经过颠沛流离来到南京就读中央军校的。他带着范长江来到四川会馆安顿,还给了范长江一些钱购买米和柴。会馆是典型的、由地缘关系衍生出的产物,它是按照同乡关系组建起来的地缘网络群体,打破了血缘关系的限制,有效地将不同宗族的同乡人团结起来。同时会馆也是"传统的口耳信息传播与交流的平台"③。范长江在会馆中结识了陈之宜、张怒潮。他们也是大革命失败后流亡到南京的。陈之宜是国民党老党员,在于右任、邵力子等国民党左派中有熟人,正在等待工作机会。这几个有抱负的川籍青年在会馆中互相照顾、相互砥砺。范长江从周裕猷处得知国民党中央党校有补考入学机会。后来,他与张怒潮一道应考,张怒潮未能考取。

离开中央政治学校去北大读书的范长江得知"辽、吉、黑、热抗日义勇军后援会"正在组织支援东三省的抗日义勇军,主办人是何遂。范长江在南京时因为周裕猷而结识何遂的儿子何世庸。借助这层关系,范长江去找了何遂并成功参与了后援会工作。

1934年夏天,范长江为了研究苏区问题专门去了南昌。因为周裕猷正在南昌行营做下级军官。"我去信给他,想去看看他,了解一些苏区情况,他回信说可以。""我住在一个小旅馆里,他每天或两天给我送些江西苏区的油印小册子、传单等。"④得益于同乡周裕猷的支持与帮助,范长江能多次走出困境,并能获得研究的资源。

---

① 范长江.范长江新闻文集[M].北京:新华出版社,2001:1158.
② 江冬.大革命时期武汉工人纠察队研究[D].武汉:华中科技大学,2018.
③ 王日根.晚清民国会馆的信息汇聚与传播[J].史学月刊,2013(8):102-109.
④ 范长江.范长江新闻文集[M].北京:新华出版社,2001:1175.

(二) 与同乡谢独开、李自强等人的交往

内江人谢独开是范长江参加国民革命的重要引路人。1927年6月、7月，武汉革命形势风云突变。范长江有了参军的打算。"一个异乡人在陌生的环境中，首先发展的以及相对容易发展的可能就是同乡关系。"[①]当时收容革命青年有两个地方，分别是国民政府教导团和国民革命军第二十军学兵营。"教导团我没有熟人，不知怎么去法。谢独开我认识，我决定去学兵营当兵。"[②]《内江县志》记载，谢独开，名顺中，1899年9月29日生于内江县观音滩川主坝。1921年投笔从戎，考入川北边防军军官讲习所，毕业后入熊克武第一军第三混成旅任排长。因军阀混战返乡参与廖恩波、黎灌英组织的读书会，后加入中国社会主义青年团。1926年春，谢独开协助黎灌英创办内江公学，为革命培养人才，并积极发动有志青年报考黄埔军校，带动内江青年高允斌（范长江同学）、余农治到重庆赴考。1926年冬，谢独开入黄埔军校武汉分校学习。1927年"四·一二"反革命政变发生后，各地青年滞留武汉。中共党组织将这批青年吸纳到贺龙领导的国民革命军第20军学兵营，谢独开担任营长。南昌起义后，谢独开率队到达广州潮汕地区，遇到黄绍竑部阻击，谢独开左脚受重伤。[③]谢独开的负伤间接导致范长江与他因地缘产生的联系出现了"断裂"。部队解散也意味着范长江需要另谋出路。

内江人李自强是又一位与范长江存在地缘关系的朋友。1930年左右，范长江在南京时曾一度倾向社会改良主义，李自强在上海劳动大学读书，并受到无政府主义思想的影响。1934年，范长江从南昌回北京路过南京时，与李自强进行了深入交流。李自强在南京办了一个名为《好朋友》的刊物，读者是一些小店员和小学教师。范长江认为抗日爆发后，中国的大后方一定在西部（西北和西南），所以需要有些人去考察、发表文章，唤起人们的注意，促进当地改革。李自强深表同意。俩人决定团结一些青年徒步去考察，并将考察计划倡议书发表在南京《新民报》《新京日报》上，但因响应者寥寥而作罢。

中国人历来重视同乡情谊。叶文心认为："如果没有进入到某些关系网就

---

① 邵建.一个上海香山人的人际交往：郑观应社会关系网研究[M].上海：上海辞书出版社，2014：59.
② 范长江.范长江新闻文集[M].北京：新华出版社，2001：1158.
③ 四川省内江市东兴区志编纂委员会.内江县志（第十七卷）[M].成都：巴蜀书社，1994：783-785.

很难展开社会活动……住在同一条街上、同学、同乡……让进入城里的陌生人彼此建立人际关系,相互帮助。"①地缘关系在知识分子社会交往与空间实践中发挥着重要作用。因为有周裕猷、谢独开、李自强等同乡构成的地缘关系网的互助与支持,范长江多次实现空间的跨越与拓展,并得以在新的社会场域中探索人生道路。

三、早期的学缘网络

学缘关系是指在社会成员由于共同的教育经历而产生的师生、同学等社会关系。②此种关系比较纯洁,学人之间彼此具有相对真挚的情感和友谊。相对于亲缘、地缘等先赋性关系,亲缘关系属于后致性关系,是社会成员在参与社会实践、接受教育过程中形成的关系形式。学校(小学、中学、大学)作为特定的教育机构为学生提供了有组织、有目的的教育环境和教学条件,是学缘关系实现的重要空间因素。

学缘关系有以下几个特征。第一,学缘关系是永恒性关系。学缘关系一旦确立,学生与学校、同学与同学、学生与老师之间便形成相对稳定的社会关系,终生相随。第二,学缘关系属于混合性关系。学缘关系介于情感性关系与工具性关系之间,既有情感性成分,又有工具性成分。第三,学缘关系是个人在长期学习过程中形成的关系。学生间通过相互帮助、相互关爱,形成了较深厚的情感纽带和共同的价值观。而老师是整个学缘关系的核心,他们履行着"传道、授业、解惑"的职能,对学生的健康成长发挥着重要的引导功能。

范长江早期的学缘网络是在中学、大学两个不同时期结成的,按照空间分布,又可分为内江县立中学、资中省立六中、重庆中法大学、国民党中央政治学校和北京大学。不同学校产生了异质性的学缘关系,学缘网络的形成、衍生在范长江的个人成长、思想启蒙、学业提升、信息获取、情感支持、社交拓展等方面产生了重要影响。

---

① 叶文心.民国知识人:历程与图谱[M].北京:生活·读书·新知三联书店,2015:115.
② 张国功.亲缘、地缘、学缘、业缘的叠合——论学衡派谱系中江西学人的交游网络与文化认同[J].江西社会科学,2016(7):232-238.

（一）范长江在内江、资中中学的学缘网络

范长江的中学时代在内江县立中学和资中省立六中度过。范长江曾说过："我交的朋友都是家境穷而学习成绩比较好的。"[1]《战国策·齐策三》有云："物以类聚，人以群分。"彼此相似的家境、相同的生活处境决定了范长江的交友取向。前文所述，范长江曾和李源岷、邓崇禄等志同道合的内江同学的组织"进步青年谈话会"，与家境富裕学生组织的"警觉青年谈话会"进行论辩。在资中高中学习期间，范长江结交了秦澜波，一起策划、组织反教会活动，后来相约共同去重庆报考黄埔军校。经同乡柴斯可介绍认识了肖华清，又经肖介绍入中法大学。肖华清是巴县中学校长，地下党员，主张青年学生要救国读书。"三·三一事件"后，范长江和秦澜波躲在伍心言处。当两人都面临何去何从的抉择时，秦澜波因害怕而决定回家，范长江则独自去了武汉继续投身革命。

（二）范长江在国民党南京政校的学缘网络

1928年到1931年在国民党中央政治学校学习的三年是范长江学缘网络扩展的重要时期。这一时期与范长江比较亲近的同学有郭祖劼和李为公。郭祖劼那时的思想反映了汪精卫改组派的观点，同意三民主义，但不满意蒋介石的独裁统治。李为公大体也有这种思想。郭祖劼来自四川内江，范长江与其接近也是地缘关系与学缘关系交汇的结果。思想交流与碰撞是当时在国家面临剧烈危机背景下热血爱国青年互动的重要内容。他们都希望找寻到国家、社会的正确出路。各种思想、思潮会影响青年的价值观念与路线选择。大革命失败后，改组派的政治路线比较强调重视青年知识分子，以吸收青年学生和知识分子为中心任务。施存统曾分析改组派肯定革命、反帝、民主等口号，关注社会平等，支持民众运动，他们认为中国社会是一个小资产阶级占主体的社会，自己便是小资产阶级中的一员，要替小资产阶级说话。中国革命应该通过维持、巩固、扩大小资产阶级来完成建国的任务。[2]全盛时期的改组派在全国有一万多人，成员主要是城市知识青年。在南京，其成员主要是大学生和机关职员。中央大学、国民党中央政治学校、军事学校以及国民党中央党部中都有改组派的秘密组织。改组派负责人陈公博认为，青年只有一条出路，即"往下去而不是往上跑"，必得到下层民众去才是革命工作。当时改组派号召知识青

---

[1] 范长江.范长江新闻文集[M].北京：新华出版社，2001：1157.
[2] 施存统.城市小资产阶级与民主革命[J].革命评论，1928(9)：11-16.

年到农村去、到工厂去、到下级党部去。因此,范长江产生"从下层做起,改良中国社会"的想法或与郭祖勖、李为公等改组派同学有密切关系。

  1929年6月,蒋介石为了培养更多的训政人才,把"中央党务学校"改名为"中央政治学校"后,"自动退学的学生不少,郭祖勖是那时走的。和我一样有苦闷心情的人也不止我一个。陆续都有走的。那时在学校中表现比较清高的赖兴治、朱×红是一九三〇年走的。李为公想走,没有地方去。有一些学生如张暮仪,一面苦闷,一面又要在现实环境中找个人生活出路"①。"九一八事变"的爆发是范长江离开国民党中央政治学校的直接原因,然而与国民党中央政治学校决裂的导火索在之前已经埋下了。"苦闷"是那时学生的普遍心态。若干亲密交往的同学陆续退学离开,加剧了范长江的"苦闷",也让他寻找新出路的想法愈加坚定。

  当范长江计划到北平时,有两个国民党中央政治学校同学和他最亲近。"一个是常殿恺,一个是许钱侬。常是北平人,有一个哥哥在北平崇文门内某钱庄当职员。许是四川人。两人很支持我的行动,也支持我去北平的主张……他们有家庭等问题,不能跟我一起行动。"②在范长江离开国民党中央政治学校之际,俩人一起为他凑钱作路费,许钱侬为他找来了便衣,方便他秘密离开。可见,当时三人之间关系是非常紧密的,而且这种关系也延续到范长江到北平之后。"北平并没有我的任何社会关系,只有常殿恺将他一个哥哥介绍给我。"③在陌生的城市中,学缘关系塑造的"强关系纽带"发生了作用。借助常殿恺哥哥的介绍与帮助,范长江结识了白寿彝,白当时是师范大学教师,正在帮助黎锦熙教授编撰《国语大辞典》。白寿彝提供给了范长江一些剪贴工作,以计件方式估算工资。"每剪贴一千份,工资一角,每天如整天工作,可得工资四五角,半天工作可得二三角……我马上同意做这个工作,生活有了着落,很是高兴。"④1932年"一·二八"淞沪抗战爆发后,常殿恺、许钱侬、张暮仪等国民党中央政治学校同学曾来北平看望过范长江,其中"常、许对我很鼓励,张等觉得是无前途"⑤。在北平的还有赖兴治和郭祖勖。范长江实在揭不开锅的时候就到赖兴治家去吃一顿。赖兴治(即赖亚力),既是范长江的国民党中央政治学校

---

① 范长江.范长江新闻文集[M].北京:新华出版社,2001:1165.
② 范长江.范长江新闻文集[M].北京:新华出版社,2001:1167.
③ 范长江.范长江新闻文集[M].北京:新华出版社,2001:1168.
④ 范长江.范长江新闻文集[M].北京:新华出版社,2001:1168.
⑤ 范长江.范长江新闻文集[M].北京:新华出版社,2001:1169.

同学,也是他的内江同乡,俩人后来在北大又成为同窗。在入读北大前,范长江还曾与郭祖劼、张怒潮等人一起合伙卖豆浆面包,但是因为小本买卖入不敷出,最后没有搞下去。张怒潮回了四川,郭祖劼也想去四川当教员。据曾彦修回忆,回到四川的郭祖劼在1937年左右成为成都当地非常有名的人物。他创办的刊物《国难》三日刊销路很大。①曾彦修也因得到郭祖劼写给西安八路军办事处的介绍信,后来才得以奔赴延安。

师生关系也是学缘关系的重要内容。在国民党中央政治学校就读,范长江与罗家伦之间有一段不可回避的关系。罗家伦,字志希,浙江绍兴人,早年求学于复旦公学和北京大学,是蔡元培的学生。1919年与傅斯年等成立"新潮社",出版《新潮》杂志,并在"五四运动"中成为北大学生运动的领袖之一。②1926年,留学回国的罗家伦担任东南大学教授并加入国民党,参加北伐,深得蒋介石器重。他31岁时即被任命为清华大学校长,1930年被蒋介石调到国民党中央政治学校担任代教育长。

范长江曾对国民党中央政治学校的管理者有如下记述,在国民党中央政治学校,"掌握行政、党务、财务大权的人是吴挹峰,这人是陈果夫家收租的人。下面的大队长、中队长、区队长,大都是吴挹峰的人,这些人是些扁担吹火一窍不通的家伙,只知升官发财,吃喝玩乐,不以为耻,反以为荣"③。而对于罗家伦等教授学者,范长江则有完全不同的评价:"伪政校教育长罗家伦,我还对他有几分尊敬……上起课来,可以引出许多古今中外的参考书。对学生也比较客气,经常鼓励学生以国家民族为重,提倡气节,讲爱国等等。他又不是国民党党棍出身,而是'学者'出身,显然和吴挹峰不同。"④范、罗两个人的冲突发生在"九一八事变"之后。范长江对国民党的不抵抗政策深表不满,希望通过组织游行集会唤起民众和同学。罗家伦却安排学生去郊区,并采取分化策略,最终导致活动无法进行下去。"罗家伦曾约我谈话,把我恭维一顿,说我将来很有希望,总司令(指蒋介石)很重视你等。我越听越上火,说我这次行动,不是为了个人前途。是为了抗日,为了收复东北国土,解放东北三千万同胞。"⑤作为昔日"五四运动"

---

① 曾彦修,李晋西.曾彦修访谈录[M].北京:人民文学出版社,2020:45.
② 张晓京.近代中国的"歧路人"——对罗家伦生平与思想的再认识[J].湖南科技大学学报(社会科学版),2008(2):101-105.
③ 范长江.范长江新闻文集[M].北京:新华出版社,2001:1164.
④ 范长江.范长江新闻文集[M].北京:新华出版社,2001:1164.
⑤ 范长江.范长江新闻文集[M].北京:新华出版社,2001:1167.

的旗手,罗家伦也是爱国者。然而,与现实政治、统治集团的密切联系致使他始终处于"政治人"与"文化人"的身份冲突困境中。从当时情形分析,罗家伦对范长江的行为是理解的,也是尊重的。致力于找出路的范长江在与国民党中央政治学校分道扬镳时给罗家伦留下了一封信,说明了自己不能留在国民党和国民党中央政治学校的原因。罗家伦在全校大会上公布了信的内容,并对范长江的离开表示了惋惜。[①]在范长江离开国民党中央政治学校后,罗家伦曾委托其他同学转达,大概意思是"以后虽无政治关系了,但作为私人关系,还愿保存一点友情,如果将来我个人有需要他帮助的地方,他愿意以私人的地位帮助"[②]。后来,范长江报考北大时得到罗家伦寄来的国民党中央政治学校成绩单得以免试入学。1932年夏,已经回到北京担任清华大学校长的罗家伦约见范长江,见面后罗家伦硬塞给他三十元。范长江后来买了一部德文的歌德巨著《浮士德》,把收条寄给罗家伦,算是收到罗家伦送他一本书。抛开政治因素不谈,范长江与罗家伦之间的师生情感是真挚的。范长江认可罗家伦的学养、见识,罗家伦也欣赏范长江的精神与追求。

(三) 范长江在北京大学的学缘网络

1932年夏秋之际,范长江考入北大哲学系就读。关于为何选择深奥的哲学专业,范长江在自述中解释:"那时我思想上的许多矛盾不能解决,集中到哲学问题上,尤其是黑格尔辩证法问题。而北大哲学系主任张颐,是当时所谓'黑格尔专家',因此,我想入北京大学哲学系。"[③]张颐,四川叙永县人,早年加入同盟会,曾参加过四川保路运动,后赴欧美留学,专注于西方古典哲学研究。"张颐对于我这个热心黑格尔哲学的学生,也十分器重,要我从希腊哲学读起,并要从亚里士多德以前的古哲学派别读起。要我补习英文和德文,我都一一照办了。"[④]或许是这位带着明确"问题意识"来读哲学的四川老乡唤起了自己的教育热情,张颐给范长江制订了循序渐进的学习计划。范长江也坚持了半年多的苦读,放弃了一切社会活动。他希望学通哲学这个武器,解决1927年以来所积累的思想问题,弄清中国的出路。经过一段时间的学习,范长江对苏格拉底、柏拉图、亚里士多德、黑格尔等西方哲学思想有了深入的认识和理解,尤其

---

① 范长江.范长江新闻文集[M].北京:新华出版社,2001:1169.
② 范长江.范长江新闻文集[M].北京:新华出版社,2001:1169.
③ 范长江.范长江新闻文集[M].北京:新华出版社,2001:1170-1171.
④ 范长江.范长江新闻文集[M].北京:新华出版社,2001:1171.

是辩证思维能力得到了训练。哲学学习的成果也体现在范长江后来的通讯报道写作中。范长江通讯中的议论,"全凭作者洞察入微,审时度势,于要紧处眼明手快,挺身而出,直接针砭,有的放矢,做到寓理于事,事理相融"①。他的哲学功底与思维方式恰恰透过文字呈现于报端。

  1933年,日寇攻占山海关。内忧外辱的社会环境让范长江无法做到"两耳不闻窗外事,一心只读圣贤书"。他愈发觉得哲学既不能认识现实中的问题,也解答不了现实中的问题。在一次伦理课课堂上,他向任课教授提出了关系民族存亡和人民生存的尖锐问题,教授却不予正面回答,并告诉他学哲学主要是了解各学派观点,不应当提出此类问题。②范长江深感失望,再次陷入矛盾与苦闷中。此后,他觉得希腊哲学实在读不下去了,决定投入实际抗日斗争,在实际斗争中找出路。

  处于风云激荡中的北京大学既是全国的学术中心,也是民族主义政治动员、革命文化传播的重要场域。范长江在北大借助组织社团拓展了自身的学缘关系网络。他和张镜航、赖兴治、杨雨民、齐联科、白宝瑸等发起组织"北大学生长城各口抗日将士慰问团",奔赴前线慰问前线将士。借助慰劳工作中结成的关系和北大同学胡凤山提供的免费车票,范长江去平绥线考察调研。回到学校后,范长江组织"北大一九三六研究会",与同学一起研究时事和国际问题。张镜航、范长江组织的"国际问题研究会"曾聘经济学家赵迺抟教授担任导师。③1934年,范长江为了揭露日本"留学生"从事间谍活动的真相,策划组织座谈会。据与范长江同届的马汝邻回忆:"北大是驰名中外的大学,所以不少报纸对于报道北大有关的新闻都是很重视的,有的报纸还专门设有北大通讯员。如范长江是《大公报》的通讯员,我是《世界日报》的通讯员,《北平晨报》的通讯员是一位张姓同学,等等。我们虽然都作着同样的工作,当时却互不相识。长江不知怎么把我们都打听到了,他分别找我们商量,关于日本'留学'北大的学生的招待会的活动。"④座谈会后,范长江将记录整理出来刊登在《北平晨报》上,引起校内外震动。蓝鸿文认为,范长江是四

---

  ① 黄旦.范长江通讯中的政论色彩[J].新闻业务,1986(1):29-30.
  ② 方蒙.范长江传[M].北京:中国新闻出版社,1989:52-53.
  ③ 张友仁.赵迺抟教授的生平和学术(上)[J].西安财经学院学报,2015(1):123-128.
  ④ 马汝邻.锋芒初试——记一次和长江共同搞的新闻活动[J].新闻研究资料,1982(1):74-78.

川人,对川籍同学的生活清苦情形多有了解,他自己就是个穷学生。①在北大,范长江和川籍同学的互动比较多。这些熟悉的同学也成为他撰写通讯报道时的采访、观察对象。某种意义上,这是地缘关系在北大学缘网络中的一种延伸。

在范长江的早期求学生涯中,学缘网络帮助他获得了更多外部信息与资讯,给予其情感、物质的支持。借助同学、老师的"牵线搭桥",范长江争取到了在国民党中央政治学校、北京大学学习的机会;借助"关系的影响",范长江参与实际抗日活动得到了诸多便利条件。

第三节 范长江早期社会网络的特征与影响

我们的格局"好像把一块石头丢在水面上所发生的一圈圈推出去的波纹。每个人都是他社会影响所推出去的圈子的中心。被圈子的波纹所推及的就发生联系"②。范长江早期的社会网络正是由血缘、亲缘、地缘、学缘等多重关系以波纹的方式构成的"同心圆"结构。许纪霖指出:"在知识分子中间弥漫着浓郁的人情世故庸俗气息,关系学成为安身立命的处事秘方。"③梳理范长江的早期人生经历和社会网络可以发现,他能够踏出乡关、外出求学、投身大革命洪流,既是个体选择的结果,也有社会网络作用的功劳。

一、早期社会网络的特征

一个人要取得成功,天赋、勤奋和机遇三者缺一不可,特别是"机遇",并不是每个人都能得到命运的眷顾。天赋和勤奋,对于很多人而言,仅仅是取得通向事业成功的基本要素,而良好机遇的出现则得益于是否拥有提供有效资源的社会网。④范长江早期的社会网络的界限相对明确,主要由亲缘、地缘、学缘

---

① 蓝鸿文.范希天在北大除"长江"外,还用过别的笔名吗?——对一个笔名的考证[J].国际新闻界,2008(7):88-90.
② 费孝通.乡土中国[M].北京:人民出版社,2008:28.
③ 许纪霖.大时代的知识人[M].北京:中华书局,2012:6.
④ 邵建.一个上海香山人的人际交往:郑观应社会关系网研究[M].上海:上海辞书出版社,2014:9.

展开,同时相互之间有所交织和重叠。其早期的关系网络呈现出空间关联性强、交往范围广、由熟人网络向陌生人网络扩展、拓展性强等特征。

(一) 社会网络与地域空间的关联性强

但凡能成为"人物"的知识人,往往必须背井离乡,有一段漂泊与探索的过程,不能像祖宗一样老是安于故园,一辈子不走出祖先手植大树的凉阴。[①]范长江在中学时代就离开家乡内江,后赴资中、重庆、武汉等地。出门是个人成长、发展中非常重要的一环。因为离家可以开眼界,可以增长知识。为了求知,就必须离家,走出父祖世代相传的文化上的所谓"熟地",而跨进异质空间,对个人来说所谓的文化"生地"。通过跟新事物的颉颃,增长个人的知识与见地。[②]踏出乡关意味着告别熟悉的故土和熟悉的亲人,而迈入陌生的地域空间;也意味着需要在新的空间中拓展自身的社会关系以获取适应新场域的资源。范长江的早期社会网络体现较强的空间关联性,关系网络的形成与范长江在不同城市空间的实践有着紧密联系。

社会学家格兰诺维特认为,可通过互动频率、情感密度、熟识或相互信任的程度和互惠交换等四个指标来测量关系的强弱。互动频率高、情感关系密切、熟识或信任程度高并且互惠交换多而广的关系为强关系,反之为弱关系。[③]在家乡内江,范长江社会交往的对象主要是家人、朋友、同学,彼此之间是"强关系"。当人们相互之间交往互动愈频繁的时候,则他们彼此间易于形成浓烈的友谊情感。这也表现为强关系。此种关系紧密扎根于范长江家乡的社会空间之中,可以给予他物质支持和情感支撑。离开家乡在外闯荡的范长江进入陌生的新场域后需要借助各种关系"搭桥"助力。此时,血缘、亲缘以外的地缘、学缘互助等"弱关系"发挥了作用。而这些关系形式更多发生于内江之外的异质性城市空间里。无论是在武汉的困顿与失落还是在南京街头的无助与流浪,抑或是在北平的颠沛流离,若不是因为有谢独开、周裕猷、常殿恺等人的帮忙出力,范长江很难摆脱当时的困境。而这些发挥了重要作用的社会关系又和范长江所处的境遇空间紧密关联。范长江早期的社会网反映了他所处空间的变化情况。空间的变动与流转又在一定意义上塑造了范长江早期的

[①] 叶文心.民国知识人:历程与图谱[M].北京:生活·读书·新知三联书店,2015:8.
[②] 叶文心.民国知识人:历程与图谱[M].北京:生活·读书·新知三联书店,2015:53.
[③] [美]马克·格兰诺维特.镶嵌:社会网与经济行动[M].罗家德,等译.北京:社会科学文献出版社,2015.

关系网络。

(二) 社会交往范围广泛

中国人在很大程度上是通过他们在关系网络中的地位及他们所属的网络来定义自我或被人定义的,也即获得身份的。[①]范长江的早期人生经历中获得多重身份,诸如学生运动的拥护者、国民革命军战士、国民党中央政治学校学生、北大哲学系学生、《益世报》和《大公报》的校园通讯员等等。这些身份的获得反映了范长江在不断探索、尝试人生道路的结果,也反映着他在多重复杂场域中建构自身社会网络的过程。多元且变换的身份角色使得范长江的社会交往复杂,接触的对象也很宽泛。纵观范长江早期的社会网络可以发现,交往对象按身份而言有青年领袖、官员幕僚、学者教授、知识分子、抗日将领、军队参谋;按地域而言,有内江同学、四川同乡、外省朋友、外国留学生。究其原因,一方面,因为范长江的性格豪爽,善于交朋友、与朋友相处。以范长江结识张学良侍卫副官陈大章为例,1932年秋,张学良住在中南海,陈大章每天都到附近某饭馆喝茶。范长江正巧也去该饭馆,见他一身戎装,就主动过去和他说话。两个人谈论时局,非常投机。陈大章代范长江传递给张学良一首主张抗日的诗文。范长江也为陈大章推荐诸如《大众哲学》等书籍。从此两个人成为朋友。[②]这个例子充分反映了范长江有着很强的人际交往能力,能快速与陌生人建立联系,并成为朋友。这种能力使得范长江结识的人脉越来越广。另一方面,范长江是一个勇于开拓、求变求新的青年。他所参与的社会活动包括走向街头宣传革命、张贴革命标语,乃至后来撰写通讯文章为报社投稿等均是社会关系网络建构的重要方式,有助于结识各种不同背景、不同思想的人物,从而扩大交往范围。范长江组织"北大一九三六研究会",引发北大学子的关注。在筹备过程中,左派以乔鹏书、范敬贤为首,右派以宋成凯、赵在田为首,后来两派争论不下,研究会未能组织开展起来。[③]但是范长江在组织研究会等各类社团活动的过程中拓展了自己的人际网络,并通过关系网络将自己的影响扩散出去。

---

① [美]萧邦奇.血路:革命中国中的沈定一(玄庐)传奇[M].周武彪,译.南京:江苏人民出版社,2010:6.
② 范苏苏.父亲范长江与张学良副官陈大章[J].炎黄春秋,2006(12):24-26.
③ 范长江.范长江新闻文集[M].北京:新华出版社,2001:1174.

（三）由熟人网络向陌生人网络扩展

范长江早期社会关系网络的另一重要特征是由熟人网络向陌生人网络拓展。所谓"熟人"与"陌生人"的界定条件主要考察"熟悉性"：一是关系双方是否存在某种认同，二是关系双方是否有共同的经历。熟人网络主要由父母、兄弟、亲戚、乡亲、朋友等构成。在熟人网络中，血缘与地缘合一，其自然地理的界限与社会生活边界均是清晰可见的，同时也往往是重叠的，属于封闭的社会空间。[①]社会流动性的加快、人际交往的增多、社会活动实践的丰富让范长江的人际关系网络向外扩展，越来越多陌生人进入其社会网络之中。按照费孝通"差序格局"理论，中国传统社会的人际交往模式按照由近及远的"人伦、人情、人缘"展开。以己为中心，靠近中心的是遵循"人伦"规则的血缘、亲缘关系；接着是以"人情"法则为依据的熟人圈子，此时的关系发展从家庭内部拓展到社会；最外层的是以"人缘"为核心的社会网络圈层，在该层中个体重视自身在圈子中的人缘声誉、口碑。中国社会陌生人之间建立交往联系基于功利性价值的影响，既有利益驱使，也有信任的保障，还有传统"缘"观念的打赌性试探。[②]1933年，范长江在前线劳军时曾被误认为是日本敌探，幸亏遇到东北军117师参谋处长张恒才得救。张恒欣赏范长江的才华和爱国举动，希望他留在军中，范长江表示自己希望动员更多青年学生来支援前线，暂时无法留下。后来，范长江随慰问团来独石口慰问117师时，两个人再次相遇。范长江送给张恒一枚铜制图章，以谢他上次搭救之恩。[③]范长江与张恒的相遇与交往互动反映着两个陌生人在民族危难的大背景下建立信任、友谊的过程。这也是范长江早期社会网络不断扩展的写照。

（四）社会网络的拓展性强

范长江在南京的四川会馆认识了诸多川籍朋友，诸如陈之宜、张怒潮等成为范长江进一步拓展关系网络的桥梁与纽带。范长江在北平通过国民党中央政治学校同学常殿恺的哥哥找到了一份工作得以糊口；通过周裕猷介绍认识的何世庸，范长江找到何遂，才顺利参加后援团工作，实现"实际抗日"的目标；

[①] 吴重庆.从熟人社会到"无主体熟人社会"[J].读书,2011(1):19-25.

[②] 鲁小彬.当代中国熟人间的人际交往——对人际信任和交往法则变迁的探讨[J].中南民族大学学报(人文社会科学版),2006(1):111-114.

[③] 陈涛.新闻巨子范长江评传[M].北京:中国文史出版社,2014:24-25.

因在绥远抗日前线慰问采访,范长江认识了傅作义;凭借北大同学胡凤山帮忙,范长江得到免费的平绥线上乘车证,可以考察沿线风貌。可以看出,范长江早期的社会网络有着较强的拓展性,他善于借助节点人物的"搭桥"拓展自身的社会网络,从而达成既定目标。

个人获得地位的影响因素主要有以家庭背景为代表的先赋性因素和以个人能力、努力为代表的自致性因素。先赋性因素造就了先赋性关系网,自致性因素铸就了更为多元复杂的自致性关系网。范长江社会关系网络的拓展性更多体现在自致性关系网方面。范长江早年离开家乡,个人活动范围日益扩大,先赋性关系网所能给予的支持有限,需要他通过自身努力与探索争取资源。因此,主动创造交往关系形成的自致性网络发挥了越来越重要的作用。利用一个人现有的关系,把它作为联系的资源,维持更多的关系是扩大社会网络的方法。①范长江在早期人生探索中沿着地缘、学缘等关系将个人的社会网络进行放大,并保持着持续的开放性。因此,随着与不同职业、不同身份、不同地位的人的联系形式越来越多样化,范长江自身的社会网也在不断拓展。

二、社会网络对早期范长江的影响

马克思认为,人的本质不是单个人所固有的抽象物,在其现实性上,它是一切社会关系的总和。②这就指明了人是社会动物,具有社会性。一个人所拥有的社会关系对其成长和发展有着极大的影响。探析范长江早期的人生经历亦可以发掘社会网络所发挥的作用。

(一) 促进范长江的社会化

社会化是指个体在社会互动过程中,逐渐养成独特的个性和人格,从生物人转变为社会人,并通过社会文化的内化和角色知识的学习,逐渐适应社会生活的过程。③社会化的过程,包括两方面:一是社会建构个人的过程,即个人在社会中学习、接受教化,了解掌握社会知识、技能、价值标准与行为规范的过

---

① [美]杨美惠.礼物、关系学与国家:中国人际关系与主体性建构[M].赵旭东,孙珉,合译.南京:江苏人民出版社,2009:114.
② [德]马克思.关于费尔巴哈的提纲[M]//马克思恩格斯文集(第一卷).北京:人民出版社,2009:501.
③ 郑杭生.社会学概论新修[M].3版.北京:中国人民大学出版社,2003.

程;二是个人建构社会的过程,即个人积极活动、介入社会生活、参与社会关系系统,对已有的社会经验和社会观念进行再生产和再创造。在范长江的社会化进程中,早期的社会关系网络无疑发挥了显著的作用。

首先,在家庭亲缘网络中,亲人的言传身教对范长江起着潜移默化的影响,尤其祖父、父母等直接影响他的性格形成。范长江早年"叛逆""不循规蹈矩"的性格与其年少时期的家庭网络关系极大。鼓吹新学与新思想的祖父传授给范长江要刻苦奋斗、开拓进取、不甘平庸的精神;封建大家庭中各房之间的倾轧、父亲的缺位令他缺少家庭认同;母亲的勤劳且善良、朴实而崇高铸就了范长江质朴、忠厚、坚毅、踏实的性格。

其次,在地缘、学缘网络中,同乡、同学、师长、同龄伙伴帮助范长江适应社会生活,助其融入新的社会场景。同乡谢独开的收留让他顺利加入国民革命军;同学好友周裕猷的鼎力相助让他在南京扎根,并顺利入学国民党中央政治学校;罗家伦的一纸成绩单助力范长江以同等学力免试入学北大,接受高等教育。在与这些网络中人的交往实践中,范长江不断加深对社会的认识、认知,在社会中摸爬滚打的生存能力得到了提升。

(二)塑造范长江处事风格,积累文化资本

处事风格在一定意义上影响着一个人的社会网络构建,能决定个体在社会关系群体中的地位和事业发展的高度。同时,个体的社会关系网络也会反作用于个体处事风格的形成。早期求学时的范长江常常和同学、朋友一道积极参与社团活动。范长江中学时期的同学高允斌回忆,"(内江读书期间)范长江同志已经是一个热心参加政治活动的积极分子了,每次开会、游行、街头讲演,他都走在前列"[①]。家庭背景、思想观念和兴趣爱好等方面具有相似之处的同龄人形成的人际吸引和人际影响催生了"进步青年谈话会""北大一九三六研究会""北大学生前线慰问团""中国青年西部考察团"等社团组织的出现。从最初的参与者到后来的组织者、领导者,把志同道合的同学聚拢在一起围绕社会进步、革命救国、抗击侵略等主题进行研究与实际行动,范长江表现出了良好的组织力和领导力。

文化资本反映着非正式的人际交往技巧、习惯、态度、语言风格、教育素

---

① 胡愈之,夏衍,等.不尽长江滚滚来——范长江纪念文集[M].北京:群言出版社,2004:317.

养、品味与生活方式。①从内江中学到国民党中央政治学校再到北京大学,范长江的求学生涯是由小范围、地方性的社会网络迈向更大、更开放的社会网络,而新的社会网络对范长江的赋能效应大大提高,尤其体现在对其文化资本的积累上。范长江与他人交流时的谈吐及报刊通讯文章的写作水平是他文化资本积累的呈现。

(三) 催生范长江进步思想和淑世精神

经过北大的系统学习,青年范长江的思想快速成熟起来,形成了他的启蒙主义思想体系。②诚然,青年时期的个体自我探索和努力是思想形成的重要基石,然而社会交往与互动所形成的社会关系网络所发挥的效能亦不可忽视。在找寻自我出路的过程中,范长江的早期生活经历了"求学—当兵—再求学"的转变。每一次选择与转变意味着他要脱离旧场域进入新场域。正如班达所言,"知识分子背叛自身使命的目的主要是为了民族国家"③。在社会危机情势下,他或许应专心做一个"学者",但时代逼迫和自身使命感使得他走上"知识分子"的道路,徘徊于知识探求与公共关怀之间,并热衷投身于各种实际的抗日活动中。范长江在青年时代与周裕猷、常殿凯、许钱侬、马汝邻、赖亚力、郭祖勋、高允斌、陈大章等进步青年的交往,在国民党中央政治学校、北京大学不同场域接受教育,受到三民主义、社会改良主义等社会思潮的影响。社会网络与精神场域的融合与碰撞,形塑了范长江不断追求进步,不忘探索"中国出路何在"的淑世意识和精神气质。淑世精神是中国知识分子阶层的"以美淑世,以学致仕"的情怀与担当,在"知识探求"的同时在"公共关怀"上有所担当。意识与精神表现在知识分子的自我言说上,也体现在他们的自我践行中。④范长江在早期文章《佛学在北大》中写道:"他们都以佛学为宇宙人生彻底究竟的原理,信为惟一的哲学,尤其大悲救世,无我牺牲之精神,为目前中国青年最缺乏之性格。"⑤字里行间透露着他渴望中国青年能以无我的状态投身救世的态度。多次动员身边同学赴前线慰劳将士,赴西部考察也反映了范长江在

---

① 朱伟珏."资本"的一种非经济学解读——布迪厄"文化资本"概念[J].社会科学,2005(6):117-123.
② 陈涛.新闻巨子范长江评传[M].北京:中国文史出版社,2014:34.
③ [法]朱利安·班达.知识分子的背叛[M].余碧平,译.上海:上海人民出版社,2005:5.
④ 陈占彪.五四知识分子的淑世意识[M].北京:商务印书馆,2010:5.
⑤ 范长江.范长江新闻文集[M].北京:新华出版社,2001:8.

行动上的热情和现实冲动。正如对范长江影响颇深的罗家伦所言:"身为知识分子,就应该抱一种舍我其谁至死无悔的态度,去担当领导群伦继往开来的责任。"①青年范长江担负起对民族国家的责任,把自己的出路与国家的命运联系在一起,不断在人生道路的探索中践行着淑世意识与进取精神。

小　结

正所谓"时势造英雄"。史学家陈旭麓指出:"如果忽略事物发生的这种社会背景,单纯强调个人的活动,不仅贬低了某些事物的历史作用,也过高地估计了个人的主观愿望。"②范长江青少年时期正是中国社会处于云诡波谲的纷乱动荡时期。社会的深度危机、外族的侵略促使青年范长江萌发强烈的忧患意识和参与社会、改造社会的力量。

根据范长江早期经历的相关史料,提取与范长江互动交往频繁的关键性人物姓名,结合社会网络分析工具与方法,运用可视化的工具绘制出范长江早期社会网络图谱(见图 1-2)。

如学者张灏所言:"中国知识分子身处的生存情境只能根据他们不同的人生历程来理解。"③回顾范长江的早期人生历程,整个社会的时代背景与情势是影响其成长、成人的重要情境。范长江早期的社会网络是推动他"寻求秩序与意义"的重要力量。人与人之间存在阶级关系、族群关系、血缘关系、地缘关系、知识传授关系、情感关系等,人的本质是涵盖上述所有社会关系的总和。人的活动自然受到这些关系网络的影响与制约。通过图 1-2 所展示的范长江早期社会网络图谱可以看到,他早期的社会网络由传统的先赋性关系连接所构成,血缘、亲缘、地缘、学缘构筑的社会网络所产生的稳定性与力度成为范长江早期人生探索与实践的重要动力,这种动力与范长江个体精神、能力结合在一起,推动着他不断追求思想进步、投身革命浪潮,为"唤醒中国"而努力。

---

① 罗家伦.写给青年:我的新人生观演讲[M].北京:中国人民大学出版社,2005:23.
② 陈旭麓.近代中国人物论[M].北京:九州出版社,2019:423.
③ [美]张灏.危机中的中国知识分子:寻求秩序与意义,1890—1911[M].高力克,王跃,译.北京:中央编译出版社,2016:5-6.

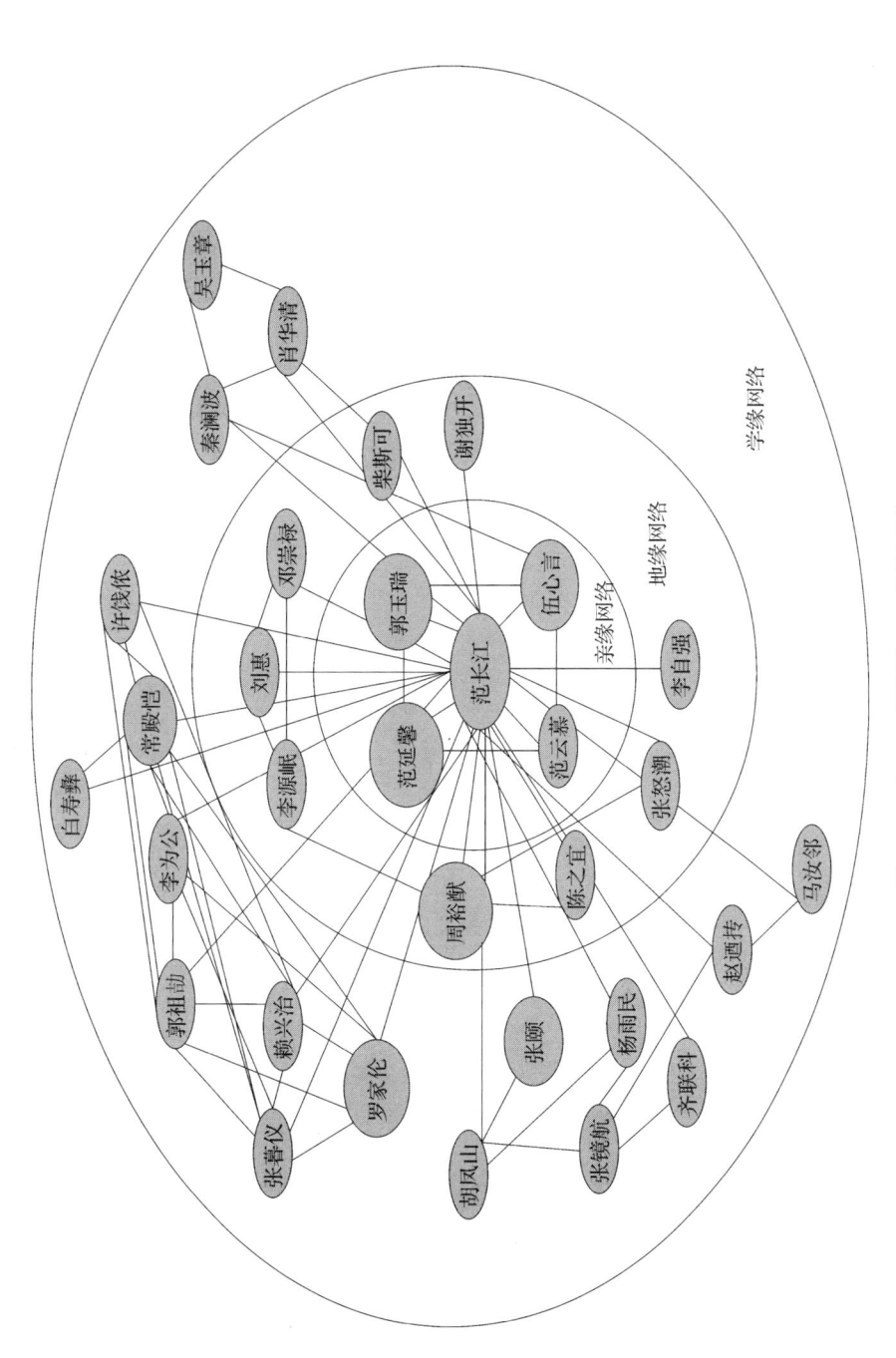

图 1-2 范长江早期的社会网络图谱

第二章　社会网络视域下的《大公报》记者范长江研究

担任《大公报》记者时期是范长江声名鹊起的重要阶段。在《大公报》期间，范长江发表了系列西北通讯，出版了《中国的西北角》和《塞上行》等脍炙人口的作品，并一举成名。就职《大公报》期间，范长江所处的社会环境发生了深刻的变化。本章试图揭示范长江凭借"《大公报》记者"的身份构筑庞大而复杂的社会网络的过程，探讨这种复杂而多元的关系网络又是如何影响着他的职业命运、政治倾向与道路选择等问题。

第一节　范长江就职《大公报》时期的社会环境

1935年初，范长江接受天津《大公报》的聘请，步入新闻圈，开启了记者生涯。"从一九三五年到一九三八年，这四年间我在《大公报》工作。其中可分为两个阶段，从一九三五年到一九三七年二月访问延安之前，我还是继续沿着一九三四年的思路，研究团结抗战问题，同时也提出一些社会问题、人生问题。"[①]范长江在北大期间系统性研究了四大问题，除了专业学术研究，还包括世界局势、苏区问题和国防中心。他在《大公报》工作期间，中国社会的整体环境和格局发生了重大变化。困扰范长江的"大问题"也有了新发展，正是这些因素驱使他去西北采访、研究红军、报道抗战。

---

① 范长江.范长江新闻文集[M].北京:新华出版社,2001:1178.

一、日本全面侵华与中国的全面抗战

(一) 日本加快侵华与中国的抵抗

自甲午战争起,中日之间的民族矛盾一步步激化。1931年九一八事变后,日本侵占东北并向华北地区扩张。1935年,日本在华北五省(河北、绥远、察哈尔、山东、山西)地区不断制造事端,并发动所谓的华北"自治运动",企图制造"华北特殊化"①。随着《何梅协定》《秦土协定》的签订,日本达到了驱逐国民党中央势力于冀察两省的目的。1936年1月,日本陆军省向中国驻屯军司令发出《处理华北纲要》,强调华北政策主要目标为实现"华北五省自治"。此后,日军加大在华屯兵数量,加紧了扩张的步伐。

1937年7月7日,日军以士兵失踪为借口向中国守军开枪射击,并炮轰宛平城,震惊中外的七七事变爆发。7月28日,日军向中国军队发动总攻,北平沦陷。随后,天津沦陷,日军沿平绥、平汉、津浦线侵占华北,战争局面迅速扩大。同时,日本海军也在东海集结。8月13日,上海爆发了淞沪会战。这次战役使卢沟桥事变的地区性冲突升级为中日全面大战。淞沪会战鏖战三个月,双方都不断增兵试图决战。然而"无论在哪里决战,中国都要面对日军绝对的优势"②。经过大战的中国军队遭受了重大的损失。中国最精锐的中央军三分之二在战役中折损,参战部队死伤超过20万人。11月12日,日军占领上海后继续向西推进,并于12月13日攻占国民政府首都南京,制造了惨绝人寰的大屠杀惨案。

日军占领平津之后向南继续进攻,占领了南口、张家口、大同和太原。1938年初,占领南京的日军企图打通津浦线,将华中、华北战场连接起来。双方在徐州展开了大规模的会战。经过半个月激战,中国军队取得了抗日战争开始以来的最大胜利——台儿庄大捷,从而阻止了日军的企图。为了保卫武汉,国民政府决定放弃徐州决战而实施突围,5月19日,日军占领徐州。上海

---

① 王建朗,黄克武.两岸新编中国近代史:民国卷(上)[M].北京:社会科学文献出版社,2016:404.
② 郭岱君.重探抗战史(一):从抗日大战略的形成到武汉会战(1931—1938)[M].台北:联经出版事业股份有限公司,2015:340.

失陷之后,国民政府迁都重庆,军事委员会设在华中重镇武汉。武汉是当时中国军事、政治、经济、文化中心。已逐渐陷入持久战泥沼中的日军调集了近四十万兵力溯长江而上,直捣武汉。经过几个月的拉锯战,在日军北、东、南三个方向的同时进攻下,10月25日武汉沦陷。①武汉会战结束后,华北、华中、华南主要城市均落入日军之手。但日本所设想的"速战速决"计划在中国军民的顽强抵抗下遭受了严重挫折。②在此后一段时间内,双方进入了战略相持阶段。

(二)中国从局部抗战到全面抗战

"九一八"事变直接导致中国东北大量国土沦陷,三千万东北同胞成为亡国奴。面对民族的巨大耻辱,蒋介石却认为在国家未统一的情形下无法与日本决战,故而坚持"攘外必先安内"的不抵抗政策。国民政府采取"一面抵抗,一面交涉"的方针,驻守上海的第十九路军奋起反击,"一·二八"抗战爆发。这场局部抗战激发了中国人的爱国情感,凝聚了国人的民族精神,也提振了中国军民的抗日信心,为后来的"八一三"淞沪会战埋下了伏笔。接下来的几年,在华北、华东陆续爆发了几场局部战争。

学者易劳逸认为:"蒋介石抵抗日本侵略的一个最重要的战略是以空间换时间。他意识到日本军队对他的军队的优势,因而接受华北和华中大部分地区的丢失这一现实,他和他的政府撤往西部地区。"③在这种战略指引下,国民政府在军事上极力避战。中日两国之间打打停停的结果是相继签订了1932年的《淞沪停战协定》、1933年的《塘沽协定》、1935年的《秦土协定》和《何梅协定》。中华民族的危机已到了空前严重的程度。1936年,日本扶植的伪蒙军向晋绥军发起进攻,绥远抗战爆发。傅作义指挥军队收复百灵庙,举国上下民心大振,各地劳军慰问团纷纷来到绥远慰劳浴血奋战的将士,中国抗日救亡运动再次高涨。④

---

① [美]麦金农.武汉,1938——战争、难民与现代中国的形成[M].李卫东,罗翠芳,译.武汉:武汉出版社,2008:52.
② 王建朗,黄克武.两岸新编中国近代史·民国卷(上)[M].北京:社会科学文献出版社,2016:413.
③ [美]易劳逸.毁灭的种子:战争与革命中的国民党中国(1937—1949)[M].王建朗,王贤知,贾维,译.南京:江苏人民出版社,2009:116.
④ 王建朗,黄克武.两岸新编中国近代史·民国卷(上)[M].北京:社会科学文献出版社,2016:406.

1936年12月,张学良、杨虎城在西安对蒋介石发动"兵谏",提出"停止内战、一致抗日"的主张。"西安事变"爆发后,经过共产党的介入,蒋介石接受条件,调整对中共和对日政策,确定停止内战、合作抗日的方针。1937年七七事变爆发时,中国的情况已与九一八事变时有了巨大的变化。六年间的多次军事冲突加剧了民间的仇日、反日情绪,国内各政军派系也开始拥护蒋介石的国民政府共赴国难。"卢沟桥事变"后,国内舆论沸腾,国民愤慨至极。7月17日,蒋介石发表庐山谈话,公开宣示中国政府的立场和底线,提出"无论何人皆有守土抗战之责任,皆应抱定牺牲一切之决心"。全面抗战的序幕揭开后,中国军队在"持久消耗战略"的总方针下,节节防守,坚强抵抗,正面战场的防御、敌后游击战的展开粉碎了日军速战速决的战略计划。

日本侵华是范长江始终关注的重大问题。"'九一八'的炮声,激动了全中国爱国青年,许多人从烟幕中认识了中国的危机,认识了现实政治的真实目的。"①全面抗战爆发后,范长江在《中原杂感》中写道:"我认为中国今后一定能产生真正的爱国主义。不只是感情的,而且是利害的,基于利害的爱国主义,其表现将大不相同了。"②范长江无论是作为爱国青年还是新闻记者,都把日本侵略者制造的民族危机作为重要研究对象。时局的变化、敌我态势的发展促使他进一步去思考民族危亡背景下的中国出路问题。

二、国共关系由对抗走向合作

在北大读书期间,范长江投入了不少精力和时间去研究中国共产党、苏区和红军等问题。当时,困扰他的疑问主要有:① 中国共产党所开展的是资产阶级民主革命还是社会主义革命? ② 红军要"武装保卫苏联"还是首先应当保卫中国? ③ 中国革命为何要受第三国际的指导、指挥? ④ 中国人的革命为何把政府名称冠以"苏维埃"? 经过调研,范长江对中国共产党有了初步的认识,但是"问题也未完全解决,事情也未完全弄清楚",他认识到,"国民党已腐化堕落,共产党在认真革命,但在当时情况下,要抗日只有停止内战一致对外,没有其它出路"。对于共产党和国民党如何实现一致抗日的目标,范长江当时"还看不出门路"。因此,他"准备继续研究共产党和红军的政策,把那些

---

① 范长江.范长江新闻文集[M].北京:新华出版社,2001:922.
② 范长江.范长江新闻文集补遗[M].北京:学苑出版社,2019:37.

还不明白的东西搞清楚"①。加入《大公报》后,无论是西北采访还是延安之行,抑或是在抗战前线进行战地报道,都在围绕国共关系问题进行思考并撰写了多篇文章。范长江任职《大公报》的四年中,国民党与共产党的关系经历了由冲突对抗到合作抗日的发展过程。

国民党与共产党作为中国革命进程中的两支重要政治力量,在20世纪20年代之后的中国政治舞台上扮演着核心角色。国共两党的关系亦是纷繁复杂,因时而变。因为两党同为信奉党国体制的革命党,相信一切必须"操之在我",两党关系也就不可避免地始终是一种竞争关系。②此外,社会矛盾的变化尤其是中日民族矛盾日益成为社会主要矛盾时,国共两党之间也就有了合作的政治基础。受到国内和国际形势的影响,抗战时期的国共关系经历了从对抗到合作,再到合作与斗争并存的演变过程。

(一) 国共两党的十年冲突与对抗

1927年,国共第一次合作彻底破裂。国民党作为执政党凭借经济、政治、军事、外交等方面优势步步紧逼,共产党则离开城市退入偏远的乡村地区,利用国民党统治薄弱的农村建立起自己的根据地。在江西根据地,中共红军依靠"打土豪分田地"的政策赢得了贫苦农民的支持,并在农村中立足。共产党采取与底层农民相结合的方式为自身争取生存空间,不断壮大革命力量。蒋介石政权疲于应对日本帝国主义频繁制造事端所带来的影响,没有足够力量顾及红军和苏区问题。1931年,中共经过了三次"反围剿"战争后在江西瑞金建立了中华苏维埃政权,鄂豫皖、湘鄂、闽浙赣等苏区也获得了相应的发展机遇。国民党在处理对日问题上不断妥协,争取了时间来对付不断壮大的共产党。1933年热河抗战爆发后,蒋介石表示:先安内而后攘外是既定的方策,然而现在的外患实在太严重、太紧急了,已走到存亡绝续的最后关头。故对内剿匪的工作,必须于最短期间完成,乃可使他们能用全国力量,一致御侮,然后才有胜算。

1934年10月,中央红军主力为摆脱国民党军队的封锁,进行战略性转移,开始了漫长的二万五千里长征。面对国民党军的围追堵截,红军不畏艰险,爬雪山、过草地,多次跳出包围圈。红一方面军于1935年10月到达陕北,

---

① 范长江.范长江新闻文集[M].北京:新华出版社,2001:1175-1176.
② 王建朗,黄克武.两岸新编中国近代史·民国卷(上)[M].北京:社会科学文献出版社,2016:325.

与陕北红军胜利会师。1935年,华北事变发生后,国内掀起了大规模的抗日民主运动。中共中央在瓦窑堡召开会议分析了国内阶级关系变化,确立了抗日民族统一战线的策略方针。面对日本在华北的扩张,南京国民政府不得不集中精力处理危机,同时也开始谋求在政治上解决共产党问题的途径。[①]在陕北找到落脚点的共产党接通了和莫斯科的联系,同时与张学良、杨虎城进行接触,试图建立统一战线。1936年12月,"西安事变"爆发。在中共方面参与调解下,蒋介石接受了"停止内战,联共抗日"的主张。"西安事变"的和平解决意味着共产党和国民党再次具备了合作的可能。

(二)全面抗战促成国共合作局面的形成

卢沟桥事变的爆发揭开了中华民族全面抗战的序幕。中国共产党发表通电号召"全中国同胞、政府与军队团结起来,筑成民族统一战线的坚固长城,抵抗日寇的侵掠"[②]。蒋介石发表《对中国共产党宣言的谈话》称:"中国民族既已一致觉醒,绝对团结,自必坚守不偏不倚之国策,集中整个民族力量,自卫自助,以抵暴敌,挽救危亡。"[③]这次谈话意味着国民政府正式承认共产党的合法地位,国共两党合作抗日局面形成。中国共产党领导的军队改编为国民革命军。国共的合作为中国的全面抗战争取了宝贵的内部和平期,两党得以团结一致共赴国难。

在军事上,国共双方在正面战场开展了多次协同作战,其中尤以平型关战役为典型。1937年9月,八路军115师配合阎锡山第二战区正面战场的防御作战,迟滞了日军的战略进攻,打乱了敌人沿平绥铁路右翼迂回华北的计划。八路军和新四军还深入敌后,开辟敌后战场,开展游击战,放手发动群众,建立抗日革命根据地,有效地减轻了正面战场的军事压力。在政治上,在南京、上海等城市设立了中共代表团办事处和八路军办事处,中共机关报《新华日报》于1938年1月11日在汉口创刊。1938年初,蒋介石改组国民政府军事委员会,下设军令、军政、军训和政治四部,陈诚为政治部部长,周恩来任副部长。国共合作抗日

---

① 杨奎松.杨奎松著作集 革命3:国民党的"联共"与"反共"[M].桂林:广西师范大学出版社,2012:357.

② 王建朗,黄克武.两岸新编中国近代史·民国卷(上)[M].北京:社会科学文献出版社,2016:408.

③ 中央统战部、中央档案馆.中共中央抗日民族统一战线文件选编(下)[M].北京:档案出版社,1986:824.

局面的形成,打击了日寇的嚣张气焰,遏制了日本对中国的侵略步伐。

三、西部地区战略地位与政局的变化

(一)西部地区战略地位上升

范长江在北大求学期间敏锐地关注到中国国防中心的西迁问题。当时,关于国防问题有两种论调:一派坚持"江浙中心主义"国防观,认为江浙地区为中国最富庶的区域,集中了国家的财富,应当围绕江浙构建国防体系,保卫国家的财富命脉;另一派主张"西北中心主义"国防观,根据地形的优势,西北高原有利于防守,同时西北陆路可以通达苏联,构筑国际交通线。范长江阅读了大量的书籍,通过在抗战前线的调研和实地走访后提出"当时的中国,没有海军,空军的力量亦十分薄弱,江浙沿海根本无法防止日本海空军的进攻"[1]。他主张,在全面抗战打响后,国防的重点应当在西部,中心是四川。第一,战争初期,日本军事力量优越,沿海和东部平原无法抵挡攻势;第二,中日战争的主要战线在东部平原和西部山地分野的区域,只有依托山地优势,才可以削弱敌人优势;第三,四川联络西南和西北,蜀地有支持抗战的资源力量;第四,开辟西北、西南新的国际交通线,可以直接对外联络;第五,东南沿海丧失后,应在西部再建经济中心;第六,在西部组织人力、物力,与日军做长久的战斗准备。[2]范长江视野下的西北地区在未来中国抗战格局中将发挥至关重要的作用,因此他和同学发起"中国青年西部考察团"考察中国西部情况。虽然由于种种原因,考察计划未能成功,但是考察西部地区、研究西北问题始终悬于范长江的心中。

1928年,南京国民政府在形式上完成了全国统一后着手建设国家。西部尤其是西北地区因为交通不便,自然条件恶劣,经济水平薄弱而一度被中央政府忽视。1929年开始的蒋冯大战和中原大战后,西北问题日益上升,引发国人广泛关注。为了巩固国防,响应国人开发西北的呼声,国民政府开始重视西北地区。1930年7月,南京国民政府建设委员会专门制定了《西北建设计

---

[1] 徐向明.范长江传[M].南京:南京大学出版社,2002:41.
[2] 徐向明.范长江传[M].南京:南京大学出版社,2002:42.

划》①。1932年3月,国民党四届二中全会通过决议,决定"以长安为陪都,定名为西京,在嗣后的若干年修建了相当数量的基础设施,推动经济建设"②。宋子文表示:"西北建设不是一个地方问题,是整个国家问题。现在沿海沿江各省在侵略者的炮火之下,我们应当在中华民族发源地的西北,赶快注重建设。"③1935年,国民党在围剿红军过程中加强了川、黔、滇等省地方实力派的"中央化"进程。蒋介石对云南省主席龙云表示:"对倭应以长江以南与平汉线以西地区为主要线,以洛阳、襄樊、荆宜、常德为最后之线,而以川黔陕三省为核心,甘滇为后方。"④他还强调四川是"立国根据地""民族复兴的根据地"。可见,西部作为国民政府抵抗日本侵略的后方有着显要的战略地位。

(二) 西北政局复杂,社会矛盾凸显

西北社会在1930年代处于激烈的动荡之中,政治局势纷繁复杂,社会矛盾尖锐。阻碍西北社会进步的最大问题是农村问题,这也是其他社会问题的根源所在。⑤农民的耕地不足与普遍贫困、频繁军阀混战、政治腐败以及种植鸦片、制造烟毒等给西北带来巨大的社会问题。民族和宗教矛盾则是其他诸多社会问题的催化剂。

在政治方面,由于长期的地方割据和交通闭塞导致西北地区地方实力派、封建军阀占山为王,不受中央政府管辖。国民党统治时期的政局动荡在西北形成了军阀割据局面。忙于剿共的国民党政权无力派出强大的军事力量控制西北。由于历代封建统治者长期实施民族压迫政策,民族问题、宗教问题成为西北地区最敏感、复杂的政治问题。⑥范长江在西北采访时发出呼吁:"中国各民族间的关系,到现在已经不是掩耳盗铃可以解决的问题……我们对于民族问题要赶紧提出解决方案,作为大家共同努力目标。"⑦抗战全面爆发后,国民

---

① 方光华,梁严冰.抗战前后国民政府的西北建设战略[J].南开学报(哲学社会科学版),2014(3):44-59.
② 施展.枢纽:3000年的中国[M].桂林:广西师范大学出版社,2018:452.
③ 李云峰,曹敏.抗日时期的国民政府与西北开发[J].抗日战争研究,2003(3):51-78.
④ 薛光前.八年对日抗战之国民政府[M].台北:台湾商务印书馆,1978:59.
⑤ 杨军民.20世纪30年代西北边疆地区的农村问题——以《中国的西北角》和《西北考察日记》为中心的考察[J].兰州学刊,2006(7):33-36.
⑥ 杜达山."西北四马"军阀割据形成的社会原因探析[J].中南民族学院学报(哲学社会科学版),1993(5):71-75.
⑦ 陈涛.新闻巨子范长江评传[M].北京:中国文史出版社,2014:64.

党中央政权的重心西移,开始意识到民族问题的复杂性和广泛性。1938年,国民党临时全国代表大会提出:"惟抗战获得胜利,乃能组织自由统一的即各民族自由联合的中华民国,各民族今日致力于抗战,即为他日享有自由之左券也。"①国民党的民族政策以国家统一为目标,考虑了中华民族的整体利益,而忽视了少数民族求得平等的特殊利益。②这也使得西北的民族问题没有得到根本解决。

除了军阀割据和民族矛盾,外国势力借助宗教也渗透进入西北社会。"外国传教士自由设立教堂,设置产业,收纳教徒,蛛网式地布满各地。"③范长江在甘肃武威发现,中国的边政官厅往往需要借助外国传教士才能了解军事消息。教堂为唯一可以指挥民众的机关,神父为最有支配民众力量的首领。一般农民只知有天主教,而不知有政府;只知有神父,不知有官吏。"教堂于宗教之外,兼办水利、农业,以至于保安等工作。"④因此,范长江常感叹"西北的人和事,也相当的复杂啊"⑤。

在社会民生方面,鸦片种植是影响近代西北人民生活的一大公害。民国期间,各地军阀无不视鸦片为最大财源,包庇鸦片贩运,烟毒更为严重。从陕西到新疆,从宁夏到青海,凡是有水的地方和比较肥沃的土壤,无不种上了鸦片。⑥范长江观察到,鸦片解禁后,烟祸普及于一般民众。

从华北事变到"七七"事变,抗战局势的迅速发展引发了社会环境多重要素的剧烈变化,外部地缘政治格局、国际关系处于调整中。内部的国共关系、中央政府与地方势力处于频繁、复杂的互动阶段。《大公报》记者范长江敏锐地体察到时代的变化。他步入记者职业是在抗日救亡这个"元问题"下的结果。⑦作为一名爱国记者,他的救亡图存意识在《大公报》工作期间进一步强化。"一旦民众

---

① 中国第二历史档案馆.中华民国史档案资料汇编 第五辑 第二编 政治(一)[M].南京:江苏古籍出版社,1998:409.

② 刘进.中心与边缘——国民党政权与甘宁青社会[M].天津:天津古籍出版社,2004:281.

③ 陈涛.新闻巨子范长江评传[M].北京:中国文史出版社,2014:62.

④ 陈涛.新闻巨子范长江评传[M].北京:中国文史出版社,2014:62.

⑤ 范长江.中国的西北角[M].成都:四川大学出版社,2010:155.

⑥ 温艳.民国时期西北地区灾荒与社会脆弱性问题[J].陕西理工学院学报(社会科学版),2010(4):46-50.

⑦ 樊亚平,王婷婷.挽救国运为"体",职业选择为"用"——范长江步入记者生涯的心路与动力因素探析[J].兰州大学学报(社会科学版),2018(4):219-229.

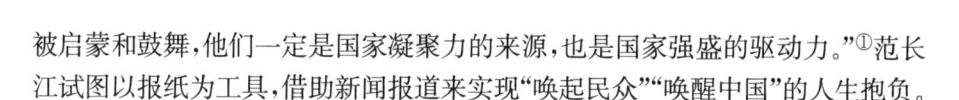

被启蒙和鼓舞,他们一定是国家凝聚力的来源,也是国家强盛的驱动力。"①范长江试图以报纸为工具,借助新闻报道来实现"唤起民众""唤醒中国"的人生抱负。

第二节 《大公报》记者范长江的社会网络

范长江在《大公报》平台上凭借平白通俗、富于哲理的文字和热情的报道风格赢得了无数读者的热爱。作为一名脚力非凡、纵横抗日战场,行走了大半个中国的记者,范长江在《大公报》的报道实践中所形成的社会网络是复杂的,既有报馆内部与领导者、同仁伙伴形成的业缘关系网络,也有与外出采访报道中同采访对象结成的关系网络,亦有在政治活动中与各界人士所形成的关系网络。

一、在大公报馆内部的关系网络

范长江在北大读书期间担任《北平晨报》《大公报》《益世报》等几家报纸的校园通讯员。"经济压迫是逼着我冒险投稿的一个原因。"②因为给报社供稿每个月可以得七八元钱的收入。对没有其他经济来源的范长江而言的确可以解燃眉之急。《大公报》作为《益世报》的竞争对手,关注到了范长江这个"好苗子",派驻北平办事处杨士焯找到范长江,向其抛出"橄榄枝",为他开出每月固定十五元稿费的条件。《大公报》北平办事处洪大中回忆:"到长江宿舍去,见他衣服被褥单薄,饭食粗劣,有时吃了上顿不知下顿,生活清苦。"③月入四十元在1930年代可以养活四口之家。十五元的报酬高出其他报馆一倍,是个不错的待遇,可以解决个人温饱问题。范长江对《大公报》的声望和社会影响力也有足够的了解,他"第一次看到苏区的原始材料,是《国闻周报》所连载的'赤区土地问题'"④。经过权衡后,范长江正式加盟《大公报》。

新记《大公报》是吴鼎昌、胡政之、张季鸾三人以新记公司的名义于1926

---

① 唐小兵.书架上的近代中国——一个人的阅读史[M].北京:东方出版社,2020:35.
② 范长江.通讯与论文[M].北京:新华出版社,1981:290.
③ 方蒙.范长江传[M].北京:中国新闻出版社,1989:98.
④ 范长江.范长江新闻文集[M].北京:新华出版社,2001:1175.

年续刊出版的《大公报》。①在报馆的架构中,吴鼎昌作为投资人任社长,擅长经营管理的胡政之为总经理,文笔出众的张季鸾担任总编辑。《大公报》出刊时即向社会昭示"不党、不卖、不私、不盲"的办报方针。经过几年的发展,《大公报》发行量达到了五万份,成为全国一流报纸和舆论阵地,对国人影响甚大。《大公报》对于民国时期的记者而言是非常理想的工作平台。当时《大公报》的用人制度时除自行培训者,还有选聘的和从投稿者中录用的。胡政之曾说:"我不用已经成名的大文人,这种人耍一阵子便走了。"②《大公报》挑选可以栽培的新人为主,任人唯贤是其用人宗旨,对有用的人才爱护备至,积极培养,发挥其才能,放手让其工作,在工作中继续培养。③"对进馆的年轻人,先安排在天津或北京做一段采访工作,认为可以造就,即调回编辑部做一般编辑;在一般编辑工作岗位上工作一个时期后,再外放各地担任特派记者,如果做特派记者成绩卓著,那就确定为骨干培养,再调回报社任要闻版编辑或编辑主任,并参与写社评。"④范长江在大公报馆也经历过不同角色的变化。在报馆场域中,他与领导层、同仁建立了丰富的关系,并构筑出基于报馆业缘的社会网络。

(一)范长江与胡政之、张季鸾等领导层的关系

1. 范长江与胡政之的关系

胡政之,名霖,四川成都人,出身封建官僚家庭。早年赴日留学学习法律。1912年回国后做过上海《大共和报》总编辑。1916年受聘出任王郅隆《大公报》经理、总编辑。1924年创办"国闻通讯社"和《国闻周报》,所撰写的《南行观察记》《北都易帜记》《东北之游》等通讯名噪一时。胡政之是与邵飘萍、成舍我一样的新闻事业全才和新闻工作多面手。⑤作为报馆经理,他出色的经营管理能力更是令《大公报》成为整个报业标杆。

治世严谨的胡政之对范长江的《大公报》生涯起到非常重要的影响。"职

---

① 吴廷俊.新记《大公报》史稿[M].武汉:武汉出版社,2002:7.
② 李纯青.笔耕五十年[M].北京:生活·读书·新知三联书店,1994:521.
③ 周雨.大公报人忆旧[M].北京:中国文史出版社,1991:23.
④ 吴廷俊.新记《大公报》史稿[M].武汉:武汉出版社,2002:22-23.
⑤ 方汉奇.一代报人胡政之[J].新闻与写作,2005(1):35-36.

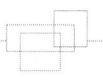

业认知是职业认同的基础,它能强化认同,并赋予认同以较为明确的方向感。"①范长江从兼职通讯员到职业记者、著名记者的道路上,胡政之的启蒙、引导与帮助是形塑其认知、认同的重要力量。范长江的成名离不开胡政之的提携与加持。

胡政之亲自与范长江面谈,参与对其的招募。同为四川人,胡政之与范长江在地缘上的联系或能增进彼此的亲切感。初入《大公报》的范长江和胡政之联系较多。1935年,范长江通过杨士焯、洪大中向大公报馆提出西北旅行考察计划。这份并未获得《世界日报》社长成舍我等人支持的计划却得到胡政之的认可。《大公报》聘范长江为特约通讯员,提出文责自负,按稿计酬,旅费自筹。②

1935年4月,范长江跟随着在北平考察的四川工商团南下。范长江路过天津时专门拜访了胡政之,一是向他表示感谢,二是向他求教。胡政之在新闻圈摸爬滚打多年,在军政各界有许多人脉和上层关系。他为范长江写了一些介绍信。"《大公报》对联结建网采集新闻的方式也尤为重视,报馆的巨头们非常注意将自己的丰厚关系资源介绍给后生记者,以拓展他们的关系网和新闻采集网。"③另外,胡政之还预付给范长江一笔稿费,为其旅行提供了保障。可见,胡政之对范长江非常器重和关照。对范长江的提携也折射出胡政之的人才观。作为报馆经理,他充分意识到报纸的竞争本质是人才的竞争。④在胡政之眼中,范长江具备成为明星记者的潜质与条件。培养范长江有助于《大公报》在日趋激烈的报界竞争中赢得更大的市场和更多的受众。面对新闻界前辈,初出茅庐的范长江带着"怎样做好(工作)才对得起我的职务"的困惑而虚心请教胡政之,得到的答案是"作新闻记者最重要的是诚"⑤。在胡政之看来,新闻事业是国家社会之公器,新闻记者应该秉持为社会服务的态度,不求利、不贪名,诚实地报道。听了胡政之严肃而深沉的教诲,范长江"好像到名山访道,如今已得了'一字真传'"⑥。此后,他把"诚"字应用于自己的新闻实践中。胡政

---

① 樊亚平.中国新闻从业者职业认同研究(1815~1927)[M].北京:人民出版社,2011:23.
② 方蒙.范长江传[M].北京:中国新闻出版社,1989:103.
③ 路鹏程.民国记者的关系网与新闻采集网[J].国际新闻界,2012(2):108-113.
④ 陈志强.胡政之的新闻人才观及其实践[J].南昌大学学报(人文社会科学版),2009(6):156-160.
⑤ 范长江.通讯与论文[M].北京:新华出版社,1981:290.
⑥ 范长江.通讯与论文[M].北京:新华出版社,1981:290.

之在范长江《大公报》记者生涯中发挥着"角色模范"的作用,影响着范长江的职业兴趣、自我效能感和对事业的期望。①

在采访报道、文章发表等诸多事情上,胡政之对范长江也予以支持。据范长江回忆,他所写的《岷山南北剿匪军事之现势》《成兰纪行》等文章是胡政之决定原文发表的。1937年,报馆派他去考察西北局势,他却擅自去延安一探究竟,并写出了系列报道,胡政之也决定发表。②《动荡中之西北大局》发表时值国民党五届三中全会召开。胡政之希望范长江写得隐晦一些,并亲自为他改稿。文章送上海新闻检查所后不予放行。胡政之决定"'违检一次',发表再说"③。胡政之做记者时所写文章就以观察深刻、眼光犀利、行文简劲而著称,看到范长江的文章在文风与情感上有认同,因此,胡政之的处理方式一方面可以理解为他对范长江工作的肯定,另一方面反映了《大公报》的经营策略。范长江深入延安带回的报道是很有看点的独家新闻,刊登此文有助于《大公报》提升销量,扩大舆论影响力。范长江称:"对于这个新闻的把握和发表坚决方面,胡先生的作法,实在是可以称道的。"④可见,胡政之不惜冒风险的举动赢得了范长江的认同。应当说,从范长江进入大公报馆到抗战前期,范长江与胡政之的关系是比较融洽的。依范长江所言,即使有些老干部质疑其差旅费开支比较多,胡政之也极力维护他,劝其他人说,范长江为报纸打开了销路,报馆要靠他吃饭。⑤1937年8月,胡政之宣布范长江为通信科主任,设战地特派员队伍。这支队伍在范长江的率领下赶赴前线,进行战地报道。范长江在《大公报》的地位进一步提升。然而在抗战进入僵持阶段,范、胡二人的观点日渐产生分歧,关系最终走向破裂。

1938年初,国民党重新宣扬、鼓吹"一个政党、一个领袖、一个主义"的论调,意在加强独裁统治。《大公报》也发表多篇社评,高唱"信任政府""拥护领袖"。⑥学者俞凡指出:"中共建立抗日民族统一战线的主张,与《大公报》素来所持的'国家中心论'存在天然的矛盾。"⑦胡政之作为《大公报》的总经理,自

---

① 王悦,李立峰.记者心中的角色模范及其影响初探:香港个案研究[J].新闻学研究,2014(4):1-43.
② 范长江.范长江新闻文集[M].北京:新华出版社,2001:1188-1189.
③ 范长江.范长江新闻文集[M].北京:新华出版社,2001:984.
④ 范长江.范长江新闻文集[M].北京:新华出版社,2001:984.
⑤ 范长江.范长江新闻文集[M].北京:新华出版社,2001:1189.
⑥ 吴廷俊.新记《大公报》史稿[M].武汉:武汉出版社,2002:275.
⑦ 俞凡.新记《大公报》再研究[M].北京:中国社会科学出版社,2016:187.

然代表着《大公报》的态度立场。反观范长江,他则越来越认同中共的主张。1938年初,范长江因为《抗战中的党派》与张季鸾发生了冲突。胡政之从香港回到武汉找范长江谈话。胡政之对范长江与张季鸾冲突一事避而不谈,而是希望范长江继续负责武汉撤退后的战地新闻报道工作。武汉不久就要撤退,要他随蒋介石大本营行动,配电台一部、汽车一辆。不过,胡政之对范长江提出的条件是,放弃拥护中共的态度,无条件拥护蒋委员长。①这对范长江来说是无法接受的。"一个正确而坚定的政治态度对于新闻记者的重要","没有正确的政治认识,等于航海的船没有了指南针"。②政治观点的冲突成为二人之间无法调和的矛盾。

范长江进入《大公报》后迅速成名,《中国的西北角》《塞上行》等作品的出版,都离不开胡政之的培养、重用与支持。据胡政之之子胡济生所述:"后来范退出大公报,我父亲力挽未成。对范的离去很是伤心。"③然而,"政治关系变化之后,人与人间私人关系很难得仍旧保持"④。范长江离开《大公报》报馆后,两个人的关系也就此断裂。

2. 范长江与张季鸾的关系

张季鸾,名炽章,祖籍陕西榆林,出生于山东邹平。早年赴日留学,回国后做过上海《民立报》记者,先后任《大共和日报》编译和《民信日报》总编辑。1926年,他和胡政之、吴鼎昌接办《大公报》并任总编辑,主持报馆的言论。张季鸾作为一名有强烈社会责任感和浓厚自由民主思想的报人兼政论家,其政治立场和倾向十分鲜明。⑤

胡政之曾评价:"季鸾为人,外和易而内刚正,与人交辄出肺腑相示。新知旧好,对之皆能言无不尽,而其亦能处处为人打算,所以很能得人信赖。"⑥张季鸾人缘极佳,特别喜欢并善于提拔扶掖年轻人。范长江在《大公报》起步比较顺利,既有胡政之的支持,也有负责报馆言论工作的张季鸾的帮助。范长江

---

① 范长江.范长江新闻文集[M].北京:新华出版社,2001:1190.
② 范长江.通讯与论文[M].北京:新华出版社,1981:290.
③ 周雨.大公报人忆旧[M].北京:中国文史出版社,1991:272.
④ 范长江.塞上行[M].银川:宁夏人民出版社,2000:135.
⑤ 刘宪阁,山石,王敏芝.报界宗师张季鸾[M].西安:陕西师范大学出版总社,2015:49.
⑥ 刘宪阁,山石,王敏芝.报界宗师张季鸾[M].西安:陕西师范大学出版总社,2015:127.

称:"在'西安事变'前后,他也是对我热心教育者之一。"①张季鸾提携、帮助范长江等后辈记者还体现在青年记者学会成立之时。张季鸾以《大公报》总编辑身份参加了"青记"的成立大会。他对提拔后进的问题非常感兴趣。应范长江之邀,他在"青记"会刊《新闻记者》上先后发表了《对青年同业的赠言》《无我与无私》《赠战地记者》等文章。②可见,张季鸾当时对范长江及"青记"学会是非常支持的。

关于两个人分歧和关系破裂,范长江在《悼季鸾先生》中交代:后来因为对若干重要问题之看法渐有出入。③范、张二人的政治观点、态度的出入源于所处的不同角色。全面抗战爆发,张季鸾不仅应邀参加庐山谈话,还充当蒋介石的密使,参加对日谈判。④1938年开始,他在报纸上为蒋介石张目,直接参与一些密谋活动,并为蒋起草过一些重要文告。⑤在《抗战周年纪念日告全国军民书》中,张季鸾提出"国家至上,民族至上,军事第一,胜利第一"的口号,大力维护蒋介石政府的权威。而范长江此时的思想在《抗战中的党派问题》一文中表露无遗。这篇为《大公报》所写的社论稿主张承认各抗日党派特别是中国共产党的合法地位,实行民主团结坚持抗战。该文送到张季鸾处,他大为震怒。他(张季鸾)"第一次对我明确表示:'《大公报》要完全以蒋先生的意见为意见。'你是《大公报》的人,你应以《大公报》的意见为意见。"范长江则回应:"我是中国人,我应以中国大多数人的意见为意见。"⑥后来该文刊于邹韬奋所办的《抗战》三日刊,更引起张季鸾的不快。这次冲突也为范长江离开报馆埋下了伏笔。

范长江离开《大公报》事件是新闻史上的公案。范长江离职的原因众说纷纭,但学界共识是他的离职与张季鸾有直接关系。据孔昭恺记载,范长江向张先生要求编报,张先生叫他先试一下。他编了一个晚上,第二天就不来了。某日总编室里突然传出激烈争吵声。夜班几个人惊呆了,也听不清争吵什么,转天中午遇见谷冰先生,他说张先生通知他,即日辞退范长江。⑦《陈纪滢文存》

---

① 范长江.范长江新闻文集补遗[M].北京:学苑出版社,2019:399.
② 高舒.战火中的新闻学——青记会刊《新闻记者》研究(1938—1941)[D].合肥:安徽大学,2018.
③ 范长江.悼季鸾先生[N].华商报(晚刊),1941-09-08(3).
④ 王润泽.张季鸾与《大公报》[M].北京:中华书局,2008:130.
⑤ 吴廷俊.新记《大公报》史稿[M].武汉:武汉出版社,2002:243.
⑥ 范长江.范长江新闻文集[M].北京:新华出版社,2001:1190.
⑦ 孔昭恺.旧大公报坐科记[M].北京:中国文史出版社,1991:85.

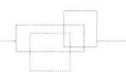

中记载,一来范长江与王芸生因为稿件修改问题而产生矛盾;二则范长江抱怨"夜班工作出卖健康";三是范长江在刘汝明防区招兵买马组织民团,还有"敲竹杠"嫌疑,因此"品德有亏"。张季鸾因此开除了范长江。①范长江在《要"招"旧大公报之"魂"么?》和《我的自述》中都将离职原因归结为与张季鸾政治立场不合。无论是范长江与王芸生的人事关系问题或所谓"品德有亏",还是政治观点矛盾,最终范长江离开的决定应当是张季鸾做出的。张季鸾逝世后,范长江在《华商报》专门撰文悼念。文章也记述了对张季鸾的评价:他性情豪爽,对人热情,故在与他政治观点基本上相同之社会范围内,有极广泛的友谊。他对朋友,诚挚而宽恕,很少看见他疾言厉色。②范长江对张季鸾的态度有着矛盾性,一方面对其人品、处事方面表示敬重,另一方面在政治上、观点上不苟同。"季鸾先生在这些尖锐的政治问题上鲜明的站在一端。"③显然,思想已"左"倾的范长江选择了"另一端"。正所谓"道不同,不相为谋",最终范长江离开报馆标志着两个人分道扬镳。

(二) 范长江与大公报馆同事的关系

1. 范长江与报馆编辑的关系

进入职场的员工需要借助人际网络与他人进行交流、互动,通过相互合作与沟通来完成工作,在为组织创造价值的同时也实现自我价值。④范长江在西北旅行报道过程中成为《大公报》正式记者,入职后他大部分时间也是在外旅行采访,因此,与报馆同事的接触时间少。"1937年2月间,范长江自西北归来。一天下午,编辑部里,铸成、君远、文彬、元礼和我,正'各就各位'。忽然从甬道走出来一位30来岁、相貌英挺的青年,他身着长袍,当中一站,两手抱拳,作一个圆揖。同时自报姓名:'我叫范长江。'这个自我介绍,别开生面,也可见长江老练中的幽默感。大家久闻长江大名,相见欢然。"⑤由《大公报》旧人孔昭恺的回忆可知,范长江直到入职一年多之后才在上海与诸多报馆同仁相识。此前,编辑对他的认识主要是通过他的文章。

---

① 陈纪滢.陈纪滢文存[M].北京:华龄出版社,2011:125-132.
② 范长江.范长江新闻文集补遗[M].北京:学苑出版社,2019:400.
③ 范长江.范长江新闻文集补遗[M].北京:学苑出版社,2019:399.
④ 吴湘繁,关浩光、马洁.员工为什么热衷于构建职场关系网络——基于特质激发论的实证研究[J].外国经济与管理,2015(6):50-63.
⑤ 孔昭恺.旧大公报坐科记[M].北京:中国文史出版社,1991:72.

范长江出色的工作能力得到报社编辑同仁的认可,他的旅行通讯也给报馆带来巨大的效益,同时这也引起报馆部分人员的不满。"当时《大公报》有一些老干部对我在差旅费方面用得较多,很有意见,主张限制我的活动范围,把我固定在某个地区,不要到处乱跑。"曹聚仁从侧面做了佐证,"他生活过得很阔绰,这就是上海人所说的派头……也只有替《大公报》做工作的,事业费可以实报实销。他住头等旅馆,坐头等汽车、头等舱,飞机来往……都是报社一力支持他的。"①徐州会战时,范长江的战地报道再次取得成功。他从台儿庄归来,报馆同仁专门为他设宴洗尘,张季鸾亲自主持,王芸生、曹谷冰、孔昭恺、赵恩源等作陪。②此刻他在报馆和新闻界的声望也达到了高峰。同时,他与编辑部的矛盾日渐显露,尤其是与王芸生的冲突。"王芸生以总编辑的地位,自有指挥调度及删改通讯稿之权……范长江当时少年气盛,他总觉得拖着《大公报》走向时代前面去的是他,而不是王芸生……因此,在范长江与王芸生的斗争时期中,《大公报》当局是左袒王芸生的。"③徐铸成记载,有一天和张季鸾对坐谈天。我问:"长江怎么离开报馆了?"他喟然长叹一声说:"我叫他学写社评,他不满有些稿子给人删改,后来他和某人已极不相容,根据报馆章程,只能忍痛让他走了。"④陈纪滢的表述是,编辑部有传言,说长江对芸生提出抗议来了。王芸生对他有所解释,说明他文内某种指摘经查明非事实。又说明某种消息,是禁例,不可刊载。但是长江并不满意,尤其是他经外界捧晕了头,自认为是大牌名记者,他有发表意见的绝对自由,对于芸生的解释绝不服气,说了许多越礼的话。⑤贺善徽在《大公报的抗日言论》记载:"至于范长江的离开大公报,时在1938年,当时我还未进大公报,不知其详,听说是人事关系问题,而不是言论方针之争。"⑥所谓人事关系,即指代范与王的关系矛盾。曹聚仁、徐铸成、陈纪滢、贺善徽等人的记载不同程度反映了范长江与王芸生的矛盾。这种矛盾始于对稿件的处理,是记者与编辑之间的常见冲突。范长江"锋芒毕露的性格"⑦则在一定程度上加剧了彼此的冲突。范长江与王芸生是当时《大公报》记者和编辑中的佼佼者,他们的矛盾或许也反映了"谁来接班"的问题。

---

① 曹聚仁.采访外记采访二记[M].北京:生活·读书·新知三联书店,2007:79.
② 吴廷俊.新记《大公报》史稿[M].武汉:武汉出版社,2002:217.
③ 曹聚仁.采访外记采访二记[M].北京:生活·读书·新知三联书店,2007:80.
④ 徐铸成.报人张季鸾传[M].北京:生活·读书·新知三联书店,2018:155.
⑤ 陈纪滢.陈纪滢文存[M].北京:华龄出版社,2011:127.
⑥ 周雨.大公报旧人忆旧[M].北京:中国文史出版社,1991:62.
⑦ 周亚军,陈继静.试论范长江与《大公报》的分离[J].国际新闻界,2011(7):88-94.

1938年秋,张季鸾做出了让范长江离职的决定,个中缘由或有王芸生的因素。

2. 范长江与《大公报》战地记者群的关系

1937年淞沪会战打响后,范长江升任报馆通讯科主任。此刻他的角色发生了变化,不再只是一个单打独斗、孤军深入的记者,而要承担战地记者的领导者角色。王文彬回忆,范长江当时"负责战地记者的派遣与联络工作",同时"他还兼任编辑部社评委员会委员"。①在范长江领导下的上海前线记者有张蓬舟、高元礼,在外地和汉口的有徐盈、孟秋江、陆诒等。此外,范长江引荐了邱岗、李纯青、冯英子、方大曾等人加入《大公报》。因为工作性质,他需要与报馆的记者群体建立广泛的联络、协同关系。

徐盈,山东德州人,金陵大学毕业,1933年进入《大公报》开启记者生涯。他曾参加过"左联"。1938年秘密加入中国共产党,受周恩来领导。1937年,徐盈在范长江的领导下转战山东、山西等前线,撰写了很多军民抗日的优秀报道。②后来,范长江在离开《大公报》之际,徐盈表示要共同进退。范长江则说服徐盈和彭子冈坚守岗位。③

陆诒,1930年在上海民治新闻专科学校读书一年后进入上海《新闻报》工作,在与范长江参加"记者座谈"时相识。两个人在交往中成为意气相投的好友,共同去卢沟桥前线采访。范长江欣赏陆诒的新闻记者气质和才干,邀请陆诒到《大公报》一起工作。抗战爆发后,《新闻报》编辑部连续扣发陆诒的多篇战地通讯。本着对新闻理想的坚守与追求④,1937年10月,陆诒离开《新闻报》加盟《大公报》⑤。1938年1月,经范长江介绍,陆诒加入《新华日报》任采访部主任。

孟秋江是范长江在西北采访中结识的。1936年初,范长江受人之托给张掖特种消费税局局长顾慈民带药品,在拜会顾的过程中结识了会计主任孟可权(即孟秋江)。结果两个人一见如故,甚为投机,倾心长谈,遂成莫逆。⑥孟可

---

① 胡愈之,夏衍,等.不尽长江滚滚来——范长江纪念文集[M].北京:群言出版社,2004:50.

② 范苏苏,王大龙.范长江与"青记"[M].北京:北京工艺美术出版社,2008:92.

③ 胡愈之,夏衍,等.不尽长江滚滚来——范长江纪念文集[M].北京:群言出版社,2004:65.

④ 路鹏程.论民国时期报人跳槽的动因及影响[J].新闻记者,2012(12):34-41.

⑤ 韩辛茹.中外名记者丛书——陆诒[M].北京:人民日报出版社,2005:13.

⑥ 胡正强.试论孟秋江的战地记者生涯及其理论贡献[J].江南大学学报(人文社会科学版),2013(2):117-122.

权是江苏常州人,自幼家境贫寒,年少外出打工,漂泊于上海,后来投奔在兰州的二哥孟德华,借助二哥的社会关系得到特种消费税局的工作。孟可权的工作单位专收鸦片烟税,因此他对国民党统治集团和官僚机构的贪污腐败非常愤懑。孟可权视范长江为知己,向他倾谈自己的身世和许多黑暗内幕,诸如鸦片种植、高利贷问题等。范长江借助孟提供的材料撰写了《"金"张掖的破产》等文章。被胡政之聘请为特派员后的范长江给孟可权写信,邀请他一起工作实现共同理想。孟可权放弃了税务局优厚的待遇,立刻奔赴兰州。在寒冷的西北冬夜,两个人共居一室商讨今后的工作。① 后来,孟可权在归绥协助范长江进行西北通讯资料的整理,由此才诞生了范长江的第一本通讯集《中国的西北角》。在此书版权页上,可见发行人孟可权的名字。在内蒙古,范长江因工作需要准备南下上海。两个人分别之际,孟可权取"长亭送君行,秋江一色清"中的"秋江"二字作名以示纪念,并改名孟秋江。② "七七"事变后,经范长江介绍,孟秋江成为《大公报》记者,长江与秋江成为重要的工作伙伴。

邱岗是范长江采访过程中遇到的另一名重要战友。邱岗,原名邱向汶,辽宁阜新人。"九一八"事变时,他正在天津南开中学读书。他作为一名热血青年目睹东北沦陷、家乡失守,深感国破家亡之痛。因为参加爱国学生反日示威运动,邱岗被学校开除,后又参加学生运动和其他革命活动。听说红军长征后,他向往西北,遂报考新绥长途公司并被录用。当时邱岗正在新绥长途汽车公司当办事员。范长江与他同宿车站厢房而有了倾心交谈的机会。范长江认为:"他不仅是一个普通的汽车公司的职员,而(且)是一个有胆识的爱国青年。"③ 后经北大同学张仁山的介绍,范长江了解到邱岗曾书写标语拥护红军,遂对这个青年更加留意。抵达张掖后的范长江写信给邱岗:

我以能认识你这样的青年而感到高兴,对于你的果敢精神表示钦佩……后会有期,望多珍重!希望在抗日救国战场上重见!④

从信中可看出范长江对邱岗的欣赏与钦佩。邱岗和他有着非常相似的人生经历,在救亡图存的年代深感国家山河破碎的愤怒与人生的苦闷。相同的

---

① 方蒙.范长江传[M].北京:中国新闻出版社,1989:130.
② 陆诒,冯英子.孟秋江文集[M].上海:华东师范大学出版社,1994:199.
③ 方蒙.范长江传[M].北京:中国新闻出版社,1989:134.
④ 方蒙.范长江传[M].北京:中国新闻出版社,1989:135.

人生观、价值观让他们彼此间有了诸多认同。在范长江的引荐下,邱岗加入《大公报》并被派驻平地泉绥东前线。

方大曾,北平人,笔名小方。早年在天津《益世报》上发表过通讯作品,后来在抗战前线失踪。范长江与方大曾相识于百灵庙战场。1937年"七七"事变后,他经范长江介绍加入《大公报》做战地记者。1938年,范长江在《忆小方》一文中追忆与方大曾的交往。

> 从此被人叫为"小方"的方大曾先生,在我们朋友心里占据了很重要地位……在书刊上,我们常常看到"小方"的作品,他对于题材的选择和对于时间性的谨严,都是引起朋友们注意的地方。绥远战争以后他更主要地以摄影记者姿态出现。
>
> 卢沟桥事变了,在卢沟桥长辛店保定一带,我们又常常碰头,他的工作情绪愈来愈高涨,身体也愈来愈结实……他那诚挚、天真、勇敢、温和的性格,博得各方面的好感。
>
> 平津陷落之后,我回到了上海,后来接到他从北方来信说:"我的家在北平陷落了!我还有许多摄影材料工具不能带出来,我现在成为无家可归的人了!我想找一家报馆作战地记者,请你为我代找一岗位。"那时上海《大公报》正需要人,就请他担任平汉线工作,而以秋江任察哈尔,以溪映任绥东,他于是开始为上海《大公报》写通讯。①

冯英子,江苏昆山人,曾在《昆山民报》、苏州《早报》兼上海《大晚报》记者。冯英子回忆:

> 我读过长江的许多战地通讯,常为他的磅礴气势所折服,我也给《大公报》写过通讯,我想写封信请长江求助,可是又不知道长江先生究竟姓什么?我向旁人打听,旁人告诉我长江姓张,于是我写了一封信给上海《大公报》的张长江先生,希望他对我有所帮助……
>
> 不料信发出三天之后,收到上海来的电报,上面九个字:"如愿同甘苦,请即来沪。"
>
> ……
>
> 长江先生热情地接待了我,他说他读过我的战地通讯,马上介绍

---

① 范长江.范长江新闻文集[M].北京:新华出版社,2001:806-807.

我作《大公报》的战地通讯记者,并当场填写了一份聘书给我。第二天,还约了采访部的另外几位先生作陪,请我到大世界对面一家小馆子里吃了一顿饭,他说田汉先生和胡兰畦女士马上要到前方去劳军,他可介绍我跟他们一起走,跟着他们,行动会比较方便些。[①]

与上述几位记者一样,冯英子也是因范长江而加入《大公报》的,后来追随范长江参加了"青记"的组织工作。

范长江担任《大公报》通信科主任后,构建了一支以笔为枪、以言论报国的战地记者队伍。这个战斗群体的诞生一方面由于《大公报》在战时需要人力的补充,另一方面源于范长江自身的魅力和团结其他同业记者的能力。这支队伍以范长江为核心,在战火与硝烟中形成了命运共同体,他们以民族利益、抗战利益、民众生活为前提,全力以赴投身于抗日各战场的报道中。

二、在《大公报》报道实践中形成的关系网络

20世纪30年代的《大公报》在全国有着较高的声望和影响力。如范长江所言:"有了《大公报》的正式名义,又经常在报上发表我署名的通讯,还有《大公报》在全国的分支机构可以依靠……我活动的局面已开始打开了。"[②]所谓"活动的局面已开始打开"既表示范长江有了施展拳脚和才能的机会,也意味着他可以借助《大公报》记者身份便利地拓展自身的社会网络,为采访报道工作争取各种资源的支持和帮助。

(一)西北旅行报道中形成的社会网络

范长江在胡政之支持下以《大公报》旅行记者名义开启了西北考察之旅。他以不落俗套、实事求是、现场采访、富有人情味的全新报道手法为大众展现了别具一格的"中国的西北角"。范长江的成功既源于他出色的新闻报道技术,例如敏锐的新闻触角、亲切妙趣的文体、强而有力的论点、有条不紊的分析、感情细腻的笔调等,同时也与他开展报道的基础及所处场域中的社会网络等因素密切相关。

虽然范长江有校园通讯报道的经历,然而旅行报道与校园通讯差别甚大。

---

① 冯英子.劲草——冯英子自传[M].上海:华东师范大学出版社,1999:88-89.
② 范长江.范长江新闻文集[M].北京:新华出版社,2001:1179.

他撰写的校园通讯多是围绕学术研究、校园文化生活等主题展开,且校园是相对封闭的场域,相比而言,独自在完全陌生的环境中寻找采访对象、明确选题、整合素材、完成报道的难度要比校园通讯大得多。茫茫的大西北兵荒马乱、充满艰险,对范长江这样初出茅庐的"新手记者"来说,确实面临诸多挑战。"人寻新闻"即"采访重要而又为人所不知的新闻","在民国时期又极其困难"。①范长江曾表示:"我一个人就由成都北上,由彭县入大山,雇人带行李,越走山越大,人家越少,深山密林,道路曲折,也不知道目的地在哪里,只想能撞见红军。沿途群众见我不是本地人,单身进大山,又无目的地,都劝我不要前进,因为山中土匪很多,野兽也不少。我没有办法,只好回成都。"②记者"欲活动的成功,自非对于社会各方面人士均有相当的交谊不可"③。范长江采取的策略是"找军队的交通关系,和他们结伴同行"④。范长江凭借的是《大公报》的记者证明和友人的牵线。在四川、甘肃地区的战场主要由南部胡宗南防区、中段鲁大昌防区和西北、甘南一带藏族黄正清和卓尼杨土司防区。范长江一边走一边找各种交通关系前行。最初,在胡宗南防区,经友人介绍,他参加了胡宗南部队的某参谋团,从成都前往松潘。⑤因此,范长江对胡宗南有较多观察,并因此建立联系。

　　胡宗南,浙江镇海人,黄埔军校一期毕业生,经历了黄埔建校、东征北伐、抗日战争等,为蒋介石最器重、最宠爱的军事将领。1932年"一·二八"事变平息后,胡宗南的中央军第一师奉命开往鄂豫皖地区,参与对大别山红四方面军的第四次"围剿"。1933年,胡宗南部队进驻位于甘陕川三省交通要道上的甘肃天水,成为南京国民政府派驻西北的第一支中央军部队。在此处,胡宗南担负防堵红四方面军西进北上和震慑西北地方军阀的任务。胡宗南驻防天水两年,他的雄心和野心不限于军事,还十分注重政治。他积极插手地方民政,付诸实施其西北建设的理想,诸如整顿军纪,笼络西北民心;协助地方行政改革,劝禁鸦片等。这些举措扩大了他的名气与影响。⑥1935年,胡宗南与红军展开激战。与胡宗南初次相遇时,范长江曾写过《松潘与汉藏关系》的通讯报道。1935年底,再次遇到胡宗南的范长江发表文章《渭水上游》:

---

① 路鹏程.民国记者的关系网与新闻采集网[J].国际新闻界,2012(2):108-113.
② 范长江.范长江新闻文集[M].北京:新华出版社,2001:1179.
③ 路鹏程.民国记者的关系网与新闻采集网[J].国际新闻界,2012(2):108-113.
④ 范长江.范长江新闻文集[M].北京:新华出版社,2001:1179.
⑤ 方蒙.范长江传[M].北京:中国新闻出版社,1989:109.
⑥ 经盛鸿.胡宗南全传(上)[M].北京:团结出版社,2017:110-115.

这时在松潘回师的胡宗南氏,正驻在甘谷西面的三十里铺。他的生活情形,据天水一带的民众和朋友谈起,颇有点特别。记者去年过松潘时曾见过胡氏一次,只觉得他喜欢住山上古庙,和有些人不大相同。所以这次特别去拜访他。他不住甘谷城,住的是居民不满三十家的三十里铺,而且不是三十里铺的民房,是三十里铺半山上的一座小庙。我们到庙里去看看,他住的正殿,门窗不全,正当着西北风,屋子里没有火炉,他又不睡热炕,身上还穿的单衣单裤,非到晚上不穿大衣,我看他的手脸额耳,都已冻成无数的疮伤,而谈话却津津有味。他会他的部下,就在寺前山下的松林里,把地上的雪扫开,另外放上几块砖头,就是座位。记者有点奇怪,因问他:"人生究竟为的什么?"他笑着避开了这个问题没有答复,而却滔滔不绝地谈起他的部下,某个排长如何,某个中士如何,某个下士又如何,这样的态度倒使人有点茫然了。①

范长江对胡宗南有着细致的观察,他笔下的胡宗南是生活质朴、与士兵同甘共苦、有一定政治修养的军人形象。尹韵公认为,范长江关于红军长征报道的新闻来源主要是靠胡宗南及其军队。从《中国的西北角》一书中可以看出,范长江与胡宗南的关系相当不错,晤谈甚多。②报人曹聚仁也认为:"除了范长江的《中国的西北角》以外,很少记者能够和他们见面谈话的。"③胡宗南的很多军事见解,实际上是通过范长江的报道公之于众的。对胡宗南而言,善待随军行进的范长江有助于在其笔下获得良好的形象。对范长江来说,和胡部一同进发既可以得到一线的消息,自身的安全也有保障。

在《中国的西北角》第七版的前言中,范长江留下这样一段话:

记者此次旅行的完成,和本书的出版,此中百分之九十五是各地朋友们的力量,其余百分之五是机会和我自己的微力。为了顾及读者读书时的兴趣起见,恕我不在书中一一举出名来,表达我的谢忱。

细读此话,个中有范长江谦虚的一面,但"各地朋友的力量"是存在的,且

---

① 范长江.中国的西北角[M].成都:四川大学出版社,2010:72-73.
② 尹韵公.为什么不是范长江?[J].新闻与传播研究,2003(2):15-27.
③ 曹聚仁.采访外记采访二记[M].北京:生活·读书·新知三联书店,2007:167.

发挥了重要作用。在岷县的鲁大昌防区,范长江认识了鲁大昌部下青年旅长蒋云台。"两人相处仅数日,却结成了友谊。"①蒋云台原是平凉师范学校毕业生,充满爱国热情和正义感,对地方官吏和军阀的劣迹非常不满。他向范长江倾诉报国救民的抱负。范长江也对这个比自己大三岁的青年军官刮目相看。两个人一同去郊外骑马打猎,一同去附近访问。蒋云台向范长江告知了国民党在甘南布置军事"围剿"情况,介绍鲁大昌的种种表现、甘南政治经济军事情形、西北的军事现状及西北汉回藏民族关系等情报。这些对于范长江了解西北、做出科学分析很有帮助。②范长江与蒋云台的交往属于范长江"自获性关系"的拓展。这种关系是"记者和消息来源之间并没有多少前定关系可资利用,必须依靠自己主动创造出某种共同基础而建立起的关系网络"③。彼此之间共通的爱国情感和社会认知决定了交往的基础与条件。蒋云台收获了志同道合、可以"倾诉苦闷"的记者朋友,范长江则通过蒋云台得到一手情报信息。

在临潭县,范长江访问了卓尼土司杨积庆。"杨氏聪敏过人,幼习汉书,汉文汉语皆甚通畅……喜摄影,据云已习照像二十余年……杨氏足未曾出甘肃境,但因经常读报,对国内政局,中日关系事件,知之甚详。"④杨土司还与范长江谈到自身处境之困难,并托付他为之代办数事。与土司相处的短短时日,对方就有所托付,足见两个人建立了不错的关系。进入藏区前,杨土司派员护送,"沿途由藏兵引导,有通司翻译,故通行尚不困难"⑤。与地方势力建构较好的关系帮助范长江了解当地的民风民情,也使其旅途道路安全畅通。

为了掌握临潭回族宗教情况,范长江借助北大的学缘关系找到同学丁正熙。丁是西道堂主持人马明仁的亲戚,大学毕业后回到家乡担负西道堂外交事务。到达临潭前,范长江就给丁正熙写信告知来访。此时他正是使用"联"的方式,即记者通过自己关系网中的某个"中间人"与陌生人或无关系的人联上关系。⑥马明仁接见了范长江并与之多次交谈。经引介,范长江和西道堂人员进行广泛接触。他访问、座谈的有40余人。⑦范长江借此了解了西道堂的主张,积累了报道的材料。

---

① 方蒙.范长江传[M].北京:中国新闻出版社,1989:114.
② 方蒙.范长江传[M].北京:中国新闻出版社,1989:114.
③ 路鹏程.民国记者的关系网与新闻采集网[J].国际新闻界,2012(2):108-113.
④ 范长江.中国的西北角[M].成都:四川大学出版社,2010:43.
⑤ 范长江.中国的西北角[M].成都:四川大学出版社,2010:45.
⑥ 路鹏程.民国记者的关系网与新闻采集网[J].国际新闻界,2012(2):108-113.
⑦ 方蒙.范长江传[M].北京:中国新闻出版社,1989:116.

范长江所著的《马步芳的政治作业》将青海地区的民族问题、社会情况做了报道。在《记者工作随想》中，范长江写道："记者一定要善于交朋友。交朋友要讲求方式方法，要作大量的工作，要生活在他们中间，很熟，有感情，彼此有交流，互相给予方便，相互服务。不单是要朋友帮你的忙，你也可以给对方提供消息、情况，互通有无。"①在西北的采访中，他尽可能与不同阶层人士进行接触，广结善缘，这样可以全面、细致地掌握社会的动向与变化。在此过程中，范长江也不断锻炼、提升社会交往能力和水平，培养自身社会活动家的素质。

（二）塞上行采访中形成的社会网络

1936年8月，大公报馆将范长江的旅行通讯集结成《中国的西北角》出版。此书一问世即引起国人关注，产生了"轰动效应"②。西北旅行报道的成功和《中国的西北角》的出版更是让范长江在新闻界有了名气。他完成了西北考察后继续开展旅行报道和研究计划。在《初出阴山》中他写道：

> 去年秋季，一个预定的南方旅行，正要开始，忽然社命令往西蒙视察，记者尚在踌躇未决当中，而社中负责当局却很沉重的说："这次如果不赶快去，也许要错过最后机会了！"③

此刻的内蒙古西蒙地区危机四伏。日本侵略者与主张蒙古独立的德王沆瀣一气，为实现所谓"日蒙合作"加紧勾结。日本试图帮助德王建立伪"蒙疆联合自治政府"，既达到分裂中国领土的目的，也为进攻苏联做军事战略准备。"当新闻记者的人，却有把危急情况报告给国人的义务。"④肩负着职业责任感和爱国使命感的范长江乘坐长途汽车在新绥线上奔波。在日本侵略势力渗透的西蒙地区以记者的身份活动是非常危险的，所以他乔装成商业公司的职员，进行隐性采访。

在西蒙的陌生环境下开展采访有诸多难度，既没有可以借用的先赋性关

---

① 范长江.通讯与论文[M].北京:新华出版社,1981:317.
② 倪延年.论《中国的西北角》产生轰动的动因及启示[J].新闻春秋,2019(1):31-38.
③ 长江.塞上行[M].上海:大公报馆,1937:37-38.
④ 徐向明.范长江传[M].南京:南京大学出版社,2002:106.

系,也没有可以引荐、联络的"中间人",唯有主动创造联系。在与图王的交往中,范长江以交际应酬的方式快速赢得图王的信任。在不经意间了解到图王的政治态度,为全面、深入报道西蒙做了准备。从对图王的采访中,我们可以看出范长江虽迈入新闻界的时间不长,却有着出色的应变能力、社交能力,他善于运用交际手段,在生僻环境下快速与陌生人接触、赢得信任。

离开西蒙后,范长江奔赴绥远抗战前线。日本侵略者正调动伪军准备进犯绥东。为了了解驻守绥远的傅作义的态度,范长江前去采访。傅作义的卫队长、机要秘书刘春方是范长江的老朋友。1933年尚在北大读书的范长江随慰问团赴察哈尔慰问前线抗日战士时两个人就已相熟。范长江作为学生代表发表的热情洋溢的慰问演说给刘春方留下了深刻的印象。范长江所表达的要求抗日的决心和愿望让刘春方很感动。①故交再次在抗战前线相遇自然非常亲切。刘春方向范长江提供了一些不为外界所知的情况。因为有刘春方的关系,加之此前傅作义知道范长江是有着强烈爱国精神的青年,如今又是《大公报》记者,所以范长江得到机会近距离观摩傅作义指挥绥远抗战的情况。在《战后出阴山》中,他写道:

> 傅作义主席虽于二十三日夜间整夜未眠,得克复消息后,以其愉快、谨慎、镇定而紧张之情绪,频频出入于其高级幕僚之机要室间,盖此事之到来,非可以等闲视之也。②

范长江还获得赴战地一线采访机会,访问了孙达胜师长、刘景新团长。范长江与刘景新在百灵庙一起吃晚餐,"一碗一碗的面条,已经吃得不少。刘景新团长仍然劝我再吃。我的胃囊已开始表示抵抗,我也有不再加重它负担的意思;然而刘团长说:'这个面不是普通面啊!我们不可不努力加餐!'我心脏里立刻奔放一股鲜红火热的新血,异常迅速地冲过我的脑袋和全身,我重新地吃了两碗"③。离别之际,刘景新赠予范长江一张地理学家斯坦因所制的甘肃新疆边境图作为百灵庙战役的纪念品。民国记者与军政要人之间存在着由意气相投而生发出真情实意的"情感性关系"④。在国家危亡的时刻,无论是在

---

① 方蒙.范长江传[M].北京:中国新闻出版社,1989:159-160.
② 范长江.塞上行[M].银川:宁夏人民出版社,2000:95.
③ 范长江.塞上行[M].银川:宁夏人民出版社,2000:109.
④ 路鹏程.民国记者的关系网与新闻采集网[J].国际新闻界,2012(2):108-113.

前线报道的记者还是抵御侵略的将士都有着浓烈的报国情怀,这铸就了范长江与刘春方、刘景新等人交往中的"情感性"。

此后,范长江在平地泉访问了汤恩伯、彭毓斌、石觉等将领。趁着采访汤恩伯的机会,他对汤晓之以抗日大义,促成汤恩伯接见前来劳军的广西代表团,并设宴款待。①1937年1月,范长江接到社令赶往宁夏继续西北考察。在抵达宁夏后,范长江写道:

> 人生最可宝贵的东西莫过于友谊,宁夏的朋友们在他们可能的范围内,已经给予了记者以充分的方便。电报局的朋友们,对于拍发记者的电报,更是大家一致的帮忙,让我的新闻非常迅速地从发报机上钻了出去。②

他在朋友的帮助下把前线的消息飞速发回了报馆。然而宁夏消息闭塞,很少有陕甘的消息,范长江决定前往兰州。经朋友引荐,范长江首先拜会了军部副长官李伯棠,随后见到了东北军将领于学忠,与其谈论了西安事变的情形。"他(于学忠)却喜欢与记者接触,来者必见。他平易近人,记者即使得不到什么消息,也不感触望……他很尊重《大公报》。"③于学忠选派数名卫士护送范长江前行。④范长江在兰州还采访了甘肃省政府秘书长周从政,了解其主张;见到兰州城防负责人李振唐,谈事变之后兰州的情况;拜访邓宝珊,获悉他在军事政治方面的见解。他还参加了兰州军政界朋友组织的座谈会,了解下级官兵的意见与态度。在兰州,范长江做出了一个大胆决定:到西安去。因得到李振唐的城防司令许可,范长江成功通过出城关卡。范长江在路上得知胡宗南的中央军驻扎于静宁城,遂去拜访。

> 我们差不多有一年不见了。他的衣服仍然那么单薄,耳和脸冻成许多黑块,有几根手指因为冻坏了,正缠着白色的绷带,我们穿双

---

① 陈涛.新闻巨子范长江评传[M].北京:中国文史出版社,2014:87.
② 范长江.塞上行[M].银川:宁夏人民出版社,2000:136.
③ 孔昭恺.旧大公报坐科记[M].北京:中国文史出版社,1991:16.
④ 李满星.范长江与张季鸾:何以从道义之交到分道扬镳[J].文史春秋,2016(8):8-17.

层皮衣的人,不能不有相当的惭愧了。①

范长江在《闯过六盘山》中对胡宗南有如上细节描写。两个人的谈话非常投机,以至于副官几次向胡宗南报告时间都没有打断他们的话头。继续向西安进发的范长江到达隆德城后被扣押。驻军是旧友陈大章的骑兵团。有了好友的相助,范长江得到了前行的通行证。陈大章还向他保证"绝对负责送你到平凉"②。此后,一路都是东北军的防区,范长江在王以哲的部下吴克仁、宛邱章等陪同下顺利到达了西安。

1937年2月2日,范长江赶到西安时城内发生了东北军少壮派刺杀王以哲的兵变。为了探明形势,他乔装进城,并在局势平缓后参加了西安学生联合会座谈会和西安新闻界的座谈会,并向报馆发回关于西安最新情况的加急专电。在杨虎城公馆,范长江见到了杨虎城、何柱国、孙蔚如、邓宝珊、周恩来等"西安事变"的核心人物。在与这些风云人物交流中,范长江掌握了"西安事变"的部分内情。"稍为有几分政治素养的人,对于陕甘大局,比较看重共产党在其中的关联。"③范长江对共产党在"西安事变"中所扮演的角色充满着疑惑与好奇。在西安他访问了周恩来,见到了叶剑英。后经周恩来的联络,范长江成功地访问了延安。回到上海后范长江撰写发表了一系列通讯,披露"西安事变"的真相,公开报道了中共关于建立抗日民族统一战线的主张。

范长江在《塞上行》中指出:"真正有见地的人,要想解决某种问题,只有从社会实际关系中着力,才是根本办法。"④社会关系是解决很多问题的钥匙。范长江在从事新闻采访和报道实践中对此有深刻的体会。在军界、政界、学界等多个领域的朋友常常为他排忧解难,保驾护航。他借助各种社会关系,编织起自身的社会网络,对新闻报道的成功起到巨大的帮助。无论是《中国的西北角》还是《塞上行》,这些名作名篇的生产背后有着社会网络的支撑。

---

① 范长江.塞上行[M].银川:宁夏人民出版社,2000:151.
② 陈涛.新闻巨子范长江评传[M].北京:中国文史出版社,2014:90.
③ 范长江.塞上行[M].银川:宁夏人民出版社,2000:173.
④ 范长江.塞上行[M].银川:宁夏人民出版社,2000:135.

三、与共产党人士形成的关系网络

范长江始终对共产党和红军保持着强烈的研究兴趣。在西北采访期间,他撰写了《岷山南北剿匪军事之现势》《徐海东果为肖克第二乎?》《毛泽东过甘入陕之经过》等多篇分析红军态势与路线的文章。由于各种客观因素,他无法接近红军进行更为深入的采访。"西安事变"发生时,正在绥远前线的范长江从傅作义处了解到"'西安事变'有中共代表参加,释放蒋介石是中共的主张"①,他敏锐地意识到中国政局或有根本性变化。范长江带着强烈的问题意识决心撞入西安,"为全国读者弄清这一头等大事"②。西安行揭开了他与中共人士交往的序幕。

(一) 范长江与周恩来的交往

范长江经历了曲折才与周恩来初次会面,如他所言,"西安的朋友,真正见过周恩来的,还是不多"③。所以,他先请报馆西安分销处联系新一军军长邓宝珊,经邓再联络杨虎城,最终在杨虎城公馆内见到了周恩来。周恩来经历了长期的革命实践,有着丰富的公共关系处理经验。两人寒暄时,周恩来即表示:红军的人对长江的名字非常熟悉,很惊异于长江所写的红军行动分析。④在知识分子与党外人士眼中,周恩来是"一块有巨大吸引力的'磁石'"⑤。这种吸引力体现在面对面交流时的话语方式可以快速拉近彼此之间的距离,赢得对方的好感。善于捕捉细节的范长江描写道:"他有一双精神而朴质的眼睛,黑而粗的须发……穿的灰布棉衣,士兵式的小皮带,脚缠绑腿。"⑥干练爽朗、富有亲和力的周恩来形象呈现于范长江的文字中。两人的交流围绕"西安事变"展开。范长江在《西安里面》交代了通过周恩来所了解到的中共主张和"西安事变"过程。首先,共产党政治路线的变化。"这样转变的政治路线就是统一的民族战线,对内主张和平统一,对外主张团结御侮。"其次,"双十二事

---

① 范长江.范长江新闻文集[M].北京:新华出版社,2001:1183.
② 范长江.范长江新闻文集[M].北京:新华出版社,2001:1183.
③ 范长江.塞上行[M].银川:宁夏人民出版社,2000:173.
④ 范长江.塞上行[M].银川:宁夏人民出版社,2000:174.
⑤ 王玉如.试论周恩来的人格魅力[J].毛泽东思想研究,1998(2):8-11.
⑥ 范长江.塞上行[M].银川:宁夏人民出版社,2000:173.

变"爆发前,"共产党乃力谋对国民党之政治妥协,化除彼此间绝对的政治和军事的对立,张学良与周恩来正式接洽之后,共产党意中希望以张学良为媒介,以与蒋委员长协商,谁知张学良之政治技术运用未能灵巧"[①]。对共产党在事变中所扮演的角色,范长江写道:"周恩来系于十二月十六日由肤施乘张之波音机到西安,即向张陈释蒋之必要,同时更亲自与羁陕中央要员见面,作各种政治协商。"[②]通过采访周恩来,范长江获知了"西安事变"的真相,并及时进行了报道,让全国读者认识到共产党在和平解决该事件中所发挥的重要作用。同时,周恩来的人格魅力、思想观点也令范长江如沐春风。在范长江心目中,国家民族的利益始终处于突出的位置,与周恩来的晤谈让范长江感受到国共合作后中国革命成功的希望。这次交往也加深了他对共产党所持方针路线等问题的思考与认识。随后,范长江向周恩来表达要去延安采访的诉求,并在周恩来的联络下得以成行。

图 2-1　1938 年 5 月 27 日,《新华日报》社欢迎战地记者时的合影
(图片来源于范长江纪念馆,前排右一为范长江)

周恩来是范长江直接采访、交往的第一个共产党领导者。西安的初识成为两人交往的起点。随着国共第二次合作局面的实现,范长江与周恩来的接触与交往愈多。1938 年 3 月,作为国共合作产物的中国青年新闻记者学会在武汉成立。时任国民政府军事委员会政治部副部长的周恩来领导着国统区文化抗战工作。徐州会战结束后,范长江回到武汉,共产党机关报《新华日报》在

---

① 范长江.塞上行[M].银川:宁夏人民出版社,2000:174.
② 范长江.塞上行[M].银川:宁夏人民出版社,2000:175.

汉口普海春西菜社举行宴会为范长江等前线记者洗尘。①周恩来因紧急公务未能出席,他给范长江写了一封慰问信。周恩来对范长江在战场上出生入死进行报道表示钦佩和赞赏,并请长江向诸位前线记者问好。随后,周恩来约请范长江和陆诒来八路军办事处谈话。范长江、陆诒介绍了前线战士的英勇事迹,也反映了部分军政部门所存在的问题。周恩来对这些情况非常重视,希望借此机会推动国民党当局改进抗战工作。6月7日,周恩来致信范长江告知"昨午已与陈辞修部长约好,本星期四(九号)正午约津浦战场归来诸记者会餐……届时当可静聆诸先生对于二期抗战的经验与教训的高论"。信中,周恩来还"希预告怀着满脑意见的诸记者能分类准备为好"②。6月9日,范长江等记者参加了军政委员会组织的餐会,陈诚、周恩来、黄琪翔等都参会。范长江等在会上各抒己见,畅所欲言,将战场上所见所闻所思反映出来。6月11日,周恩来以信件方式将反馈情况转给范长江。信中大意是,陈诚对参会印象很好,已向军委会汇报,盼范长江以书面将所谈问题上报。白崇禧已电告李宗仁建议撤换总动员委员会秘书长。③范长江收到信后整理、提交了一份书面材料。军事委员会在范长江等建议下也改进了军政工作。在范长江看来,"一个部队所得的经验,所遭遇的困难,是全军全社会的事情,应当让全社会知道,大家共同来接受经验,共同来设法解决困难"④。推动抗日事业的进步被范长江视为最大的责任。在周恩来的协调下,范长江的工作得到多方肯定,他的建议、意见得到了重视并被采纳,此时他的职业价值得到了实现。无论是通过信件还是面谈,周恩来对范长江的尊重与关心溢于言表,范长江对共产党人的处事方式也有了更深刻的认识和理解。

  1938年秋,"当周恩来知道他(范长江)与《大公报》闹翻了的消息后,思想上是惋惜的,甚至是不满意的"⑤。如曹聚仁所言,"范长江的通信,隐然有左右舆论的权力"⑥。共产党需要范长江在《大公报》的阵地上帮忙发声乃至影响舆论。然而,他的突然离职对共产党的宣传工作影响甚大。周恩来在见到徐盈、彭子冈时力劝他们安心留在《大公报》坚守阵地。范长江离开《大公报》

---

① 韩辛茹.中外名记者丛书——陆诒[M].北京:人民日报出版社,2005:30.
② 郑学富.周恩来因台儿庄战役三次致信范长江[J].春秋,2018(2):4-6.
③ 郑学富.周恩来因台儿庄战役三次致信范长江[J].春秋,2018(2):4-6.
④ 范长江.通讯与论文[M].北京:新华出版社,1981:282.
⑤ 吴廷俊.新记《大公报》史稿[M].武汉:武汉出版社,2002:218.
⑥ 曹聚仁.采访外记采访二记[M].北京:生活·读书·新知三联书店,2007:80.

后全力投身"青记"等新闻活动。1938年11月,从武汉撤退到长沙的范长江、陆诒等正在积极组织"青记"工作。接到周恩来的通知后,他们前往八路军长沙办事处并在周恩来的安排下火速撤离长沙,从而逃过了长沙城的大火。在周恩来的指导、帮助下,范长江在统一战线工作中发挥了重要作用。1939年5月,在周恩来的介绍下,范长江成为一名中共党员。

从"西安事变"到武汉会战,周恩来在与范长江的相处中充分展现了共产党人以诚待人的品格、实事求是的精神和求真务实的作风。他心系国家民族的命运,在统一战线的原则下坚持抗日民主,维护合作抗战大局,团结各界人士,壮大民主力量。这些因素都在影响、形塑着范长江对共产党人的认知。

(二) 范长江与毛泽东的交往

1937年2月9日,范长江在博古、罗瑞卿等人陪同下来到延安,并在窑洞中与毛泽东进行了长谈。毛泽东非常重视新闻宣传工作,他深知"报纸不仅应代表舆论,更要善于'立在社会之前,创造正当之舆论,而纳人事于轨物'"[1]。共产党的对外宣传工作因国民党的封锁面临重重困难。1936年《中共中央为转变目前宣传工作给各级党部的信》中特别指出:"目前我们的宣传必须着重的采用一切可能的办法深入到白区,去利用群众的社会关系。"[2] 1930年代中期,《大公报》已发展成为全国性大报,舆论地位与影响力非同一般。范长江以《大公报》记者身份主动来访,中共领袖毛泽东自然希望借助他将共产党的政策路线告知天下。

"许多人想像他不知是如何的怪杰,谁知他是书生一表,儒雅温和,走路像诸葛亮'山人'的派头,而谈吐之持重与音调,又类三家村学究。"[3]范长江这段对毛泽东的形象描写打破了长期以来国民党控制下的报纸舆论对共产党领袖形象的扭曲和丑化。两人的谈话在凤凰山窑洞里进行。"他那个窑洞内,除了一个大炕之外,还有一张木椅,一张桌子,一条木凳,一盆木炭。木桌上放了许多纸条,还有经济学和哲学书籍,桌上燃起油烛。"[4]对毛泽东居住办公环境的描写交代了中共领导人艰苦的生活条件。毛泽东长期行军作战养成了夜间办

---

[1] 郑保卫.中国共产党新闻思想史[M].福州:福建人民出版社,2004:65.
[2] 中国社会科学院新闻研究所.中国共产党新闻工作文件汇编(上)[M].北京:新华出版社,1980:84.
[3] 范长江.塞上行[M].银川:宁夏人民出版社,2000:185.
[4] 范长江.塞上行[M].银川:宁夏人民出版社,2000:185.

公的习惯,范长江与他从晚上十点开始了竟夜之谈。自学生时代就对共产党抱有研究兴趣的范长江对毛泽东的采访是从历史到现实、从政治理想到当下目标、从思想主张到具体思路等多层面对共产党的全方位、立体化了解。①通过对谈,范长江对中国现阶段的革命性质问题、民族矛盾和阶级矛盾关系问题、抗日战争的战略问题等有了更深刻的认识和理解。"在延安,毛主席教导我一个通宵,这十小时左右的教导,把我十年来东摸西找而找不到出路的几个大问题全部解决了,我那天晚上之高兴,真是无法形容的,对于毛主席的敬爱心情,由此树立了牢固的根基。"②毛泽东的阐释让范长江有"茅塞顿开"之感。采访完毕后,范长江曾向毛泽东表达了想留下来搜集资料写书的意愿。毛泽东却认为他回到《大公报》并将共产党提出的抗日民族统一战线主张向全国人民广泛宣传的意义更为重大,这样才能动员全国之力一致抗日。范长江遂第二日离开延安,回到上海后他发表了《动荡中的西北大局》以及"陕北之行"等系列文章。范长江揭开了"西安事变"的真相,传播了中国共产党和平解决事变的方针以及抗日民族统一战线纲领。对照中共中央1937年2月15日《中央关于西安事变和平解决之意义及中央致国民党三中全会电宣传解释大纲》③的内容,范长江的报道与中国共产党的表述也基本一致。

写信是身处延安的毛泽东与外界人士交往的重要方式。毛泽东在"西安事变"后到庐山会议前写了大量书信,积极宣传建立抗日民族统一战线和准备国共合作的政策。1937年3月29日,毛泽东致范长江的信中写道:"长江先生,那次很简慢你,对不住得很!你的文章我们都看过了,深致谢意!"④同时,毛泽东在信中还附寄了一份他与美国记者史沫特莱的谈话及一份准备清明节致祭陕西黄帝陵的祭文请范长江方便时代为发表。从书信的内容到细节不难看出,毛泽东对范长江的尊重与感谢之情。同时他对范长江也寄予厚望,希望他能传播共产党的声音和主张。

"七七"事变后,范长江与其他战地记者奔赴华北,准备在晋北地区对八路军的抗战情况进行报道。彭雪枫向毛泽东汇报后,毛泽东复电:"电悉,欢迎大

---

① 樊亚平.从自由记者到中共党员:范长江走向中共的步履[J].山西大学学报(哲学社会科学版),2016(4):57-75.

② 范长江.范长江新闻文集[M].北京:新华出版社,2001:1184.

③ 中共中央宣传部办公厅,中央档案馆编研部.中国共产党宣传工作文献选编:1915—1937[M].北京:学习出版社,1996:1244.

④ 常建宏.毛泽东致范长江的两封信[J].中国档案,2010(6):74-75.

公报派随军记者,尤欢迎范长江先生。"①"尤"这个字体现了范长江在毛泽东心目中的地位。虽然范长江另有安排未能前往,但他能深刻感受到毛泽东的关心。

1938年初,范长江向毛泽东致信探讨问题。毛泽东的复信通过八路军汉口办事处转交于范长江。全信长达九页,涉及民主政治、党派关系等问题。范长江提出的问题具体内容不详,但都来源于他在抗战全面爆发后的观察与思考,尤其对国共合作抗日的军队问题,他关注其多。"我回到上海后有好几封信和他讨论这一问题,因为信中词句不够详细,曾一度引起小小的误会。他怪我何必一定要主张取消抗日红军中的优良政治工作,而削弱红军的抗日战斗力呢?"②可见,范长江与毛泽东此前讨论的焦点议题是党军问题,即所谓"军队国家化"。毛泽东的回信中写道:"先生提出的问题都是国家重大问题,要说个明白,非一封短信可了。"对于范长江提出的党军问题,毛泽东认为:"症结同在国民党承认并实行一个共同纲领……而且要保证永不许任何一方撕毁这个纲领……两党的事不是两党私事,而是国民公事。"③最后,毛泽东对范长江所提问题表示钦佩。毛泽东作为中共领袖在长期革命战争中积累了丰富的斗争经验,他对中国革命的出路、国共关系的处理等问题的理解非常深刻。范长江则是以"中华民国公民"或新闻记者的站位来认识、思考问题,尚未具备共产党人对中国前途和抗战方式的认识水平与思想立场。④正如方蒙所言,"范长江经历了艰难的探索过程"⑤。某种程度上说,思想的发展与变迁是这种"艰难探索"最重要的组成部分。范长江与毛泽东以书信方式所进行的交往与讨论让彼此对对方的政治态度、思想观点有了更多、更深入的了解,这对范长江不断理解、把握中国共产党的路线、方针、政策尤为重要。

倘若说周恩来影响着范长江对共产党人的人格行为、处事方式等外在表现的认识,那么毛泽东则形塑着范长江对共产党人思想境界、精神信仰、价值追求等内在意识的理解。

---

① 方蒙.范长江传[M].北京:中国新闻出版社,1989:189.
② 范长江.范长江新闻文集[M].北京:新华出版社,2001:989.
③ 常建宏.毛泽东致范长江的两封信[J].中国档案,2010(6):74-75.
④ 樊亚平.从自由记者到中共党员:范长江走向中共的步履[J].山西大学学报(哲学社会科学版),2016(4):57-75.
⑤ 方蒙.范长江传[M].北京:中国新闻出版社,1989:6.

（三）范长江与其他中共人士的交往

《塞上行》专门有一篇《肤施人物》介绍了范长江与部分中共人士在延安的接触与交往活动。延安方面在范长江提出访问申请后做了相应的准备。所见的人物、所到的地点等皆经过精细的设计与安排。范长江记载："中国新闻界之正式派遣记者与中国共产党领袖在苏区公开会见者，尚以《大公报》为第一次也。"因此在延安，"贴了许多欢迎我的标语""标语中有一条是'欢迎××先生，中国人不打中国人'"。①标语是言简意赅且极具针对性的宣传符号。②它对范长江的心理自然有所触动。范长江首先见到了抗日军政大学校长林彪。他"穿一件灰布棉大衣……两眼闪烁有力，说话声音沉着而不多言"，"无论意见与用词上，他的立场很坚决，一点不放松"。③在林彪的陪同下，范长江参观了军政大学的学生活动。"红大的教育方针，是自动多于被动，讨论多于上课"，"重自由，重活泼"，这与中国一些学日本、德国等重形式的兵学原则大不相同。第二个与范长江会面的是吴亮平。他"清秀的面庞……还保留着书生面目"，"他的外国语文很漂亮，苏区对外英文广播，就是他担任"，"他说话是清晰、明白、有系统，并有平和而坚定的见解"，"美国记者斯诺入陕北，就是他给毛泽东作翻译"，"是一位漂亮的宣传家"。④随后，范长江见到了廖承志，"他会好几种外国文字，会书、会唱、会写、会交际，而且会吃苦，这是红军中多才多艺的人物"。接着，刘伯承、朱德两位四川老乡来了。范长江问起"说话完全四川音"的朱德"红军作战的秘诀"，朱德的回复："只是政治认识透到每个战士，和群众基础工作得到许多便利。"戴着不深近视眼镜的张闻天"谈风轻松精利，不似曾过万重山者"。此外，范长江还见到了林祖涵、丁玲、徐特立、张国焘等。延安为接待范长江特意安排了丰盛的晚宴，大家沿着围炉坐一圈，"谈话的火线打得很紧"。围炉谈话中，范长江也了解到这些中共人士关于和平统一后党和军队问题的意见"还是维持原有的组织和系统"。⑤

延安是一个在政治、经济、军事和社会生活方面充满革命、平等、自由色彩

---

① 范长江.塞上行[M].银川：宁夏人民出版社，2000：183.
② 田修思.长征标语口号：传播革命真理的通俗文化[J].毛泽东思想研究，2012(4)：1-5.
③ 范长江.塞上行[M].银川：宁夏人民出版社，2000：183.
④ 范长江.塞上行[M].银川：宁夏人民出版社，2000：184.
⑤ 范长江.塞上行[M].银川：宁夏人民出版社，2000：184-185.

的"相对独立的世界"①。范长江的延安行程安排得虽然紧凑,却在短短半日内与数十位中共人士进行了会面。当然,这种接触、交流因为时间有限而无法深入,彼此建立起的关系也是"弱连接"。但通过此次接触,范长江建立起了对共产党人朴素随和、踏实务实的认知,他也对大多数中共将领在重大政治问题上的观点与意见做了了解。

全面抗战开始后,范长江与彭雪枫在战地相识并结成友谊。1937年8月下旬,范长江前往山西前线报道战况。他在太原与彭雪枫初次见面。在红军长征路上,彭雪枫就知道范长江的名字。时任红十三团团长的彭雪枫抢渡大渡河后攻占了四川省天全县。他在天全城内图书馆阅览室的《大公报》上看到了长江写的《千里江陵一日还》等通讯,立即被生动的描写和精辟的分析所吸引。②彭雪枫作为八路军办事处主任,热情接待了范长江等记者并安排他们赴军中采访。9月,八路军取得平型关大捷后,范长江以个人名义专门致电八路军总部祝贺。③10月5日,彭雪枫给范长江回信:

长江先生:

大函诵悉。前线小捷,蒙过奖,不敢当得很。

我军处此敌人倾力压境的关头下,唯一战略方针及战术原则,应以我军主力进行大规模的运动战,以支队(如八路)领导广泛的游击战争配合主力动作,必可消灭敌之大量有生力量。

……

承介绍张香山先生前来工作,不胜激感,刻已护送张君赴前方总部,谅不久当可施展张君自身之抱负也。孟可权先生新由前方战地归来,已会晤数次。孟拟在并勾留数日即赴前方,届时当妥嘱各部善于照料,希释念。

得暇望时赐教言为祷!④

彭雪枫首先对范长江的贺电表示感谢,然后介绍了八路军的战略战术方针

---

① 汪云生.试论20世纪30年代知识分子走向延安[J].学术界,2005(4):186-191.
② 苗青.范长江在苏北的烽火岁月(下)[N].新民晚报,2017-11-21.
③ 蓝鸿文.范长江记者生涯研究[M].北京:中国人民公安大学出版社,2009:32.
④ 《彭雪枫书信日记选》编写组.彭雪枫书信日记选[M].郑州:河南人民出版社,1980:3-5.

和原则。范长江介绍了张香山、孟秋江等赴前线工作,彭雪枫表示感谢并表示会予以关照。信中所提到的张香山1932年参加左联,1933年任天津左联书记。后经范长江介绍找到彭雪枫参加了八路军,1938年加入共产党,后历任八路军一二九师政治部敌工部副部长、晋冀鲁豫军区敌工部部长、北平军调部中共方面新闻处副处长、新华社负责人等职务。范长江和彭雪枫相识时间虽然不长,在抗日战争的特殊历史条件下,两人却相知极深,因为他们有共同的革命理想和人生追求。他们在工作上互相支持、互相帮助,结下了深厚的战友情谊。

在范长江长期生活的国统区环境中,共产党一直被不少民众和社会舆论认知为洪水猛兽。然而,经过与中国共产党人士的人际互动和交往,范长江建立起对共产党的全新认识。居于农村的共产党领导干部作风廉洁,艰苦朴素;共产党的军队纪律严明,官兵平等。在共产党人的身上,范长江看到了中国社会久违了的清廉之风和蓬勃朝气。他对共产党推动社会进步和民族解放抱有希望与期待。

第三节　社会网络对《大公报》记者范长江的影响

范长江在《大公报》工作期间所形成的社会网络对其职业生涯和人生命运产生了重要的影响。范长江在报馆支持下经过艰难跋涉顺利完成了西北采访,他所撰写的通讯报道为世人揭开了神秘的西北地区的风土人情和政治经济社会形势,也让关心中国政局走向的人士了解到红军在西北地区的活动情况。范长江出色的采访报道赢得了社会的普遍关注与高度认可。他的文章为《大公报》带来了读者和销量,也成为该报标榜自身"公正""客观"的某种证明。成名后的范长江因此获得报界的认可和与之相当的社会地位。范长江在《大公报》的成名之路乃至最终与之分道扬镳,既是范长江个体努力、选择的结果,也有深刻的社会网络动因。范长江身为《大公报》记者有着复杂且交织的社会网络,这种关系网络既助力他的成名,为他赢得、占有更多社会资本创造了条件,也影响着他个人道路和政治立场的选择。

一、助力《中国的西北角》的成功和范长江的成名

《中国的西北角》是范长江记者生涯最重要的标签之一。凭借这部在民国

图 2-2 范长江通讯作品集《中国的西北角》

时期创造了"出版神话"的通讯集,范长江成为家喻户晓的明星记者。过往对《中国的西北角》成功和范长江成名过程的研究多从范长江个人能力的角度,而忽略了对其社会网络作用的考察与讨论。正如范长江在《中国的西北角》序言中所述:"记者此次旅行的完成和本书的出版,此中百分之九十五是各地朋友们的力量。"善于交际、长于拓展社会关系的范长江在采访、工作和各种社会活动中结成了庞大的社会网络。得益于社会网络的建构与拓展,《中国的西北角》才能成功诞生并成为新闻史上的不朽名作。借助社会网络的推动,范长江才能获得社会地位和名望。

范长江的西北旅行报道发表后引起了巨大的社会反响。天津大公报馆遂决定将西北通讯以《中国的西北角》之名结集出版。《中国的西北角》1936年8月首次由大公报馆出版后至1937年11月共计出版九次。① 这部作品反映了时代的呼唤和社会的关切,无论是从题材上还是从语言表达、知识与思想传递等方面都值得称道。曾彦修回忆,"范长江的书,在我们县城就能买到。大约大县城都有小书店,经营人就懂政治,一个人经营,知道上海的什么书好卖……范长江的这些通讯,当时的影响极大。一个县城只要有一二十人看过这类东西,这个县城就热闹起来了,救亡运动就会开展起来了"②。从中可见书籍出版后引起的社会轰动,一时间"洛阳纸贵",唤起诸多读者争相阅读。

首先,《中国的西北角》从前期的采访准备、文本写作到后期的编辑、出版发行,范长江自身所构筑的社会网络在其中发挥了重要的作用。在西北地区采访时的范长江尚且是个初出茅庐、毫无名气的记者。凭借《大公报》的品牌和介绍信,范长江可以找到国民党军队的关系并与之同行。跟随军队进行采访一方面可以保障范长江的人身安全,解除后顾之忧;另一方面可以深入一线,对军政长官进行采访,了解一手的资讯与情报,写出独家的报道。在与鲁大昌、蒋云台、胡宗南、杨积庆(土司)、马步芳等军政官员、实力派军阀的交往中,范长江充分发挥善于交接人脉、建立关系的特长,很快能赢得他人的尊重

---

① 蓝鸿文.《中国的西北角》到底出了多少版[J].新闻战线,2006(8):50-51.
② 曾彦修,李晋西.曾彦修访谈录[M].北京:人民文学出版社,2020:33.

与信任。"信任可以使一个人的行为具备更大的确定性"①,增加行为的确定性又是通过信任在习俗与互惠性合作中扮演的角色来完成的。民国记者与军政要人之间存在着某种出于利益交换而形成的职业性的"工具性关系"②。在信任和利益互惠的基础上,范长江能同西北军政要人建立广泛的连接,构筑关系网络。长期负责某一条线的记者长期和消息来源朝夕相处,会形成极其密切的共生关系。③因此,范长江在西北行程中所构筑的关系网络中的人物既成为他采访活动中可以获取的重要资源,也为他的报道成功创造了得天独厚的条件。《中国的西北角》中所收录的《松潘与汉藏关系》《杨土司与西道堂》《兰州印象》《动荡中的青海》等均是范长江在特定社会网络助力下写成的。

其次,《中国的西北角》最初的编辑工作由孟可权完成。孟可权作为范长江采访中结识的莫逆之交,是范长江新闻实践道路上最得力的助手。范长江在张掖采访结束后回到兰州并成为《大公报》正式记者,有了固定的工资和旅费。孟可权在他来信邀请之下放弃了优渥的生活待遇,与之并肩进行西北旅行。在归绥,孟可权帮助范长江整理材料,剪贴报纸上的资料,《中国的西北角》正是在孟可权整理、汇编基础上诞生的。《西北通讯》以连载方式刊登,经过孟可权的编辑加工后以书籍形式出现,实现了媒介转换,这使得《中国的西北角》的内容有了比报纸连载更为合适的传播形式。④所以,孟可权对《中国的西北角》的贡献是显著的。

再次,《中国的西北角》的出版发行离不开胡政之等大公报馆同仁的支持。胡政之作为《大公报》"三驾马车"之一主要负责报馆的经营。范长江在他的鼎力支持下才有去西北旅行采访的机会和条件。范长江不负胡政之的期望,凭借出色的通讯报道一炮打响并为报馆开拓了销路。善于经营的胡政之对受众的需求有精准的把握,他推动了《中国的西北角》在全国范围内的发行与销售。为了给该书造势,报馆所属的《国闻周报》刊登了大量的广告。《大公报》为《中国的西北角》的发行所做广告写道:"本报记者长江先生所撰西北纪行……自刊印单行本以来,各界争购连印四版,未及三月,即已售罄。此书销行之广,为

---

① 郑也夫.信任论[M].北京:中信出版社,2015:115.
② 路鹏程.民国记者的关系网与新闻采集网[J].国际新闻界,2012(2):108-113.
③ [美]赫伯特·甘斯.什么在决定新闻:对 CBS 晚间新闻、NBC 夜间新闻、《新闻周刊》及《时代》周刊的研究[M].石琳,李红涛,译.北京:北京大学出版社,2009:166-167.
④ 胡正强.论媒介转换对《中国的西北角》成功的影响[J].内江师范学院学报,2014(3):22-26.

空前所未有,现第五版已出书即日发售,印行无多,惠购从速。"广告产生了良好的告知与说服作用,唤起了大众的好奇心与阅读兴趣。为了开拓销售渠道,报馆发行部还利用北平绒线胡同分馆、汉口分馆、杭州国货大街分馆和国闻周报分馆等多个分销处进行销售。胡政之看到《中国的西北角》十分畅销后专门安排《大公报》和《国闻周报》刊发书评、读后感,借此再推发行。《国闻周报》刊登了北平读者周飞撰写的一篇读后感,描述了读者当时的感受:以最大的愉悦,在《大公报》上陆续看过长江君的游记以后,又重读他结集起来的这本《中国的西北角》。在读着的时候,随着作者的笔尖从成都到兰州再到西安,从繁华的都市到偏僻的山野,从古老的废墟到景色如画的贺兰山旁,它随处给人以新鲜活泼的刺激,随时给人以深思猛省的机会,数年来没有读过这样一本充实的书籍,没有领略过比读这本书时更大的快慰。[①]此后,周飞的书评也被作为《中国的西北角》第三版的代序。《中国的西北角》在胡政之等的推介下在出版营销上取得了巨大成功,它给报馆带来了经济利益,也助推范长江成为名记者和新闻界的一颗耀眼新星。

二、为范长江积累社会资本

范长江在《大公报》期间凭借记者身份形成了庞大的社会网络。多元复杂的社会网络为范长江积累了社会资本。社会资本指的是"实际的或潜在的资源的集合体,那些资源是同对某种持久性的网络的占有密不可分的,这一网络是大家共同熟悉的、得到公认的,而且是一种体制化关系的网络"[②]。社会资本与其他资本不同之处在于,资本是嵌入人际关系与社会网络资源之中的。社会资本需要经过社会关系才能得到,但是社会资本又不是社会关系本身。因为每个人都有自身特定的社会关系,所接触的关系对象即为个人的社会资本,不同的关系对象在权力、财富、社会地位方面存在差异。同时,由于个体自身的差异,社会成员对社会资本的占有和摄取程度也不一致。[③]记者的社会资本是指"记者所构筑并可以利用的社会关系网络或者说社会资源,包括其与同事、朋友以及外界社会团体和个人之间的各种正式关系和非正式关系,是一种

---

① 周飞.评《中国的西北角》[N].国闻周报,1936-10-05.
② [法]布尔迪厄.文化资本与社会炼金术——布尔迪厄访谈录[M].包亚明,译.上海:上海人民出版社,1997:202.
③ 边燕杰等.社会网络与地位获得[M].北京:社会科学文献出版社,2012:27.

使新闻报道走向成功,实现新闻价值的社会资源"[①]。

范长江在《大公报》期间的社会资本主要借助两种方式获取:一种是他借助记者身份与社会各团体、组织、个人所建立的较为稳定的关系;另一种是他自身的人际网络。相比而言,第一种关系更加正式,以范长江的职业身份和大公报馆平台为依托,是其在报馆内外和工作实践中所建立、拓展的个人社会资本。这个关系网络以范长江为圆心所形成的网状结构,每一个网络的节点都是资本增值点。范长江可以充分利用各个节点来扩展和延伸自身的社会网,从而不断积累社会资本。范长江在新闻工作实践中能灵活运用社会关系并且构筑起有效可用的社会网络,使得其自身能够成为社会资本的开发者和掌控者。作为社会网络的中心,范长江能与交往对象真诚相处,诚实守信,从而赢得他人的信任。政治社会学家帕特南指出:"社会资本是指社会组织的特征,诸如信任、规范以及网络,它们能够通过促进合作行为来提高社会的效率。"[②]信任是社会资本形成的重要基础条件。信任也是范长江能与他人建立关联的前提。同时,范长江有将社会资本转换为获取新闻的能力。在民国时期,诸多新闻从业者将新闻职业作为积累人脉、转投他业的跳板,力求将社会资本转变为其他的资源形式,例如在政治、教研、经济等领域实现"变现"。[③]范长江在徐州战地采访中所写的《建立新闻记者的正确作风》指出:"(新闻记者)必须生活于自己正当工作收入中。无论如何个人不能得非工作报酬的津贴与政治军事有关之津贴。"[④]可见,范长江意识到新闻记者若想将社会资本"变现"时,很容易受到各种势力以津贴等方式进行收买和操控。作为一名优秀记者,范长江却重视将社会资本转换为新闻报道的能力,坚持"真理是新闻记者唯一的武器,忠实是新闻记者唯一的信条"。他能凭借开阔的眼界、非凡的谈吐以及敏锐的社会感知力,与社会中的三教九流融洽地交往互动,在谈话交流中发掘新闻报道的线索。譬如在台儿庄大捷前夕,第五战区司令长官李宗仁接见范长江时说:"你是著名记者,你的报道文章给我们鼓舞士气,增加决心我代表抗战

---

① 郭俊.论记者社会资本[J].湖北师范学院学报(哲学社会科学版),2008(3):97-100.

② [美]罗伯特·D.帕特南.使民主运转起来:现代意大利的公民传统[M].王列,赖海榕,译.南昌:江西人民出版社,2001:195.

③ 肖燕雄,王建新.1949年前我国媒体从业人员的资源变现之途[J].国际新闻界,2009(3):101-104.

④ 范长江.通讯与论文[M].北京:新华出版社,1981:276.

前线的将士们感谢你们。"①此前,范长江的一系列生动翔实的战地报道揭露了日本侵略者的罪恶行径,歌颂了前线将士英勇抗敌、可歌可泣的英勇气概。《桂兵佳话》更是对李宗仁率领的广西军赞赏有加。李宗仁因而对范长江倍感亲切。范长江也获得在战区司令部采访的机会,并获取第一手战地消息。"《大公报》记者长江,《新华日报》记者陆诒,都是一时之选;其他《武汉日报》、《扫荡报》和《汉口大刚报》,以及其他各地记者,先后集中徐州,有二十余人之多。到了前方,各显神通,各找门路,彼此竞争得很厉害。"②和孙连仲素来相识的范长江曾在孙的卧室谈起军情,范长江还请求孙将军给他使用军用电台发电讯的方便。徐州会战期间,范长江作为《大公报》特派员发出了多条战地专电和通讯,迅速、直接、系统、周全地向读者报道了战场一线状况。这些成功报道都有范长江社会资本的助力。

作为一名依靠强大的社会网络而衍生出丰富社会资本的著名记者,范长江令《大公报》的通讯报道、战事报道独树一帜,他为报馆争得了媒介竞争方面的优势。范长江的言论对舆论也会产生巨大的影响。但如黄仁宇所言,"范长江从来不曾想过利用这种权力谋求私利。他并没有膨胀自我,反而希望能让自己成为起点,建立全国的自觉心"③。他把自身的社会资本优势转换为出色的通讯报道和战地新闻,为全国读者奉献真实准确的信息。记者的社会资本可以成为一种超脱传统层级组织局限的制度性安排,有利于记者之间建立良好的信任及情感关系。④范长江凭借丰富的社会资本,在抗战的热潮中投身战地报道,推动记者之间的团结协作。

三、影响范长江的政治倾向与政治认同

访问延安是范长江记者生涯中的"高光时刻"。他成为国统区第一个访问延安、与中共领袖接触的中国新闻记者。毛泽东、周恩来、张闻天等中共领导人成为范长江采访、交往的对象,意味着原本在国统区工作的范长江的社会网

---

① 李海流.台儿庄大战中的范长江[J].文史春秋,2012(9):15-17.
② 曹聚仁.采访外记、采访二记[M].北京:生活・读书・新知三联书店,2007:68.
③ [美]黄仁宇.黄河青山:黄仁宇回忆录[M].张逸安,译.2版.北京:九州出版社,2011:169.
④ 郭俊.论记者社会资本[J].湖北师范学院学报(哲学社会科学版),2008(3):97-100.

络获得进一步拓展。而社会网络的拓展、变化也助推了范长江政治倾向的转变。

范长江入职《大公报》前对共产党"还没有真正系统的了解,我还不认得一个共产党人"①。通过苏区调研,他认为"共产党在认真革命",至于如何能达到停止内战一致对外的问题,他表示需要"继续研究共产党和红军的政策"。②范长江加入《大公报》并开启记者职业生涯的根本动力是寻找中国的出路和个人的出路。起初,他试图从读书中找出路或参与实际抗日活动,但这些"都不是根本的办法"。新闻记者工作令他有机会深入研究团结抗战以及其他社会问题、人生问题。西北旅行报道中的《成兰纪行》《陕甘形势片断》等向外界透露了红军的消息,但是按照他的说法,对于红军和共产党的问题"并没有弄清楚"③。究其原因,主要因为"没有进入红军"。随着中日冲突升级,范长江敏锐地感知到"只要中国军队决心抗战,日本帝国主义并不可怕,问题是国内要有团结一致的办法"。始终关注这一事关中国命运走向问题的范长江在"西安事变"发生后意识到"中国政局必有根本性的变化,可能团结抗战已有些眉目"④。撞入西安和延安的范长江在见到中国共产党人后,陆续找到了答案。在与毛泽东的长谈中,他弄通的三个主要问题分别是"中国现阶段革命的性质问题""民族矛盾和阶级矛盾的关系问题""抗日战争的战略问题"。毛泽东向他详细解释了抗日民族统一战线的形成过程、"西安事变"的经过以及中共主张和平解决"西安事变"的原因。延安之行后,"中国的出路,在我来说,是找到了"⑤。这次对毛泽东、周恩来等共产党人的访问不仅为范长江写出关于"西安事变"的独家报道提供了丰富的素材,也让他对中共的政策方针有了直接的了解和认识。"延安的访问,结束了我十年来在政治上辛苦摸索的历史,从此我就在中共抗日民族统一战线这个总路线的指引之下,进行新闻报道工作。"⑥至此,范长江开始逐步建立对中国共产党的政治认同。

所谓政治认同,是指"人们在政治生活中产生的认可、同意的情感倾向以

---

① 范长江.范长江新闻文集[M].北京:新华出版社,2001:1174.
② 范长江.范长江新闻文集[M].北京:新华出版社,2001:1176.
③ 范长江.范长江新闻文集[M].北京:新华出版社,2001:1180.
④ 范长江.范长江新闻文集[M].北京:新华出版社,2001:1183.
⑤ 范长江.范长江新闻文集[M].北京:新华出版社,2001:1184-1185.
⑥ 范长江.范长江新闻文集[M].北京:新华出版社,2001:1186.

及亲近、接纳的心理归属"①。政治认同既反映社会成员的心理活动,也体现为一种政治态度,本质上是社会成员对政治权力的认同。首先,范长江对中共的认同源于对中共领导者的亲切感。国民党统制下的报刊所报道的中共领导者形象往往被负面化、污名化。然而,近距离接触共产党人改变了或存于范长江心中的"晕轮效应"。从情感倾向上看,范长江对周恩来、毛泽东、张闻天、博古等人抱有好感。这种感受呈现于他的通讯《陕北之行》等文字中。中共主要领导人的个人形象、言谈举止是吸引范长江的重要外在因素。②这种因内心认可和赞同而产生的肯定性心理反应,一定程度上转化为他对中国共产党这一政党的态度。其次,范长江在与毛泽东的长谈中了解了抗日民族统一战线主张,对内主张和平统一,对外主张团结御侮。共产党提出的抗日民族统一战线方针和范长江所期待的国家出路解决方案不谋而合。毛泽东此后又与他以书信形式沟通交流,就统一战线中的军队指挥权等问题进行了探讨,这让范长江对共产党所倡导和坚持的原则有了更深刻的理解。在思想观念上,范长江也趋于认同中共提出的主张。他认为中国抗战政治根本问题是团结问题。"政治上之团结必须以合于当时大家所需要之政治制度为基础,在此共同政治之中,彼此相安相信,而遵循此共同之政治轨道。"③在团结的方式上,范长江的政治态度是为了抗战,不能不谋全国各党派之团结,除仍维持一党专政,都必须对一党专政制度有若干的修改。范长江始终关注各党派如何联合并动员民众参与抗日的核心问题,中共提出统一战线方针成为解决问题的合理方案。虽然在军队指挥权、边区设置等微观方面,他与中共方面的认识尚有差异,但是在总体思想上,范长江日益表现出与中共思想和主张的趋同。

认同给予个人以所在感,给人的个体性以稳固的核心。认同也是有关于个人的社会关系,个体与他者复杂的牵连。④在行为上,范长江受到其社会网络的影响。他开始为宣传和执行中共的抗日民族统一战线而奔走。一则,范长江在毛泽东劝说下放弃了留在延安写作长篇著作的想法,而回到上海利用《大公报》言论平台向全国人民进行广泛宣传,动员人民团结抗日。他写作的

---

① 彭正德.论政治认同的内涵、结构与功能[J].湖南师范大学社会科学学报,2014(5):87-94.

② 樊亚平.从自由记者到中共党员:范长江走向中共的步履[J].山西大学学报(哲学社会科学版),2016(4):57-75.

③ 范长江.范长江新闻文集[M].北京:新华出版社,2001:1034.

④ 梁丽萍.中国人的宗教心理——宗教认同的理论分析与实证研究[M].北京:社会科学文献出版社,2004:15.

《动荡中的西北大局》发表在《大公报》上,引得参加国民党三中全会的人员大为震撼。二来,范长江回到上海后参与了各界的演讲和座谈,借助口头报告的方式传播抗日民族统一战线主张。[①]全面抗战爆发前,范长江在上海与胡愈之、田汉等中共地下党员有着较为密切的接触,他也经常参与"记者座谈"活动,对救国会的宣言和主张也表示赞同。"正因为救国会不是从一定党派出发,而是从赞成抗日的各党各派的要求出发,所以在那时能唤起各阶层的共鸣,产生了非常伟大的力量。"[②]与左翼人士、中共党员的接触和交往进一步推动范长江思想上、行动上的"左"倾。在武汉、长沙,范长江的人际网络发生了重大变化,共产党员、进步人士、青年记者成为他交往的主要对象。国民党提出"一个党、一个主义、一个领袖"的政治纲领严重破坏了各党派以民主团结方式共同抗日的局面。维护"三个一"的张季鸾、胡政之等秉持"国家中心论""党派溶化论"等错误观点。范长江撰写的社论《抗战中的党派问题》坚持联合阵线,反对一党专政。过去报社许可范长江写的一切,因为编辑群正确解读当时的政治风向,知道大众要求联合阵线存在。[③]此后,范长江与以张季鸾为代表的《大公报》领导层矛盾加深。政治观念上的根本分歧推动了范长江最终离开《大公报》并全力投入青年新闻记者学会和国际新闻社的组织、创建工作中。

小 结

本章通过分析范长江就职《大公报》期间的社会环境变化和社会网络面貌,认识了名记者的成长历程和社会网络形成的过程,进而把握范长江借助社会网络来获得报道的线索,社会网络对于其成名的影响以及在社会网络中构筑自身的社会资本等问题。

通过前文的分析,运用可视化软件可以绘制出范长江以《大公报》记者身份所构筑的社会网络形态(见图2-1)。

范长江入职《大公报》的四年正是中日民族矛盾尖锐并最终导致战争全面爆发的时期。救亡图存的危难局势驱使他找到了"新闻报国"的职业路径。透

---

① 范长江.范长江新闻文集[M].北京:新华出版社,2001:1185.
② 范长江.范长江新闻文集[M].北京:新华出版社,2001:968.
③ 黄仁宇.黄河青山:黄仁宇回忆录[M].张逸安,译.北京:九州出版社,2011:172.

过图2可以发现,范长江在进入大公报馆开启职业生涯之后,其社会网络较早期而言发生了显著的变化。由职业身份所构筑的新网络逐步脱离了血缘、地缘等传统先赋性关系,而呈现出后致性、现代性的特征。大报馆、名记者身份也助力其构筑丰富而复杂的关系网络。在《大公报》场域中,范长江凭借自身能力、个性和《大公报》平台等优势建立起广泛的社会网络,无论是报馆的领导层、记者编辑群体还是采访中结识的人脉都成为其能有效开展新闻报道实践的助力条件。有鉴于此,他的新闻通讯作品《中国的西北角》《塞上行》得以诞生并在社会舆论中产生巨大的影响。因而,在《大公报》平台上构筑的社会网络助推范长江在新闻界建立了名望,《大公报》名记者的身份也为他积累了丰富的社会资本。同时,在西安、延安采访时与中共领导人建立的交往关系也加深了他对中国共产党的认识与了解。

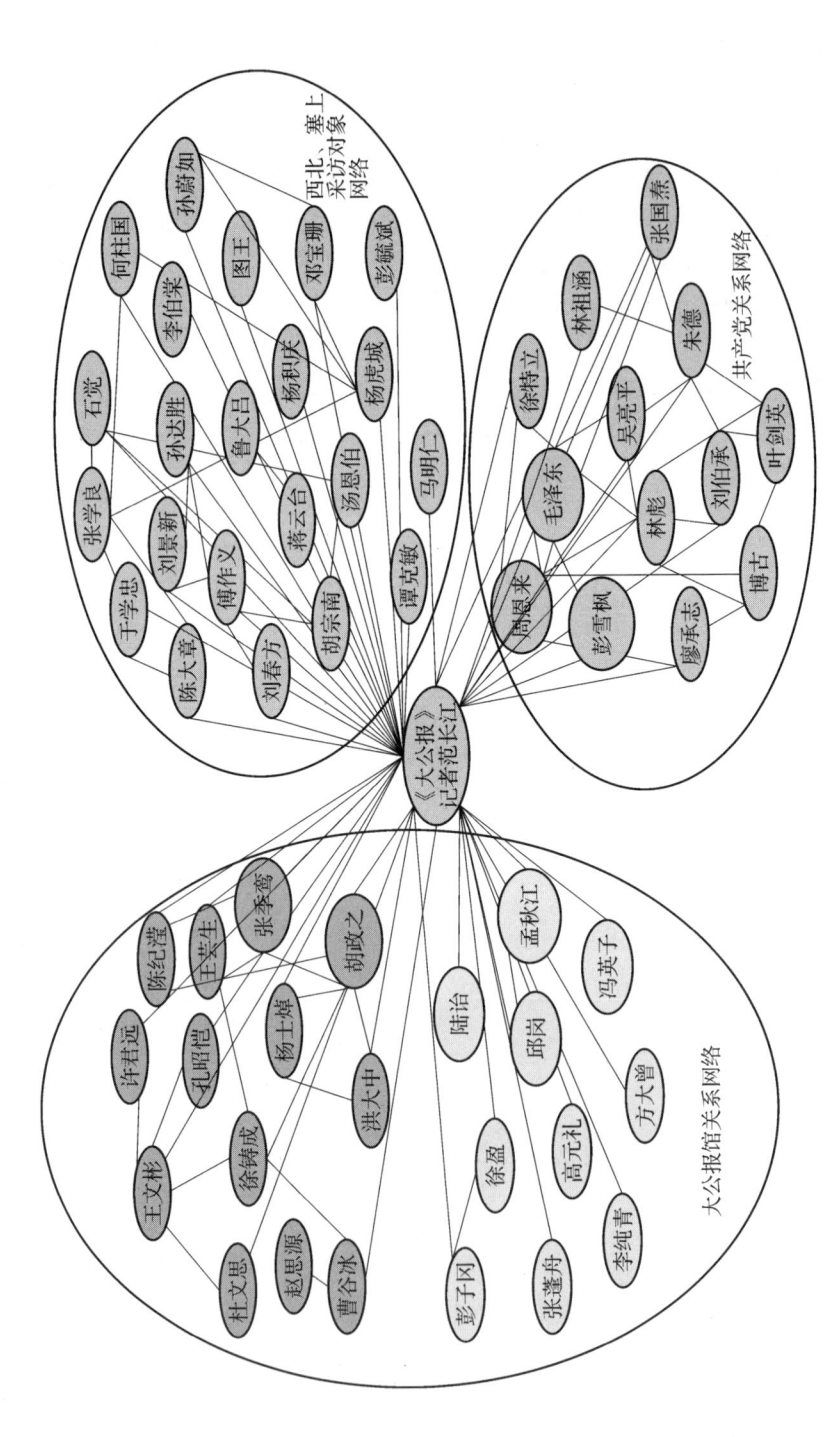

图 2-3 《大公报》记者范长江的社会网络图谱

第三章　社会网络视域下的进步新闻人范长江研究

所谓进步新闻事业,即指适应时代要求、对社会发展起促进作用的新闻事业。在抗战背景下,进步新闻事业指以捍卫民族国家和人民利益为己任的新闻事业。进步新闻人则是在进步新闻事业中坚持新闻报国、追求民族解放与民主进步的新闻人。全面抗战开始后,范长江积极参与组织中国青年新闻记者学会、国新社和《华商报》等进步新闻事业的实践,以"进步新闻人"的身份将进步记者凝结在一起,为民族解放而奔走呼号,并与国民党新闻统制进行积极抗争。范长江借助其丰富的社会资本和出色的领导才能构筑起了以进步人士为主要交往对象的社会网络。这样的社会网络既有力地推动了抗日文化运动的开展,也促使范长江由爱国主义者成长为一名共产主义者。

第一节　范长江组织"青记"的社会网络

1937年11月8日,中国青年新闻记者协会在上海成立。范长江、恽逸群、杨潮、袁殊等被推选为总干事。上海沦陷后,该组织迁往武汉,更名为中国青年新闻记者学会(以下简称"青记"),并于1938年3月30日在汉口举行第一届代表大会,范长江被选为常务理事。[①]至此,范长江成为"青记"的核心,领导着这个进步记者团体为抗日宣传服务。教育青年记者坚持抗战、团结、进步的立场,促进了中国新闻事业的发展,为民族解放事业贡献着力量。

---

① 方汉奇.中国新闻事业编年史(上)[M].福州:福建人民出版社,2018:707.

一、参与"青记"的背景考察

范长江以《大公报》记者身份进入延安,成为第一个从国统区进入延安采访的中国记者。在与中共人士面对面的接触和交往中,他对共产党人有了直观认识,并对共产党提出的抗日民族统一战线主张表现出了理解与认同。他在《动荡中的西北大局》中提出:"照中国实际政治情形需要,国家的政治机构应当走到'统一的民族阵线',即是统一国力,集中力量,以求对外图存。"①随着抗战形势的迅速变化,范长江在国统区积极参加各种进步文化活动,宣传抗日,唤醒民众。作为抗日救亡运动的活跃分子,他与上海新闻界进步人士频繁交往,逐步从边缘走向中心,在青年记者的团结运动中扮演越来越重要的角色。

(一)共产党领导下的进步文化运动发展迅猛

随着民族危机的日益严重,中共中央在1935年12月召开的瓦窑堡会议上正式确定了抗日民族统一战线的政策。"抗日民族统一战线是各党各派各界各军的统一战线,是工农商学兵的一切爱国同胞的统一战线。"②统一战线政策充分认识到知识分子在抗战中的地位与作用,增强了知识分子群体对共产党的认同感,从而实现了凝聚人心、团结抗战的目标。

"七七"事变后,国共合作局面已达成。在统一战线的策略指引下,抗日文化统一战线逐步形成,抗日文化斗争全面展开。各类文化组织和团体的普遍建立,推动了抗战文化运动迅速发展。③上海是近代中国地方精英最活跃的城市,也是媒介最发达的城市。它给予怀揣革命理想的人士以各种人生之可能性。④抗战初期的上海也是进步文化人士聚集的中心。周恩来赴庐山会议前在上海特别强调,在日本帝国主义全面侵略中国的新形势下,要以文化界为基础,搞好统一战线工作。上海党组织此后确立了"以文化界为中心,与各方

---

① 范长江.范长江新闻文集[M].北京:新华出版社,2001:568.
② [美]费正清,费维恺.剑桥中华民国史(1912—1949)下卷[M].北京:中国社会科学出版社,1994:609.
③ 张春雷.抗战初期进步文化运动述论[J].中共党史研究,1995(5):46-51.
④ 唐小兵.民国时期中小知识青年的聚集与左翼化——以二十世纪二三十年代的上海为中心[J].中共党史研究,2017(11):64-80.

联系,作为开展各项工作枢纽"的方针,注重发挥文化界进步人士在抗日救亡中的作用。①1937年7月28日,蔡元培、潘公展、胡愈之等文化界知名人士发起并成立了上海市文化界救亡协会。淞沪会战爆发后,上海戏剧界救亡协会、上海游艺界救亡协会、上海漫画界救亡学会等组织以团体会员方式先后加入"文协"。8月底,上海市文化界救亡协会的团体会员达到73个,个人会员251人,是当时文化界联系最广泛且具有强大号召力的抗日救亡运动组织。②上海市文化界救亡协会主办的《救亡日报》于8月24日在上海出版,夏衍担任总编辑,郭沫若任社长。范长江与巴金、王任叔、阿英、茅盾、胡愈之、郭沫若、夏丏尊、夏衍、章乃器、张天翼、邹韬奋、郑振铎、萨空了、顾执中等共同组成编辑委员会。这个具有统一战线性质的组织云集了上海新闻界的进步人士。由于国民党对办报和宣传工作并不热心,《救亡日报》实际上成为共产党主导下的抗日宣传阵地。夏衍回忆,他与范长江的相识是在1937年抗战前后。当时上海为了团结新闻界人士,正在酝酿组织新闻界的救亡协会,开始筹备组织的有胡愈之、恽逸群、杨潮、陆诒和夏衍本人。③恽逸群在"记者座谈"的一次会议上提出,上海记者座谈的成员为了能够如实报道战况,感到有进一步组织起来的必要。在一次记者座谈会上,经恽逸群提出,决定成立一个永久性的统一组织。④无论是胡愈之、夏衍还是恽逸群,当时都已是共产党员。他们在1937年11月8日中国青年新闻记者协会的成立过程中发挥了核心领导的作用。所以,"青记"产生于上海抗日文化救亡运动的大背景下,而中国共产党对其诞生起到了根本上的推动和领导作用。这个以团结新闻界进步青年记者为目标,以爱国、进步、责任、担当为基本宗旨的新闻界统一战线组织在抗日救亡和战时宣传方面发挥了巨大的作用。

(二) 范长江的个人社会网络发生变化

学界一般认为"青记"组织的前身可追溯到上海的"记者座谈"。"九一八"事变、"一·二八"事变相继爆发让国内形势发生重大变化,中日民族矛盾日益

---

① 齐卫平,朱敏彦,何继良.抗战时期的上海文化[M].上海:上海人民出版社,2015:53.
② 齐卫平,朱敏彦,何继良.抗战时期的上海文化[M].上海:上海人民出版社,2015:90.
③ 胡愈之,夏衍,等.不尽长江滚滚来——范长江纪念文集[M].北京:群言出版社,2004:20.
④ 陈娟."青记"发展史[J].新闻前哨,2017(11):79-82.

加深。这种变化也投射于中国新闻业。上海作为新闻业最发达的大都市,其报业生态、形势也面临改变。这种改变深刻反映于报人的行动、组织与思想等方面。新闻记者群体寻求自由、职业认同和职业资格是中国新闻界在20世纪二三十年代的重要思潮。[1]"记者座谈"这一由上海青年记者自发组织的同仁座谈即在上述背景下产生的。[2]恽逸群(新声通讯社)、袁殊(新声通讯社)、陆诒(《新闻报》记者)、鲁风(申时通讯社记者)、吴半农(《大晚报》中文编辑)等发起每周聚会,座谈新闻时事、新闻学术和新闻工作理论方法等内容。参与座谈的核心人物陆诒回忆道:"先有了座谈的组织形式,然后办起刊物来的。"[3]"记者座谈"在《大美晚报》(中文版)上设立的专栏,内容涉及时事评论、新闻理论、新闻教育、新闻业务探讨等,同时对新闻界的一些不良作风、丑恶现象进行揭露与批评。袁殊曾说,座谈并非组织,它是一种形式的聚会,没有任何组织形式,没有任何章程,只是口头约定。[4]因此,"记者座谈"可视为青年记者自发为捍卫自身权利、实现自我教育、自我提高而组成的小团体。这个规模不大、形势松散的小团体却具有强烈的凝聚力,吸引了越来越多青年记者及复旦大学、沪江大学等高校师生参与。王文彬回忆:"长江同志在上海时,常参加记者座谈活动。"[5]在座谈会上,范长江带来许多西安、延安的新消息,针对时局提出自己的观察与思考,因此引人瞩目。[6]早期参加"记者座谈"的人员一般都是进步青年,有的已经是中共党员,如恽逸群,1926年7月加入中国共产党,是上海文化界救国会发起人之一。袁殊,1929年留学日本专攻新闻学,同时接触了进步思想,回国后担任"中国左翼文化总同盟"常委,参与上海左翼文艺活动。1931年,他经潘汉年介绍加入了中国共产党并加入从事情报工作的特科。全面抗战爆发前,他凭借与日本岩井机关、国民党中统的关系,担任"新声通讯社"记者、《华美晚报》记者,并主办外文编译社、中国联合新闻社、上海编译社及《杂志》半月刊等,还担任了上海记者公会执行委员等。陆诒,1932年参加中国民权保障同盟,1935年参加上海文化界救国会,任

---

[1] 徐小群.民国时期的国家与社会:自由职业团体在上海的兴起,1912—1937[M].北京:新星出版社,2007:257-286.

[2] 徐基中.媒介、角色与信任——《记者座谈》研究[D].合肥:安徽大学,2013.

[3] 陆诒."青记"的前身——上海记者座谈[J].新闻研究资料,1981(2):26-32.

[4] 丁淦林.丁淦林文集[M].上海:复旦大学出版社,2005:45.

[5] 胡愈之,夏衍,等.不尽长江滚滚来——范长江纪念文集[M].北京:群言出版社,2004:51.

[6] 陈涛.新闻巨子范长江评传[M].北京:中国文史出版社,2014:129.

《救亡情报》编委。由此可见,在上海参加"记者座谈"实则推进了范长江与"左翼"记者、中共地下组织的接触与了解。此外,范长江还与当时上海文化界诸多人士如田汉、胡愈之、陈同生、徐迈进等建立了较密切的往来。延安之行后的范长江完全进入了一个全新的社交圈和人际交流圈。[①]正是因为来到全国抗日救亡的中心——上海,在这里范长江受到职业界、工商业界、妇女界、青年界、宗教文化界等行业的邀请发表了百余次的演讲,参与各类座谈。在这些活动中,一方面他传播延安、西安的消息,宣传前线的抗日活动和抗日民族统一战线主张;另一方面他自身的影响力极具扩散,结识了更多具有强烈爱国精神和民族意识的进步人士。在交往与互动中,他也受到进步人士的影响,并由此进入一个主要以进步人士为主体的全新社会网络之中。

(三) 抗战暴露了中国新闻界的缺陷与不足

全面抗战爆发后,日本侵略者迅速推进,很快占领了中国北方和东北的中心城市并沿公路和铁路线展开持续的攻击。战争带来了巨大的破坏力量,也暴露出国防的弱点和国家实力的不足。"中国的积弊,被日本给我们打破了。"[②]中国新闻界的种种弊端在战争到来后也显现出来。范长江在《建立新闻记者的正确作风》中写道:"新闻事业在这次抗战中,一定也无例外的要暴露许多弱点,同时急待着新的作法,新的改进。"[③]他在说明战争残酷性的同时也辩证地指出了战争是"巨大的建设力量"。他多次表达"利用战争来洗刷不合理的政治"的观点。在范长江看来,战争紧张到全民族的生死存亡时候,新闻工作的影响就显著了。因此,抓住战争之机会发现新闻界的弊端和问题,大刀阔斧地进行改革。这也是范长江组织"青记"的初衷。

《中国青年新闻记者学会成立宣言》表明:"过去我们将近九个月的战争,我们全国新闻纸的活动,并未充分配合着抗战的发展,圆满地发挥新闻的力量;一般来说,新闻事业的活动,并随抗战之发展而发展,相反地,在若干方面,反呈紧缩的现象。"[④]该宣言一针见血地指出新闻事业存在的不足与缺陷。在《青年记者学会组织的必要和前途》一文中,范长江全面地阐明了组织学会的理由与目

---

① 樊亚平.从自由记者到中共党员:范长江走向中共的步履[J].山西大学学报(哲学社会科学版),2016(4):57-75.
② 范长江.范长江新闻文集[M].北京:新华出版社,2001:719.
③ 范长江.通讯与论文[M].北京:新华出版社,1981:274.
④ 范苏苏,王大龙.范长江与"青记"[M].北京:北京工艺美术出版社,2008:203.

的。首先他从新闻记者自身的角度提出"许多新闻工作者经常的感到自己知识与经验的缺乏，不能圆满从事新闻工作。有许多重要新闻机会，都未能充分利用。今后战局益加进展，内容更为繁复，而我们所感受到的空虚的压迫亦愈大"。关于新闻事业中的人才问题，范长江认为："平津沪京四大新闻要塞，相继暂时陷落，许多已有相当经验的青年记者，都脱离了新闻工作岗位，而新发现具备优秀新闻记者条件的青年，又因新闻舞台的缺乏，而无生活与工作的机会。"①接着他从外部需求出发，谈到战争激起了普通民众对于新闻纸兴趣的增加。民众需要内地有比较进步的报纸。但是一等材料的来源大成问题。后方得不到迅速而重要的材料。②上述的认知源于范长江长期在新闻实践中的思考，尤其在日本全面侵华后，他在前线出生入死开展战地报道，深刻感受到战时新闻工作的要义。要做好战时新闻工作，首先需要从新闻工作者的角度进行突破。范长江在《新阶段新闻工作与新闻从业员之团结运动》中指出："中国抗日民族解放战争决定胜负的关键，主要的是'人'的因素，而新阶段新闻工作的发展与支持，主要的还是决定于新型新闻工作干部之强弱。"③因而，组织青年记者学会是将有事业心的青年记者团结起来，以集体的力量来解决当前新闻事业的困难。

二、成为"青记"领导者的原因探析

梳理"青记"的历史和上海新闻界抗日救亡实践相关史料可以发现，范长江不论是在"记者座谈"还是在上海地区新闻记者群体之中都不是核心人物，至多算是积极参与者。在抗战全面爆发后，为何范长江会在上海成立的中国青年新闻记者协会以及后来武汉的中国青年新闻记者学会中担任领导者角色？范长江在由新闻界进步人士所构筑的关系网络中如何实现从边缘到中心的变化？"青记"的成立奠定了范长江在新闻界尤其是青年记者群体中的领军者地位。这种地位获得背后的动因或可从范长江的职业身份、社会资本、社会网络变化等维度进行解释。

（一）《大公报》的平台优势

"青记"成立之前，夏衍曾和胡愈之商谈负责人问题，胡愈之认为当时一些

---

① 范长江.通讯与论文[M].北京:新华出版社,1981:258.
② 范长江.通讯与论文[M].北京:新华出版社,1981:258-259.
③ 范长江.通讯与论文[M].北京:新华出版社,1981:227-228.

记者都不能算青年了,于是就想到范长江。"当时长江的《中国的西北角》已经发表,是名记者了,由他来出面号召最好。"①1937年,恽逸群时年32岁,夏衍、羊枣都是37岁。从年龄上看,28岁的范长江精力充沛,年富力强。"青记"工作的核心要求是团结进步青年记者,他是最容易和青年记者打成一片的领导者人选。更重要的是,范长江在新闻界已经积累了名声。《中国的西北角》《塞上行》的出版及引起的社会轰动效应,让他的名字被国人所熟知。范长江的成名离不开《大公报》的平台优势。《大公报》通过对中国现实的关注和历史的不断回溯,向外界和读者强化了该报的职业权威性,并获得"舆论权威"②"中国最好的报纸""中国第一流之新闻纸"等赞誉。以"不党、不卖、不私、不盲"为方针原则的《大公报》自我宣称是"自由主义"与"中间路线"。③相比政党党报而言,该报更显"中立"。从建立统一战线的角度,由《大公报》人士来联络青年记者可以协调各方,兼顾各派利益。如中央社记者徐怨宇所述:"长江的进步名气很大,早为党部所嫉。但他是《大公报》的牌子,影响大,党部也不便公开反对。"④

《大公报》记者身份的加持有助于范长江赢得社会的认可。爱泼斯坦称,范长江是中国最大和经费最充足的报纸《大公报》的年轻有为的战地记者。⑤这种看法反映了名记者与大平台的关系。1937年8月,被任命为《大公报》通信科主任的范长江在报馆中的地位得到提升。报馆将知名记者提拔到中层管理岗位,给予他们招募记者、组建团队、调配资源的权力,以此在组织制度结构中确认其明星身份。⑥用黄药眠的话说,当时范长江"是新闻界的一颗红星"⑦。冯英子、陆诒等因而在范长江引荐下得以加入大公报馆。

---

① 胡愈之,夏衍,等.不尽长江滚滚来——范长江纪念文集[M].北京:群言出版社,2004:20.

② 郭恩强.重构新闻社群:新记《大公报》与中国新闻业[M].上海:上海人民出版社,2013:172.

③ 舒展.国共两党斗争中的《大公报》[J].炎黄春秋,2002(2):46-49.

④ 徐怨宇.范长江与创始时期"青记"[J].武汉文史资料,2010(4):34-40.

⑤ 胡愈之,夏衍,等.不尽长江滚滚来——范长江纪念文集[M].北京:群言出版社,2004:39.

⑥ 路鹏程.民国新闻记者明星制度的形成与影响——以1920—30年代上海新闻记者"四大金刚"为中心的讨论[J].国际新闻界,2019(4):109-125.

⑦ 胡愈之,夏衍,等.不尽长江滚滚来——范长江纪念文集[M].北京:群言出版社,2004:69.

明星记者范长江成为当时新闻界青年记者学习、崇拜的"角色典范",就连他的穿着扮相也吸引青年记者竞相模仿。范喜欢上身穿西装,下身着马裤……后来大家把这种装束叫作"长江装",不少青年记者学他的样子。①范长江在《大公报》上彰显的报道风格对新闻圈的影响更甚。石西民曾说:"我从1935年起就以钦敬和关切的心情,贪婪地读着长江同志发表于《大公报》上的旅行通讯,他对华北特别是西北边疆的每篇报道,都激起我心头热血奔涌。"②王淮冰回忆:"正是他的《中国的西北角》《塞上行》和一些战地通讯,把我吸引到新闻战线上来的。"③范长江的通讯有着鲜明的个人风格,他善于通过所叙述的事实表情达意、巧发议论,以增强整篇通讯的思想性。④他知识广博、议论精辟,对中国的情况富有洞察力,这种种长处使他在同僚中独树一帜。⑤诸如冯英子等都将范长江视为学习的榜样。"我读过长江的很多战地通讯,常为他的磅礴气势所折服。"⑥孟秋江的《可痛的张家口》和《南口迂回线上》等文章也明显受到范长江风格的影响。所以,由《大公报》名记者范长江领衔青年记者团结运动实至名归。

(二) 范长江的社会资本丰富

范长江在记者工作中广结善缘,积累了丰富且显著的社会资本,因此能赢得各方支持。他在采访报道中广交朋友,"无论是达官贵人,富商巨贾,司机小贩,工农大众,他都能见面熟、谈得来"⑦。报纸自身的社会影响力和知名度为新闻记者构建社会资本提供了前提和基础。《大公报》的舆论影响力深远,可以给予记者足够的支持,帮助记者与其他对象之间建立信任关系。范长江西北采访、延安访问的顺利实现显然有《大公报》金字招牌的助力,无论是国民党军队还是共产党人士都对他关照有加。因此,《大公报》为他获取社会资本提供了很大的保障。同时,范长江自身出色的文字功底、卓越的报道水平与善于

---

① 冯英子.报海忆旧[M].太原:书海出版社,1991:5.
② 胡愈之,夏衍,等.不尽长江滚滚来——范长江纪念文集[M].北京:群言出版社,2004:29.
③ 广西日报新闻研究室.国际新闻社回忆[M].长沙:湖南人民出版社,1987:172.
④ 黄旦.范长江通讯中的政论色彩[J].新闻业务,1986(1):29-30.
⑤ 洪长泰.新文化史与中国政治[M].台北:一方出版有限公司,2003:242.
⑥ 冯英子.劲草——冯英子自传[M].上海:华东师范大学出版社,1999:88.
⑦ 胡愈之,夏衍,等.不尽长江滚滚来——范长江纪念文集[M].北京:群言出版社,2004:73.

交际的个性相得益彰,这些因素帮助他有效拓展社会网络,不断积累社会资本。新闻职业属于典型的"名声的职业"[①]。凭借在新闻圈中的名声,范长江由新闻记者化身为社会名人。这为他参与各类社会活动提供了资本和条件。范长江与邹韬奋、沈钧儒、李公朴等救国会成员的交往反映了他突破新闻圈从而拓展社会关系的能力。1936年5月31日,全国各界救国联合会在抗日民主运动的浪潮中于上海成立。这个全国性、拥有广泛群众基础的抗日救亡团体主要负责人为沈钧儒、章乃器、邹韬奋、李公朴、沙千里、王造时、史良、陶行知、胡愈之等人。[②]范长江在《祖国十年》中对救国会的贡献给予了很高的评价。"正因为救国会是站在人民立场上的抗日大团结,也只有救国会才第一次完全公正无私地容纳了各方抗日的意见……也只有救国会才第一次溶合了各阶层当时抗日的意见,而得到各阶层一致的拥护。"[③]卢沟桥事变后,国民党当局释放了被关押的救国会"七君子"。在上海,范长江也与邹韬奋等有了面对面的接触。邹韬奋的夫人沈粹缜回忆,邹韬奋一直关心着长江这个青年记者的行踪和他所写的通讯报道。[④]邹韬奋对范长江的作风"十分称道"。1938年1月,范长江应邀担任了生活书店的编审委员会委员。[⑤]徐怨宇回忆,1937年底,他在汉口遇到了救国会人士李公朴。李公朴、赵惜梦(《大光报》)谈到《大公报》时对范长江大加称赞。在李公朴的介绍下,他认识了范长江并加入了"青记"。[⑥]可见,范长江与李公朴关系密切。范长江在与救国会民主人士的交往中对其价值、理念非常认同,并成为救国会会员。这重身份的获得进一步强化了他与爱国民主人士的互动,为他在新闻界从事抗日民族统一战线工作提供了身份保障。中国青年新闻记者学会总会在武汉成立时,出席大会的社会名流有国民党中宣部部长邵力子,监察院院长于右任,新闻界有曾虚白(国际宣传处处长)、张季鸾(《大公报》总编辑)、陈博生(中央通讯社总编辑)、王芸生(《大公报》编辑主任)、潘梓年(《新华日报》社长)、丁文安(《扫荡报》社长)等,

---

① 路鹏程.民国新闻记者明星制度的形成与影响——以1920—30年代上海新闻记者"四大金刚"为中心的讨论[J].国际新闻界,2019(4):109-125.
② 周天度.救国会史略[J].近代史研究,1980(1):161-198.
③ 范长江.范长江新闻文集[M].北京:新华出版社,2001:968.
④ 胡愈之,夏衍,等.不尽长江滚滚来——范长江纪念文集[M].北京:群言出版社,2004:44.
⑤ 樊亚平,脱畅."人生所贵在知己,四海相逢骨肉亲"——范长江、邹韬奋的交谊及其思想、情感基础[J].兰州大学学报(社会科学版),2019(3):117-126.
⑥ 徐怨宇.范长江与创始时期"青记"[J].武汉文史资料,2010(4):34-40.

郭沫若、沈钧儒、邹韬奋、杜重远、阎宝航、金仲华等文化界代表,此外还有国外记者如爱泼斯坦、史沫特莱、罗果夫等。①如此强大的嘉宾阵容反映出国民政府、新闻界对"青记"成立非常重视,同时也从侧面反映了范长江作为"青记"组织核心的丰富社会资本和广阔人脉。

(三) 范长江与中国共产党建立了良好的关系

自从西安、延安访问毛泽东、周恩来等中共人士后,范长江与共产党多有接触,彼此建立了良好的关系。从延安返回上海后,范长江发表时评《动荡中的西北大局》,揭示了"西安事变"真相,并且正面解释了中国共产党抗日民族统一战线政策,引起社会各界关注。此后,他又与毛泽东进行书信往来,探讨抗日与革命问题。抗战全面爆发后,范长江奔赴前线报道,与八路军军政人员交往颇多。从《西北通讯》对红军的报道到披露"西安事变"真相,阐释和传播中共政策主张,范长江敢于在国民党严密封锁和歪曲宣传的国统区环境下对共产党进行客观报道。在共产党视野中的范长江是一位追求进步并且值得信赖的爱国记者。在抗日民族统一战线方针下,毛泽东等中共领导人充分认识到知识分子在抗战中的重要作用,需要争取知识分子参与到民族革命斗争中来,增强他们对中国共产党的认同感与归属感。像范长江这样能对社会舆论产生巨大影响的名记者更是共产党在实际工作中应该努力争取的对象。

1937年上海、南京相继失守后,武汉成为全国抗战的中心。1938年初,周恩来担任国民政府军事委员会政治部副部长,负责统一战线工作。郭沫若担任负责宣传工作的第三厅厅长。第三厅作为抗战初期国共合作的产物,实际上由中共长江局和周恩来直接领导。②胡愈之、田汉、张志让等文化界人士也加入第三厅工作,其中救国会会员人数众多。范长江在武汉期间与周恩来的来往急剧增加。③在国统区公开发行的唯一一份共产党机关报《新华日报》的出版过程中,范长江亦发挥了作用。《新华日报》的出版当时面临物质条件缺乏的困难。1937年12月上旬,范长江带着张佐华(负责筹备《新华日报》)找

---

① 范苏苏,王大龙.范长江与"青记"[M].北京:北京工艺美术出版社,2008:263.
② 阳翰笙.第三厅——国统区抗日民族统一战线的一个战斗堡垒(一)[J].新文学史料,1980(4):16-27.
③ 樊亚平.从自由记者到中共党员:范长江走向中共的步履[J].山西大学学报(哲学社会科学版),2016(4):58-75.

到了中央社的徐怨宇,经徐牵线协调,将《壮报》房屋设备转让给《新华日报》。①1938年1月11日,《新华日报》创刊时,范长江专门题词"为中华民族之独立与自由而呼号"以示祝贺。长江局组织部长博古在与范长江谈话中得知陆诒有战地报道的才能后遂邀请他加入《新华日报》并担任采访部主任。②此时陆诒刚到《大公报》就职不久,在前线战地报道中屡创佳绩。范长江介绍陆诒加入《新华日报》体现了他对统一战线以及共产党新闻工作的支持。在"青记"于武汉创立之前的一段时间,范长江与共产党人士的交往频繁。在交往互动中,共产党人对范长江坚决抗日、追求进步的理念与信仰有了更深的了解,对他所开展的工作也给予支持。1937年8月,经周恩来保释出狱的陈同生(陈侬菲)在南京田汉家中结识了范长江。他们两人是四川同乡,都曾在重庆中法大学读书求学,并经历过打枪坝的"三三一"惨案。共同的地缘、学缘关系和对抗战事业的坚定态度让他们第一次见面就建立了深厚的友谊。③南京失守后,陈同生根据党的指示来到武汉,担任国民政府军事委员会第三厅少校科员。陈同生先参加《全民抗战》杂志的编辑工作,后来又与范长江一道参与"青记"筹备工作。"青记"成立时,陈同生当选理事。"青记"的人事安排尽量按照统一战线的原则,常务理事为范长江、徐迈进、钟期森三人。④徐迈进来自《新华日报》,代表共产党;钟期森为《扫荡报》采访组长,代表国民党;《大公报》出身的范长江代表无党无派的"中间势力"。"青记"核心领导者的构成符合统战原则,也符合国民党指定的社团组织管理规定。理事共十一人,其中徐迈进、恽逸群、夏衍、傅于琛、陈同生均为共产党员。所以,"青记"是中国共产党领导下的统一战线性质的团体。而范长江能担任这个团体的实际领导者,在客观上反映出他与中国共产党的良好关系,共产党方面对他给予足够的信赖。

凭借《大公报》的平台、自身的社会资本以及与中国共产党的良好关系,范长江被推举为"青记"的领导者。由他领衔全国青年记者的团结运动也是新闻界对其能力与名望的首肯与确认。"服务于时代新闻工作,从新闻岗位促进民族与人类之解放与建设,就是记者学会的目的。"⑤面对这项对抗战新闻工作影响重大、意义深远的事业,范长江承担起了时代的责任,竭力为之服务。

---

① 徐怨宇.范长江与创始时期"青记"[J].武汉文史资料,2010(4):34-40.
② 吴文俊.《新华日报》在武汉创刊的前前后后[J].武汉文史资料,2018(5):9-15.
③ 范苏苏,王大龙.范长江与"青记"[M].北京:北京工艺美术出版社,2008:240.
④ 范苏苏,王大龙.范长江与"青记"[M].北京:北京工艺美术出版社,2008:253.
⑤ 范长江.通讯与论文[M].北京:新华出版社,1981:237.

三、领导"青记"的社会网络考察

团结全国的青年记者参与到抗战新闻事业是范长江在战时的一项重要工作,这项工作也使他在记者群体中的影响力进一步扩大。范长江的名字与业绩就是一种号召。①许多爱国青年和记者慕名来到武汉找他,请他介绍、安排参与抗战新闻工作。范长江也充分发挥善于团结人的长处和组织才能,将青年记者凝聚于统一战线团体中。

(一)从同业到战友:构筑前线战地记者网络

"青记"在武汉的成立大会召开不久,范长江即北上,经郑州、开封,前往徐州前线。此时的徐州会战已经打响。在第五战区司令长官李宗仁的指挥下,前线官兵浴血奋战取得了台儿庄大捷。这是抗战以来中国军队取得的最大胜利。范长江在前线报道了此次胜利,他的文章刊登在《大公报》头版上,极大地鼓舞了中国人民的士气。云集前线的国内战地记者有《新华日报》陆诒,《星光日报》赵家欣,中央社曹聚仁,《新闻报》高天,《大刚报》赵悔深,《和平日报》张剑心,《武汉日报》韩清涛、周海萍,《华西日报》石宝瑚等。②据高天回忆:"我到台儿庄采访之后,也到了徐州,在一个小旅馆住下,加入到这支记者队伍中。"③徐州当时是外国记者观察中国抗战形势的重要窗口,美国合众国际社记者爱泼斯坦、芝加哥《每日新闻》记者希迪尔、战地摄影记者罗伯特·卡帕,荷兰纪录片导演伊文思等都汇聚于此。记者黄薇写道:"当时汇集在徐州的中外记者、文艺工作者有一百多人。"④范长江抓住了战地记者云集的时机,多次组织召开记者座谈,商讨如何加强新闻记者协作,搞好徐州会战的报道。新闻记者在范长江召集下一起开会,经过自我介绍,五湖四海的青年很快相互熟识,打成一片。如黄薇所言,抗日救国的共同志愿使大家形成了团结友爱的战斗集体。在范长江、陆诒的发起下,"青记"第五战区分会于5月9日在徐州成

---

① 徐向明.范长江传[M].南京:南京大学出版社,2002:206.

② 范苏苏,王大龙.范长江与"青记"[M].北京:北京工艺美术出版社,2008:365-366.

③ 胡愈之,夏衍,等.不尽长江滚滚来——范长江纪念文集[M].北京:群言出版社,2004:54.

④ 黄薇.从前线到后方——忆1938年徐州突围[J].新闻研究资料,1985(1):103-109.

立。高元礼、石宝瑚、戈矛、张剑心、龙炎川、洪雪邨、汪止豪、顾延鹏、俞创硕、盛成共计十三人,从新加坡而来的华侨记者胡守愚、黄薇、蔡学余、陈北鸥、宗祺仁等人也加入五战区分会。[①]范长江虽为名记者,却毫无骄矜之色,他待人诚恳,力主团结互助,协同报道。他对所有到前线采访的记者,不论有名无名,都如兄弟般给予爱护和支持。[②]范长江在战地前线构筑起了囊括共产党、国民党、民间报纸通讯社记者的关系网络,同业关系因范长江的组织和战地报道的特点逐步转化为战友关系。记者们的团结精神和战友情谊在第五战区的浴血奋战中不断深化。

1938年初,范长江在安徽、河南等地的战斗一线采访。他访问李宗仁后写出《李宗仁纵谈抗战前途》刊于汉口《大公报》上。该文描述了李宗仁的坚定与从容,透露出了抗战必胜的信念与勇气。《桂兵佳话》这则通讯则对李宗仁指挥下的广西军军纪严明、忠诚抗战表示了赞许。大战开启,范长江再次拜会李宗仁时,李宗仁握住他的手说:"你是著名记者,你的报道文章给我们鼓舞士气,增加决心,我代表抗战前线的将士们感谢你们。"[③]可见,李宗仁读了范长江的文章,也拉近了彼此之间的距离。李宗仁对范长江的战地报道也给予更多支持。范长江也利用同李宗仁、孙连仲、池峰城、于学忠等军事将领的关系为其他战地记者提供采访的便利条件。例如,他邀请李宗仁给战地记者介绍战局整体形势;为了避免战地记者东奔西走找不到采访对象的窘境,他亲自为记者们写介绍信,帮助他们认识前线的中级将领;抵达台儿庄的前夜,天气转寒,他考虑到记者们衣服单薄,专门派人送来两件大衣为记者们御寒。[④]从工作到生活,范长江对其他战地记者同仁给予的帮助让他们感受到友谊的温暖。

战斗结束后,范长江在徐州云龙山上组织战地记者聚会。大家在这次聚会上交流、总结战场观感。很多人意识到仅仅依靠政府与军队抗战的不足。范长江则指出,如何发动群众参与抗战,给予人民当家作主的权利之重要性。联系到新闻工作时,大家讨论国民党垄断新闻不利于抗战的问题。当时国民党的喉舌"中央社"欺骗读者,明明是吃败仗却说是转移阵地。范长江主张新闻工作者更应该团结起来,争取有利于抗战大局的民主自由,打破国民党对新

---

① 范苏苏,苗青.范长江在1938[J].档案春秋,2018(8):8-14.
② 范苏苏,王大龙.范长江与"青记"[M].北京:北京工艺美术出版社,2008:366.
③ 李海流.战地记者范长江见证台儿庄大战[J].党史文苑,2012(15):41-43.
④ 范苏苏,王大龙.范长江与"青记"[M].北京:北京工艺美术出版社,2008:366.

闻的垄断。这一建议得到了多数记者的赞同与响应。徐州突围时刻,范长江接到战区作战参谋杨德华的撤退通知后,表现出了领导者照顾大局、先人后己的风范。战地记者们集中商议,决定一队由范长江带领跟随长官部行动,另一队由陆诒带队,其中还有五位华侨战地记者服务团成员。范长江在出发前再三叮嘱陆诒:"一路上要照顾好华侨同业,他们不远万里归来,参加祖国抗战是极可尊敬的,但是他们人地生疏,困难比我们要多,我们都有责任照料他们。"[1]最终记者们都成功从徐州突围,并于5月下旬回到武汉。范长江向大家提议以中国青年新闻记者学会名义编辑出版一本关于徐州突围的书。他认为:"我们新闻记者跟着部队一起行动,目睹和经历了突围的全过程,把它们写出来,是对团结抗战精神的张扬!"[2]这一提议得到大家的支持。范长江、陆诒、王昆仑、高元礼等十人组成编委会,收录了中外战地记者的四十二篇文章。《徐州突围》的序言中写到,对于出版问题,承张仲实先生的厚意,愿意拿到生活书店出版,使我们在出版上得到许多便利。对于本书所换得的稿费,除开支,编委会决议捐给中国青年新闻记者学会,指定作继续收集材料的专款。[3]当时"青记"的经费主要靠自力更生,此次出版得到稿费四百元也成了"青记"第一笔大额收入。书籍的出版强化了战地记者的联结,巩固了他们共同为战时新闻事业奋斗的战友情谊。

图 3-1　1938 年范长江(左)、陈侬菲(中)和胡兰畦在武汉

---

[1] 胡愈之,夏衍,等.不尽长江滚滚来——范长江纪念文集[M].北京:群言出版社,2004:27.
[2] 徐向明.范长江传[M].南京:南京大学出版社,2002:202.
[3] 徐州突围编辑委员会.徐州突围[M].北京:生活书店,1938:4.

（二）办刊、学习与记者宿舍：打造"青记"后方组织建设网络

"青记"成立后，在当时的抗战中心武汉围绕统一战线的要求加强了组织的建设。经过范长江等人的努力，截至1938年底，"青记"会员的数量从1937年刚成立时的不足二十人增长到六百余人，扩充了近三十倍。据学会第十八次扩大常务理事会通过的决议显示，初创时"青记"只有上海一部分新闻从业员，汉口成立总会时，也仅有武汉、成都、长沙、上海四个分会，后来陆续有了第五战区分会，重庆、西安、南昌、兰州、广州、香港、延安、太行山、鄂北、榆林、各分会。南洋、昆明、贵阳、桂林各分会也在发展中。[①]从性质上说，"青记"是独立的职业性群众团体。会员来自各党各派，思想倾向也不尽相同。他们都受到职业的支配，加之新闻记者职业本身就富于个人主义倾向，有着多方面的社会关系，从组织的角度进行团结协作的难度很大。范长江也充分意识到"个人主义的倾向是致命的创伤"[②]。如何将一个个记者个体凝聚成一股进步的力量，进而构筑起一个进步记者网络成为摆在"青记"领导者范长江面前的突出问题。

为此，"青记"首先采取的举措是创办会刊。"青记"总会学术组主编的《新闻记者》成为团结和鼓舞会员的机关刊物。该刊物是当时比较严肃的学术性刊物，被时人赞誉"架构最完整，理论讨论最深入，内容最丰富，影响也最大"[③]。该刊的文章主要对新闻政策和新闻事业发展等问题进行讨论与建议。"坚持抗战，反对投降"是这份刊物的基本政治态度。范长江作为总会的发起人和负责人，在《新闻记者》出版发行期间共计发表文章十四篇，是发表文章最多的作者。他的文章既有从全局角度讨论抗战新闻事业、新闻工作如何开展、新闻工作者的职业素养与工作作风，也有从微观技术角度阐述如何进行战事电讯和战地通讯报道。担任总会理事兼秘书长的傅于琛负责《新闻记者》编辑工作。傅于琛和范长江同岁，四川双流人，早年求学北大并加入中国共产党，深受革命熏陶，对马列著作研究颇深，翻译介绍了一批马克思主义著作。1936年，他参加上海救国会，担任宣传干事，继续从事宣传马列和抗日救亡书籍、文章的写作

---

① 范长江.通讯与论文[M].北京：新华出版社，1981：232.
② 范长江.通讯与论文[M].北京：新华出版社，1981：233.
③ 胡凤.抗战时期中国共产党新闻人才培养：以"青记"为中心的考察[J].现代传播，2019(8)：163-168.

工作。①傅于琛在编辑期刊的同时也充分发挥自身在政治理论研究方面的特长,撰写了多篇讨论新闻工作与政治关系的文章。除了傅于琛,陆诒、冯英子、张季鸾、孟秋江、徐盈、成舍我、恽逸群、邹韬奋、陈同生、夏衍、刘尊棋等人也是《新闻记者》的主要撰稿人,其中恽逸群、邹韬奋、陈同生、夏衍、刘尊棋、傅于琛等皆为中共党员。可见,共同的政缘在《新闻记者》撰稿人队伍的聚合中发挥着重要的纽带作用。张季鸾、邹韬奋、成舍我为当时舆论界的意见领袖,他们的文章对青年记者很有号召力。邹韬奋是"青记"的名誉理事,始终致力于以出版优秀的精神文化食粮来抚慰战时大众的心灵。他在《新闻记者》创刊号上发表《新闻记者活动的正确动机》以示对刊物的支持。同时,邹韬奋主持下的生活书店是抗战时期武汉进步刊物出版发行的重要阵地。《新闻记者》会刊也是在生活书店的各个网点进行发行的。办报宗旨正大、办报路径准确和治事风格独特的成舍我是一代报业资本家。②范长江早年担任《世界日报》通讯员期间与该报采访部贺逸文比较熟悉,贺将他的西部旅行采访计划上报给成舍我,但未能获批。这也间接促成了范长江转投《大公报》。早年的小插曲并未影响抗战时期报人团结御侮的决心。在《新闻记者》第三期上,无党派的成舍我发表檄文《"纸弹"亦可歼敌》描述了报章的力量。③他认为报章能唤起民族的觉醒,更可以发挥宣传战抗日的作用,故不应该低估其力量。为了体现"青记"统一战线的性质,《新闻记者》上也刊发国民党中宣部部长邵力子、国际宣传处处长曾虚白、《扫荡报》钟期森等人的文章。在撤离武汉前,《新闻记者》共出版了七期,此后迁往长沙,后又转移到桂林。报刊的公开表达必然具有"结群"之效。④通过这一舆论阵地,新闻从业人员可以了解、学习新闻学的基本理论与实践方法,掌握全国新闻事业的环境与状态。"青记"组织以《新闻记者》为纽带形塑着青年记者的职业认同与政治认同,提升其职业能力,促成其团结,形成统一战线下的进步新闻人共同体,范长江则承担着领导共同体奋进的核心功能。

为了促进成员的联络,创造有利于成员进行战时新闻工作的学习,范长江组织各个分会创办报刊或在现有报纸上开设专门版面。"青记"广东分会主编

---

① 肖林.五十年中三次入党——记傅于琛[J].上海党史研究,1994(2):35-38,48.
② 陈建云.报人成舍我的成功之道[J].新闻大学,2011(2):44-50.
③ 洪长泰.新文化史与中国政治[M].台北:一方出版有限公司,2003:243.
④ 黄旦.耳目喉舌:旧知识与新交往——基于戊戌变法前后报刊的考察[J].学术月刊,2012(11):127-145.

广州《救亡日报》副刊《新闻战线》,香港分会主编香港《星岛日报》副刊《青年记者》周刊,太行分会主编《新华日报》华北版专刊《战地报人》,等等,在他的推动下,"青记"借助总会与各分会的报刊讨论新闻学术、传播宣传政策,培养了一批新型的新闻战士,改进了中国新闻事业的面貌。战时新闻工作中的干部问题是范长江着力改善的一项工作。他认为新闻工作的干部首先要有献身于新闻专业的志愿;其次要有正确的抗战政治认识;还要有刻苦耐劳的身体,相当的学识修养和写作能力,且应当具备克服困苦的生活经验。①为了培养新闻宣传工作干部,加强组织的团结,"青记"及其分会在各地主办新闻学院、新闻工作研习班、星期新闻讲座、新闻学术讲座等进行广泛的战时新闻教育。"青记"在桂林期间曾举办"暑期新闻讲座",夏衍(《救亡日报》)主讲《新闻报道》,王文彬(《大公报》)主讲《新闻学概论》,《扫荡报》的卜绍周讲《中国新闻史》、钟期森讲《评论研究》,国新社的胡愈之讲《各国新闻概况》,孟秋江讲《战时新闻事业》等。②"青记""总会的领导核心,始终掌握在共产党手里"③。当时"青记"采取措施将国民党新闻事业中的中下级从业人员分化出来并加以组织。报纸刊物的出版和各类业务学习与新闻教育活动促进了新闻记者和宣传干部的交流、成长,为共产党培养了一大批捍卫民族解放事业、坚决抗日的新型新闻工作者。

在战地后方开办"记者之家"是"青记"在范长江领导下的又一项凝聚人心的举措。在范长江看来,建立各城市记者宿舍一来可以节省费用,改正奢靡习惯;二来可以养成集体意识;三则可以加多社会关系,促成技术改进和知识进修。④在"集体生活、集体工作、集体学习"三大口号下,"青记"租用汉口长春里五号楼的几间房子作为记者宿舍。范长江充分考虑到武汉是当时中国抗战的中心,也是战地记者撤退的后方。本外埠或者战地记者的后顾之忧是在武汉的食宿问题没有保障。建立记者之家,安排一些床铺,购置一些办公桌和文具用品,设置读书室就构成了一个简易而普通的家庭模样。"集体生活"也具备了基本条件。虽然是只能住十五个人的简陋宿舍,却充满了热情与友爱。如记者张善所述:"被人称为无组织的中国新闻记者,是一群散漫的游牧者群,它

---

① 范长江.通讯与论文[M].北京:新华出版社,1981:288.
② 胡愈之,夏衍,等.不尽长江滚滚来——范长江纪念文集[M].北京:群言出版社,2004:53.
③ 范长江.范长江新闻文集[M].北京:新华出版社,2001:1188.
④ 范长江.通讯与论文[M].北京:新华出版社,1981:238.

把我们从炮火中锻炼成一个整体,在这荒原上,有了归宿,建立了家。"①战时记者是在炮火和硝烟的挤压下生活,青年记者更是居无定所,生活无着落。而"记者之家"的建立给了他们强烈的归属感,让他们感受到大家庭的温暖。同为出生入死、奔走于战火纷飞岁月中的兄弟姐妹聚居于简陋的空间,众人拾柴,抱团取暖。"在宿舍里大家溶为一团,不再看见传统的偏狭作风。"②"记者之家"既解决了食宿问题,也为记者们互动、交往提供了空间与阵地。"那时记者向报社发回的电讯,都要由自己译成电码……如果电码不熟,一份电报得花费不少时间,大家集中在一起,就可以取长补短,相互合作,比较快捷。"③为了方便工作,范长江也搬进"记者之家"与各地记者住在一起,共同生活工作。陆诒、胡兰畦、高天、胡耐秋等常来"记者之家"谈天访友,范长江也在这儿与远道而来的各地记者朋友会面、洽谈。在王淮冰看来,"长江同志到了哪里,那里就立即热闹起来,他是一个出色的组织家,善于团结一切可以团结的力量,进行战斗"④。"青记"撤退到长沙后,又立刻开办了长沙的"记者之家"。范长江邀请郭沫若、沈钧儒、邹韬奋、徐特立等来到"记者之家"做政治时事报告,讲述八路军敌后抗日事迹。集体学习的氛围还体现在"记者之家"的文化活动中。宿舍壁报是记者们进行自我教育的重要文化实践。壁报内容为短论、杂感、散文、诗歌、漫画等,每周一期,每个宿舍成员都有写稿的权利和义务。壁报也成为青年记者们在宿舍内部进行思想教育与学习、业务交流与研讨、经验传递与分享、意见表达与回应的平台阵地。范长江将记者宿舍视为"集体主义的一个试验"。这在当时的新闻业中确实为一项创举。他从现实问题入手,为新闻从业员排忧解难。"记者之家"的建立促进了青年记者的团结,让他们成为集体中的一分子,让他们融入"青记"组织之中。

(三) 以"青记"组织网络为纽带:向各报馆输送进步记者和稿件

"青记"是中国共产党开展新闻人才培养的重要执行主体。⑤借助"青记"组织的网络,范长江通过广大会员的社会关系向各个报社输送革命力量。重

---

① 范长江.通讯与论文[M].北京:新华出版社,1981:269-270.
② 范长江.通讯与论文[M].北京:新华出版社,1981:270.
③ 范苏苏,王大龙.范长江与"青记"[M].北京:北京工艺美术出版社,2008:259.
④ 胡愈之,夏衍,等.不尽长江滚滚来——范长江纪念文集[M].北京:群言出版社,2004:102.
⑤ 胡凤.抗战时期中国共产党新闻人才培养:以"青记"为中心的考察[J].现代传播,2019(8):163-168.

庆《新蜀报刊》登载了石燕的战地通讯后,当地《国民公报》立即派采访主任傅襄谟来武汉找到范长江,请求"青记"给予人力支援。范长江将彭世桢介绍给了他们。彭世桢后来出入战地,写出了多篇深受读者欢迎的通讯作品。[①]通过"青记"会员王淮冰的关系,范长江将梁中夫、黄明、于友、高旭明、欧阳柏、李龙牧等辗转介绍进了《大刚报》,充实了该报的进步力量。[②]中共地下党员羊枣也是通过王淮冰的关系担任了《大刚报》主编。因为有共产党领导的进步记者加入,《大刚报》很快成为宣传抗日、发动群众的新闻阵地。湖南《力报》记者严怪愚也是"青记"会员。范长江得知汪精卫的叛国行径,而重庆的报纸却都不敢报道后,将材料寄送给严怪愚并授意其写文章揭露。严怪愚的通讯《汪精卫叛国投敌前后》刊登于《力报》头条位置。[③]消息发出后震惊全国,《力报》也因此名扬天下。正是因为"青记"成员遍布全国各个报社,范长江在其中牵线搭桥,使得进步声音有了传播的渠道,使得广大读者群众可以了解抗战的实际情况,坚定抗日决心,坚决反对投降与分裂。

在短暂参与"青记"的黄仁宇看来,范有个伟大理念:如果所有的报纸从业人员都能团结一致,将战争的讯息视为庞大的圣战,而且从和他一样仗义执言,单是报纸就可以对我们的战地工作产生重大的贡献。[④] 他对同伴始终如一的信心是难能可贵的。在领导"青记"工作中,范长江忽略自己的地位和稳定的工作而与青年新闻工作者同欢乐共患难。他借助各种方式扩大自身的社会网络,进而借助、利用网络达到团结进步记者、增强他们对进步新闻事业理解与认同的目的。

第二节 范长江领导国际新闻社的社会网络

诞生于抗战时期的国际新闻社是中国共产党基于抗日民族统一战线的方针而领导、创立的民间通讯社。该社在范长江、胡愈之、刘尊棋等人的组织下坚持宣传抗日与民主,团结海内外进步人士,争取中间势力,孤立国民党顽固

---

① 范苏苏,王大龙.范长江与"青记"[M].北京:北京工艺美术出版社,2008:256.
② 大刚报史编写组.大刚报史话(续)[J].新闻研究资料,1984(3):101-156.
③ 严怪愚.我与范长江的交往[J].百年潮,2006(6):58-61.
④ 范苏苏,王大龙.范长江与"青记"[M].北京:北京工艺美术出版社,2008:331.

势力,为中国共产党的对外宣传工作做出了巨大的贡献。如范长江所述:"我们已有中国青年记者学会的群众基础,在这个基础上,再选拔一些人来组成通讯社,是不困难的。"①范长江在组织国际新闻社时的社会网络从一定意义上来说是其"青记"网络的延伸与拓展。

一、创建国际新闻社的背景

国际新闻社创建于1938年武汉抗战时期。此时国共两党正处于合作抗日阶段,共产党在组织机构团体和创办报纸、开展宣传等方面却仍然受到诸多限制。

首先,国民党采取各种手段在新闻宣传领域进行了垄断与封锁。国统区新闻消息被国民党"中央通讯社"垄断,重要新闻统一由"中央社"发布,各报社自行采写的新闻稿件受到严格的新闻检查。《新华日报》是唯一经国民党政府允许可在国统区公开发行的共产党党报,该报亦在国民党百般阻挠与破坏的环境中生存。因此,共产党需要建立新的言论阵地和宣传管道,扩大党的声音对民众的影响。如刘少奇所述,特殊的情况构成了我党在友党地区的工作方式之特殊性,公开工作和秘密工作的特殊关系。这种限度特别表现在我们常常不能以党及党员的面目去进行活动。②党领导的宣传机构不能以党的面目直接出现,要以中间或者民间团体名义来办。国际新闻社即以民间通讯社身份向国内和海外进步报刊提供新闻通讯消息的。

其次,国民政府国际宣传需要稿件以满足外国记者需求。武汉会战前,大批国际记者纷纷奔赴武汉,用笔写下或用胶卷拍下中华民族正在进行的英雄保卫战。③尽管负责国际宣传的董显光为了方便外国记者采访报道,定期举办新闻发布会,邀请前线作战将领、长官介绍战况,但外国记者仍然因无法及时得到准确的战地消息而多次向董显光表达不满。在此背景下,国际宣传处处长曾虚白找到国际宣传处专员邵宗汉,由他牵线联系第三厅胡愈之及范长江。曾虚白委托邵宗汉和"青记"订合同,每星期供给该处几篇通讯,该处先付稿费一千元。④

---

① 广西日报新闻研究室.国际新闻社回忆[M].长沙:湖南人民出版社,1987:3.
② 刘少奇.论公开工作与秘密工作[J].共产党人创刊号,1939:10-20.
③ [美]麦金农.武汉,1938——战争、难民与现代中国的形成[M].李卫东,罗翠芳,译.武汉:武汉出版社,2008:138.
④ 刘尊棋.国新社始末[J].新闻研究资料,1987(2):119-122.

后来,范长江考虑索性建立通讯社,以国际新闻社名义与国际宣传处签订合同。国际新闻社负责供给对外宣传的报道材料,国际宣传处按月提供稿费。

再次,范长江的个人处境发生了变化。抗战全面爆发后,一方面,范长江将大量精力投入"青记"组织、协调工作中,并接受中国共产党所倡导的抗日民族统一战线的领导;另一方面,他作为《大公报》记者,势必要遵循报馆的办报方针来进行报道。随着战事深入,日本加紧了对国民政府的劝降,国共关系发生变化,"武汉的反动政治空气,甚嚣尘上"①,范长江与《大公报》的矛盾也日益激化。陆诒回忆:"1938 年 7 月,保卫武汉的外围战斗已经打响,我和范长江正从江西瑞昌城外,沿着南浔铁路徒步行军到李汉魂将军部队驻地。他在路上曾同我谈起,由于政治上的原因,想辞去《大公报》工作,在新闻界另创一个新局面。"②可见,范长江在未离职前已有"另创局面"的想法。他在脱离《大公报》后感受到"在资本家老板手下工作没有好下场",曾产生去八路军的念头以实现写长篇巨著的愿望。"但我周围的人都劝我仍然留在大后方工作,因为还有不少工作需要作。"③此刻的范长江面临着新选择,而办报纸需要大量的经费与设备,相对而言,通讯社比较容易,因为有人有稿件就可以生产内容。"因为很多人都有要求组织我们'自己的'新闻事业的要求,只要组织方法对头,是可以办起来的。"④

综上因素,范长江与胡愈之、孟秋江、邵宗汉、刘尊棋等人于 1938 年 9 月开始筹备国际新闻社。后因武汉沦陷、长沙大火,范长江等人在周恩来的指示下迁往桂林。1938 年 11 月 21 日,国际新闻社正式在桂林成立总社并开始向国统区公开发稿。

二、在国际新闻社运作中的社会网络

范长江在创办国际新闻社的工作中,首先对这个宣传机构的组织原则与制度进行设计,在确立生产合作制作为通讯社组织原则的基础上,构筑起具有较强凝聚力的关系网络。国际新闻社成员秉持共享的理念与追求,在共产党的领导下开展了强有力的新闻宣传实践。

---

① 范长江.范长江新闻文集[M].北京:新华出版社,2001:1190.
② 广西日报新闻研究室.国际新闻社回忆[M].长沙:湖南人民出版社,1987:52.
③ 范长江.范长江新闻文集[M].北京:新华出版社,2001:1192.
④ 广西日报新闻研究室.国际新闻社回忆[M].长沙:湖南人民出版社,1987:3.

(一) 基于"生产合作社"原则的组织制度:构建新型社内网络

《大公报》的职业经历和离职遭遇让范长江反思新闻从业者与报馆之间的关系问题。他认识到在私有报纸和牟利主义时代,新闻从业员与报纸经营者之间是雇佣关系。雇主用一定物质待遇吸收新闻从业员为之工作,他们在报馆中处于绝对权威的地位。新闻从业员无从过问报馆的政治态度、社会关系、经济来源和经营方针。雇主通过给工资待遇的方式支配新闻从业员的劳动,雇员只能在雇主意志下工作。如果一个新闻从业员为了获得工资往往得屈从于政治意识观点歪曲的报纸。因此,范长江对《大公报》的旧有体制和雇佣关系模式非常不满。在创办国新社过程中,他希望从体制和组织制度上重新构建成员的关系。在组织国新社伊始,范长江就开始探索、推动作为媒介组织的国新社如何实现关系的变革,以激发新闻从业员的工作动力,更好地提升抗战报道的效力。

范长江、胡愈之等参考、学习了邹韬奋组织生活书店的办法后确定了"生产合作制"模式。它按民主的原则,一人一票权,以"社员"为基础,民主产生领导机构,没有老板和被雇佣者之分。社员分为两种,一种完全专职为国新社工作,由国新社负担他们的生活费;另一种只能按期为国新社写稿,或关心国新社的社务,还不能脱离原来的工作岗位,他们的生活费也是自己从原来职业中取得的。但是所有社员都必须在政治上赞成抗日和民主,都积极支持国新社的工作,并交纳至少五十元入社费。范长江在阐述确定"生产合作制"原则时指出,他们没有任何资本后援,从开办之日起,便过着"从手到口"的生活,他们只有开展工作,才能取得经费的来源。然而开展工作,干部十分缺乏。有能力有地位的朋友,社内不能维持其必要的生活费。对本社有热情,愿过本社艰苦之生活,而新闻工作技术与经验又非短期养成。他们不成熟的稿子一定换不到钱,但是成熟的稿子从哪里来就全靠他们生产合作这个原则所发生的力量了。在社里专任工作的,因为这个工作不只是一个"职业",而主要的是一个"事业"。这个事业是许多人共同的,谁也不是谁的工具,大家都是社会进步和民族解放的工具。[①]在范长江看来,广大具有进步意识的新闻从业员以生产合作方式组成的新闻事业不可能是倒退的。大家捍卫共同的目标,以民主方式组织在一起,所构成的同志间的亲密关系网络可以迸发出巨大的力量。

---

① 范长江.范长江新闻文集[M].北京:新华出版社,2001:876.

（二）由进步新闻从业者构筑的国新社关系网络：由松散协作到团结聚合

相比"青记"而言，国际新闻社在范长江的组织下所构成的社会网络更加紧密、团结。一方面，因为作为组织者和领导核心的范长江身份发生了变化。"青记"创立时期，范长江仍然是《大公报》记者，他以兼职身份来领导记者团结运动，加之战时新闻工作的特殊性和战地采访报道的要求，使当时"青记"组织相对松散，没有专门机构，人员也分散于全国各地。国新社则是范长江从《大公报》离职后专职创办的新闻机构。在统一战线原则下，范长江全力以赴团结同仁投入这项新事业中。另一方面，国新社有了抗战的进步文化城桂林作为发展的大本营，可以凝聚力量开展工作。以李宗仁、白崇禧为代表的新桂系在抗战中表现出坚定的立场，桂林行营主任李济深也与中共比较接近。武汉、广州沦陷后，周恩来多次前往桂林与新桂系方面进行协调，对统战工作和抗日文化宣传工作做出指示和部署。[①]因此，桂林被确定为国新社总社所在地。桂林当时也是国统区的进步文化事业中心，吸引了大批进步人士和文化团体进驻。

国新社成立初期的主要领导包括社长范长江，副手孟秋江，编辑主任黄药眠，主要出谋划策者是胡愈之，积极赞助国新社成立的是国民政府军事委员会下设国际宣传处的专员邵宗汉。国新社香港分社由恽逸群和郑森禹负责。在中国革命历史博物馆所藏档案《1939年桂林"国新社"社员名册之扉页》显示，国新社成员还包括曾虚白、陈侬菲、陆诒、徐迈进、刘尊棋、刘良模、范式之、金仲华、梅可华、唐勋、于友、张狄刚、计惜英、任重、高咏、李洪、彭世桢、姚国华、莫艾、谷斯范、季音、林珊、田方、黎澍、张铁生、骆何民、高天、陈楚等。从国新社成员构成上分析，"青记"会员是其最主要来源。从参与组织的个体来看，抗战锻炼并提高了广大新闻记者的认识与能力，他们要求合理的新闻事业的产生，特别是"七七"事变后，"青记"在新闻从业人员中开展的团结运动使集体主义的意识逐渐培植于散在各地的进步新闻记者头脑中。[②]他们深感有团结起来组织新闻事业的必要。团体中个体力量的凝聚促成了国新社进步新闻事业的产生。

据《关于桂林国际新闻社的情况》介绍，国新社社员共计七八十人，入社条件包括：赞成国新社的政治方针；交纳社费，最低五十元；积极完成国新社工

---

① 靖鸣,徐健,方邦超.抗日战争时期桂林新闻生态初探[J].新闻与传播研究,2008 (1):9-14.

② 广西日报新闻研究室.国际新闻社回忆[M].长沙:湖南人民出版社,1987:32.

作,如写稿、推销稿件、推荐撰稿人等。国新社内部有中共地下党支部组织,第一任支部书记为唐勋。①党支部建立后注意加强国新社进步新闻工作者的团结和对马列主义的学习。范长江指出:"我们这班青年的新闻从业员对于新闻工作,是想把它作成事业,不只是一个职业……要能开展事业,一个新闻工作者没有不断进步的知识和能力,是绝对无法胜任的,要进步就要有学习。"②在党的领导下,国新社成员学习时事政治,用马列主义理论指导新闻工作的实践。社内还组织读书会,经常举行学习讨论会,不止一次邀请党的负责同志做报告。毛泽东的著作出版后,国新社人手一份认真学习。③共享的价值理念、共同的抗战救国目标和共同的政治信念,促进了国新社成员凝聚力的提升。

(三) 建立以范长江为中心的关系网络:发挥模范作用、激发团体动力

领导是团体的核心,是团体组织中最有力量的人。团体的领导能提供计划、组织、协调、沟通、指导、激励、团结等多项功能。领导者的想法影响重大,群体成员或是整个气氛会因他改变。能力高、素质好的领导者可以协助保持群体的内外关系,促进成员的互动和团体动力的实现,以达到群体目标。

国新社作为中共领导下的民间通讯社,在建立之初即推选了以范长江为核心的领导队伍。分析国新社领导者可发现,每个人无论是个人能力、业界声望还是品德素养都值得称道。范长江此前是"青记"负责人,国新社与"青记"又有着密切的联系。范长江作为著名记者在新闻界享有声望。从专业能力和素质来说,范长江是最适合国新社的领军人物。被誉为"文化总设计师"的胡愈之则是国新社的幕后策划人。他十分了解国统区新闻界情况,在外国通讯社工作的经历让他熟知国外通讯社特稿供应办法。国新社能在建立初期迅速打开局面得益于胡愈之制定的对外宣传办法。国新社总务主任孟秋江是范长江的老搭档,也是著名战地记者。在范长江离开桂林时,他是实际代理社长,负责内外接洽工作。老共产党员黄药眠长期在文化界参与抗日救亡民主运动。他担任国新社总编辑,专门负责看稿、改稿,有时也负责主持社内学习会。国新社的领导队伍由优秀的新闻工作者担纲,他们中间有很多人是资深党员或久经锻炼的民主人士。"如果把'国新社'的队伍比作团结一致的雁群,那么,前辈

---

① 广西日报新闻研究室.国际新闻社回忆[M].长沙:湖南人民出版社,1987:7.
② 广西日报新闻研究室.国际新闻社回忆[M].长沙:湖南人民出版社,1987:27.
③ 桂林市政协文史和学习委员会.抗战时期范长江在桂林新闻史料研究[M].桂林:漓江出版社,2015:219.

们不仅是一群带头的雁,而且是一些值夜的雁,'国新社'的雁群是在险恶的风云中飞行,在敌情复杂的情况下栖息的。每当遇到患难时,是他们挺身而出,掩护年青者,保护队伍安渡困难。"①作为关系网络核心的范长江是国新社进步新闻事业顺利开展的重要保障。

与此同时,国新社的领导者不仅在组织中积极发挥模范带头作用,还与国新社成员保持着密切联系,同甘共苦,共同奋斗。据黄药眠回忆,当时国新社的生活非常艰苦。"平时吃素,每星期只有两次吃肉,每人每月生活费十五元。大家一起住在抬不起头的矮楼上。由于那时抗战初期,大家都提倡艰苦朴素,而且长江也同我们一起生活。"②梅可华称:"我们十几个生气勃勃的青年人和长江同志一起住在小山村的一排平房里,一同睡地板、一同吃大锅饭,顿顿是青菜萝卜,物质生活十分艰苦,还要时刻提防国民党特务的'光临'。"③丁一回忆道:"我同秋江、长江、邵宗汉几位睡在一间屋里,他们的铺盖也和我这个从战地服务团里调来的年轻人的一样单薄。"④从点滴回忆中可以看出,国新社的领导没有特权,与社员是平等的。这既是国新社组织原则的体现,也是领导风格的展现。

一个团体组织的领导风格影响着团体内部成员的关系与组织的整体氛围。勒温的领导风格类型理论认为,民主型的领导者注重对团体成员的工作加以鼓励和协助,关心并满足团体成员的需要,营造一种民主与平等的氛围,领导者与被领导者之间的社会心理距离比较近。⑤团体成员在民主型领导风格下的工作效率相对较高,成员对领导也会更加信任与认可。范长江、胡愈之在领导风格上都属于民主型领导。他们注重同社员交流互动,领导与成员的关系非常和谐。任重曾回忆,长江性格豪放,对同志热情。社内青年都喜欢和他亲近,同他谈思想、谈工作。很多同志做过救亡工作,对民主生活、批评与自我批评是习惯的。个别同志有不良倾向时,他也不留情面,严厉批评。如果改正,他仍热情相待,毫无成见。⑥据沈谱回忆,范长江为了帮助国新社一位社友排解烦恼,打算将

---

① 广西日报新闻研究室.国际新闻社回忆[M].长沙:湖南人民出版社,1987:70.
② 广西日报新闻研究室.国际新闻社回忆[M].长沙:湖南人民出版社,1987:78.
③ 胡愈之,夏衍,等.不尽长江滚滚来——范长江纪念文集[M].北京:群言出版社,2004:139.
④ 广西日报新闻研究室.国际新闻社回忆[M].长沙:湖南人民出版社,1987:155-156.
⑤ 程凯.卢因的民主型领导风格理论对企业人力资源管理的现实意义[J].企业改革与管理,2017(2):93.
⑥ 胡愈之,夏衍,等.不尽长江滚滚来——范长江纪念文集[M].北京:群言出版社,2004:82.

沈谱送给他的一件纪念品转赠他人,沈谱虽感意外,但长江对社友的真挚感情感动了她,便欣然同意。①在谷斯范眼中,胡愈之性格随和,平易近人,容易跟年轻人打成一片,讲起话来,家乡口音浓,别人很难完全听懂,可是大家愿意听他娓娓而谈,他待人亲切,讲话也亲切。有独到的见解,又不自认为高人一等,能尊重对方的意见。谁在工作上出了差错,或有什么作风问题,他像对待家中的小弟妹似的,善意规劝,从来不板起脸来呵斥。②范长江、胡愈之等国新社领导者们坚持在合作制基础上,发扬民主与团结的精神,发挥模范带头作用,与组织成员们共同生活,共同学习,不断激励社员成长成才,推动了国新社的快速发展。

张友渔认为:"创办'国新社'、运用'国新社'是我党在新闻工作方面的一项重要创举。"③国新社是中国共产党在国统区的新闻战斗堡垒。范长江在国新社的宣传实践中构筑了具有强大凝聚力、强烈使命感与认同感的关系网络。借助这一网络的力量,国新社突破了国民党的新闻封锁,传播了积极抗日、民主进步的声音。作为社长的范长江在国新社的组织、经营与发展中发挥了中流砥柱的作用。

第三节 范长江《华商报》时期的社会网络

震惊中外的"皖南事变"发生后,国民党反动派再次掀起反共高潮。重庆国民政府一方面加强对进步报刊的限制与打压,另一方面加紧对共产党人和民主进步人士的迫害。国民党强化以中共出版物为对象的新闻统制政策,意味着抗日统一战线开始出现了一个反动。④夏衍主持的桂林《救亡日报》在1941年2月8日被禁止出版,次日停刊。成都、昆明、桂林等地生活书店、新知书店被查封。中国青年新闻记者学会和国际新闻社桂林、重庆分社也于当年4月被关闭。在残酷的斗争形势下,中共南方局书记周恩来指示,将重庆、

---

① 桂林市政协文史和学习委员会.抗战时期范长江在桂林新闻史料研究[M].桂林:漓江出版社,2015:206.
② 范苏苏,王大龙.范长江与"青记"[M].北京:北京工艺美术出版社,2008:521.
③ 广西日报新闻研究室.国际新闻社回忆[M].长沙:湖南人民出版社,1987:40.
④ 曹立新.在统制与自由之间:战时重庆新闻史研究(1937—1945)[M].桂林:广西师范大学出版社,2012:158.

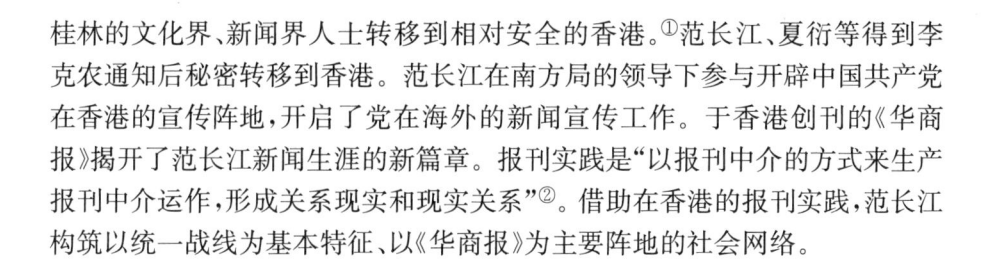

桂林的文化界、新闻界人士转移到相对安全的香港。①范长江、夏衍等得到李克农通知后秘密转移到香港。范长江在南方局的领导下参与开辟中国共产党在香港的宣传阵地,开启了党在海外的新闻宣传工作。于香港创刊的《华商报》揭开了范长江新闻生涯的新篇章。报刊实践是"以报刊中介的方式来生产报刊中介运作,形成关系现实和现实关系"②。借助在香港的报刊实践,范长江构筑以统一战线为基本特征、以《华商报》为主要阵地的社会网络。

一、范长江与《华商报》的创刊

1941年2月、3月抵达香港的文化界、新闻界人士达到一百多人。③如何将这批进步人士团结起来,共同为抗战救国贡献力量成为中共南方工委负责人廖承志需要面对的问题。报刊作为一种关系的媒介,既可以使知识分子的忧患意识和知识版图融为一体,也可以实现信息的连接传输与文化人的公共交往扩展。④廖承志期望以办报来团结、凝聚文化人,让港澳同胞、海外华侨及外国人士了解中国抗战的实情,知晓中国共产党和爱国民主党派的抗日立场与主张,认清国民党反动派和帝国主义的本质。在1941年2月10日廖承志发至重庆周恩来的电报中写道:

> 现到港文化人相当多。我们决定在港办一报纸,定名《华商晚报》。由邓文钊等作老板,胡仲持任总编辑。编委则由长江、夏衍、逸群和我担任。以救国会之姿态出现,但不太露锋芒,不过我党重要文件应发表。我们每月津贴一千元港币。我想在《新华日报》受压迫,而港其他报受国民党收买的情况下,为冲破他们的封锁办这个报,就是其生命只有几个月也是有意义的。如何盼示。⑤

---

① 颜同林.《华商报》副刊与1940年代港粤文艺运动[J].广东社会科学,2019(2):104-112.

② 黄旦.报纸和报馆:考察中国报刊历史的视野——以戈公振和梁启超为例[J].学术学刊,2020(10):165-178.

③ 蔚建民.抗战初期的廖承志与香港《华商报》[J].中国记者,2005(8):35.

④ 郭恩强.作为关系的新闻纸:《申报》与晚清义赈[J].新闻与传播研究,2016(6):62-77.

⑤ 《廖承志文集》编辑办公室.廖承志文集(上)[M].香港:三联书店有限公司,1990:94.

周恩来很快接受了廖承志的建议。"《华商晚报》,决定照指示去做,现香港政府执照已发下,地址已租定,四月八日出版。"①在香港办报需要有上层人士出面协助,不仅需要有资产、有社会地位,还愿意承担风险。廖承志在筹办《华商报》(晚报)过程中为了争取执照,动用自己的亲缘关系,请香港华比银行的华人经理(买办)邓文田作为报纸法人代表向港英政府申请注册。邓文田是廖承志表妹夫邓文钊的哥哥,对革命事业表现出极大的热心,邓文钊遂动员他出面支持。为了体现报纸统一战线的立场,取名为《华商报》意指华侨商人的报纸以降低政治基调,让工商界和普通市民都能接受。②范长江与邹韬奋、茅盾、夏衍、乔冠华、金仲华、胡仲持、恽逸群、羊枣等人参与报纸的筹备工作。根据安排,邓文田任报纸的督印人兼总经理,邓文钊任副总经理。范长江任主持日常报纸工作的副总经理,夏衍主管社论和副刊,胡仲持任总编辑,廖沫沙为编辑主任,主笔是张友渔。1941年4月8日,《华商报》正式创刊。

二、在《华商报》的社会网络

城市的基础设施、知识环境、关系网络给知识分子群体的精神赋予了足够的营养,大大地刺激了他们的精神活动。③香港因独特的地理位置、社会环境以及特殊的政治形势成为1940年代初期国共交锋冲突的新阵地。在这个新场域和空间中,左派进步文化人展开了文化生产与社会交往。《华商报》以华侨商人名义在港岛公开发行,以爱国统一战线形式和文人办报的面目出现。④在办报方针上"坚持抗战,反对投降;坚持团结,反对分裂;坚持进步,反对倒退",面对纷繁复杂的国际形势,该报坚持反对法西斯侵略,反对英美等国对日妥协,揭露和批判绥靖主义和"东方慕尼黑"的阴谋。

范长江作为《华商报》副总经理既负责报纸的日常领导与管理事务,也承担着领导救国会统一战线、团结进步人士的任务,同时作为国际新闻社社长,他还兼顾国新社香港分社向海外发稿工作。多重身份的交织与工作的复杂性

---

① 《南方日报》,广东《华商报》史学会.华商报史话[M].广州:广东人民出版社,1991:2.
② 《南方日报》,广东《华商报》史学会.华商报史话[M].广州:广东人民出版社,1991:11.
③ 胡悦晗.生活的逻辑:城市日常世界中的民国知识人(1927—1937)[M].北京:社会科学文献出版社,2018:4.
④ 王润泽,王洁.统一战线报纸的典范——《华商报》[J].新闻界,2012(14):79-80.

需要他广泛联系社会各界,广交新朋友,并且借助新的关系网络来发挥《华商报》舆论堡垒和统一战线阵地的功能。

(一) 依托社会网络推动《华商报》运营

《华商报》当时云集了一批知识界、文化界名人,其中夏衍、邹韬奋、张友渔、恽逸群等皆为范长江组织"青记"、国新社工作的旧相识。总编辑胡仲持是胡愈之的胞弟,早年入党,并从事新闻工作。他曾任上海《申报》国际版主笔,被称为《申报》"四进士"之一。[1]"孤岛时期"他曾多次发表义章揭露汪精卫卖国投敌行为,遭通缉后转移到香港,参加国新社和《华商报》工作。副总编辑廖沫沙1930年加入中国共产党,1934年加入左联,抗战全面爆发后随田汉、阳翰笙来到武汉任军事委员会第三厅中校科员。1938年10月,他参与《长沙日报》工作并成为"青记"会员。1939年9月,廖沫沙赴桂林参加《救亡日报》工作。在《华商报》,他负责编报和社论、时评和短评的写作。[2]负责《华商报》采访部和港闻版的陆浮1939年曾在《申报》香港版工作,后根据指示参加"中国救亡剧团"赴南洋地区演出救亡戏剧,回到香港后参与《华商报》工作。因为他非常熟悉香港情况,廖承志安排其协助范长江在港活动,担任翻译和向导。[3]为了工作的顺利开展,需要搭建一个政治可靠且熟悉香港情况的采访班子,陆浮引荐前《申报》港版营业部主任张惠通、《申报》港版记者朱奇卓、《大公报》港版记者黄达才参与报纸工作。"华商报内有许多党员,但和范没有组织关系。范一个人由廖承志直线领导。其他的工作人员,谁是党员,谁不是党员,范都不知道。不过,上级组织交代过,主要负责人都是政治上可以信托的人。"[4]范长江非常重视报纸新闻采访网络的构建。在报纸出刊前,他召集采访部人员会面座谈。港版记者朱奇卓、龙炎川,兼职英文记者蔡延龄,特约记者黄达才、林天任都悉数参加。这些记者都是"青记"会员,对范长江比较熟悉。他们中有的曾在《大众日报》等进步报纸工作,有的在华南救国总会参与党领导下的宣传工作。范长江与记者们谈到报纸是党直接领导的,但以救国会的面目出版。同时他阐述了办报的方针及办报所面临

---

[1] 张鸿慰.文化战士胡仲持——在沪港粤桂等地为新闻出版著译奋斗史要[J].新文化史料,1998(6):59-61.

[2] 王敬.杰出的新闻前辈廖沫沙[J].新闻研究资料,1991(2):130-156.

[3] 胡愈之,夏衍,等.不尽长江滚滚来——范长江纪念文集[M].北京:群言出版社,2004:141.

[4] 《南方日报》,广东《华商报》史学会.华商报史话[M].广州:广东人民出版社,1991:33.

的困难。香港虽然人口只有一百四十多万,但已有几十家日报和几家大型晚报。《华商报》要参与市场竞争,赢得读者并不容易。因此,他提出:"新闻姓新,我们报必须及时报道……我们的新闻必须真实和准确……不能搞道听途说,必须深入社会各阶层调查研究,特别是有关人民生活和愿望、广大读者所最关心的新闻。"[①]据陆浮回忆,范长江时常向编辑部同志提供各方面信息和组稿线索,看报纸大样,写社评和时评文章,还写信给内地"青记"会员,组织特约通讯。在范长江的组织下,报社的业务工作有条不紊地开展。《华商报》以翔实生动的内容、鲜明的民主主义、爱国主义立场、精辟透彻的分析、独到的见解以及出色的国际评论和文艺副刊吸引了港澳乃至南洋地区的读者,在弘扬抗战精神、揭露国民党和国统区黑暗的过程中引起民众强烈反响。

强化宣传统一战线是《华商报》的一大特点。从创刊伊始,报纸连载了邹韬奋的《抗战以来》,用二十万字的篇幅有力揭露了国民党妥协投降的面目。1941年5月底,范长江和邹韬奋、茅盾、恽逸群、于毅夫、沈兹九等人在报上发表联合宣言《我们对于国事的态度和主张》,要求在团结、民主、进步的基础上坚持抗日。9月,范长江所著长篇文章《祖国十年》在《华商报》上刊出。他以目睹的事实记录了国共合作抗日的战绩,谴责国民党反动派卖国投降、消极抗战的行径,记录了中国共产党领导下的人民群众和各界人士团结一致、坚持抗日的艰辛历程。此外,范长江在领导报纸工作中也组织文化人进行写作。茅盾的《如是我见我闻》、千家驹的《抗战以来的经济》等相继在《华商报》上登载。

在报社的经营遇到资金难题时,范长江也利用自身人脉争取支持。爱国华侨领袖陈嘉庚在重庆时曾多次与范长江晤面并接受其采访,对其颇有好感。范长江准备编写国家抗战以来的年鉴,遂致信陈嘉庚,求其支持港币一点五万元用于编修年鉴及维持通讯社费用,得到陈嘉庚的支持。此后,为了弥补报社因稿费应酬太多所致的亏空,他再次写信求助陈嘉庚,获得陈氏认股四万元以渡过难关。[②]四万元港币是党组织要范(长江)以个人名义向陈嘉庚募捐的。这笔款项是经过香港商人庄成宗付给范的,他全部交给党组织并秘密存于华比银行。[③]

---

① 胡愈之,夏衍,等.不尽长江滚滚来——范长江纪念文集[M].北京:群言出版社,2004:142.
② 陈嘉庚.南侨回忆录[M].长沙:岳麓书社,1998:379-380.
③ 《南方日报》,广东《华商报》史学会.华商报史话[M].广州:广东人民出版社,1991:33.

(二) 加强与在港爱国进步人士的联络与交往

《华商报》不仅是中国共产党在香港的重要舆论发声管道,也是统一战线联络工作的重要网络结点。范长江在这里以救国会成员身份参加社会活动,广泛联系救国会成员,与爱国进步人士保持密切联系。张友渔回忆道:"在香港,长江和我还负责开展救国会工作,我们经常召开国际问题座谈会,民主宪政座谈会……为党团结了在香港的文化界许多进步人士。"①爱国民主人士、民盟重要创始人梁漱溟1941年5月到达香港筹办民盟报纸。廖承志与梁漱溟见面时表示会尽可能提供方便和帮助,并委托范长江常与梁漱溟保持联系。范长江告诉梁漱溟,张君劢的国家社会党(后改名民社党)在香港出版的报纸《国家社会报》往往被略去,因为这个名字不易上口,叫出来也不响亮。后来两人商议确定了民盟《光明报》之命名。②在范长江引荐下,梁漱溟在香港接触了诸多与共产党关系密切的左翼人士,如何香凝、柳亚子、陈翰笙、茅盾、夏衍、金仲华等。当梁漱溟办报遭遇经费困难时,范长江曾向海外华侨募集资金。1941年12月,香港沦陷后,范长江在撤退时发现梁漱溟走投无路,于是约其同行,经过一番辗转回到内地,范长江被梁漱溟视为患难之交。为了加强和香港同业的联系,扩大与各界人士的交往,范长江应邀为周鲸文、端木蕻良主编的刊物《时代批评》撰文。1941年3月,国民党报《民国日报》与《时代批评》《星岛日报》《华商报》就"争人权争言论自由权"展开激烈的笔战。周鲸文号召社会各界展开人权运动。在此背景下,《时代批评》通过约稿、征稿等方式广泛吸引各界人士参与人权讨论,扩大运动的影响力。《时代批评》第73期、第74期合刊上刊载了范长江的《摧残新闻界人权之一例——湖南开明日报受摧残之经过》一文以及沈志远的《人权运动与民族解放》、张友渔的《人权运动与三民主义》、茅盾的《人权运动就是加强抗战的力量》等文章。范长江与这群爱国民主人士一同声讨、揭露国民党的反动统治和对新闻人的残酷迫害行径。

太平洋战争爆发,日军侵占香港后,《华商报》停刊。范长江撤退回桂林,结束了在港岛短暂的办报工作。短短几个月的办报经历中,他作为报社的实际负责人组织报纸与国民党反动派进行多次斗争,并逐渐在香港取得了进步言论的领导权,有力发挥了宣传抗日民族统一战线的功能。"中国共产党多年

---

① 胡愈之,夏衍,等.不尽长江滚滚来——范长江纪念文集[M].北京:群言出版社,2004:132.

② 马勇.思想奇人梁漱溟[M].北京:北京大学出版社,2008:187.

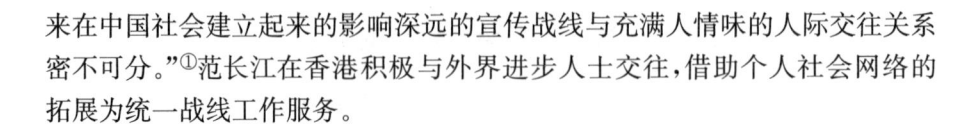

来在中国社会建立起来的影响深远的宣传战线与充满人情味的人际交往关系密不可分。"①范长江在香港积极与外界进步人士交往,借助个人社会网络的拓展为统一战线工作服务。

第四节　社会网络对进步新闻人范长江的影响

抗战的全面爆发进一步激发了爱国记者范长江的报国情怀与使命担当。延安采访让他与中共人士结缘,他与民主进步人士、共产党员的交往更为密切,互动更为频繁。参与和组织进步新闻团体期间,范长江的社会网络发生了重大变化。组织青年新闻记者学会是范长江以进步记者领袖身份在抗战背景下进行的重要实践,而他也由此成为全国青年记者团结运动的核心人物。离开《大公报》后,范长江在中国共产党的指导下创办了国际新闻社,开启全新宣传事业。皖南事变后,进步新闻事业遭到国民党反动派的压制与摧残。范长江前往香港参与中共言论机关《华商报》工作,为党的对外宣传和统一战线做出重要贡献。范长江作为一名进步新闻人,开展了丰富的新闻实践,并形成了以追求民主进步、坚持抗战、坚持统一战线为特征的社会网络。在这个关系网络影响下,他的组织领导能力、统筹协调能力得到了锻炼和提升,他也加深了对中国共产党的情感认同和理性认同,产生了加入中国共产党的诉求,并成为一名忠于革命、忠于人民的共产党员。

一、促进了范长江的社会角色转型和工作重心转移

范长江作为《大公报》培养的名记者在抗战时期被推举为全国青年记者团结运动的组织者与领导者,社会网络的变化是其社会角色实现转型的核心因素。社会角色作为社会学中的核心概念,指的是"由一定的社会地位所决定的、符合一定的社会期待的行为模式,它是人的多重社会属性或社会关系的反

---

① 施蕾蕾,沈荟.朋友与同志:夏衍和小报文人交往关系的建构与维系[J].新闻与传播研究,2019(4):113-125.

映"①。一个人的社会角色是其社会地位的外在动态表现形式。社会角色与一定的行为模式相联系。记者是报道一切应当报道之事,以唤起公众的感知,形成社会舆论,促进社会良性发展。②《大公报》记者是范长江被社会广泛认知的角色。成功完成西北采访的范长江在《中国的西北角》等通讯作品问世后成为新闻界举世瞩目的新星。家喻户晓的名声为他赢得了著名记者的美誉。这一因职业而获得的社会角色令范长江成为大众视野中深切关乎国家民族利益、坚守公共良知和社会公平正义的焦点人物。而冒险踏入延安、对中共领导人的独家采访更助力他在同业竞争中获得巨大优势。恰是因为与共产党建立联系的采访行动重塑了范长江对中国共产党的认识和他的社会网络。他在延安采访后积极参与上海的社会活动,宣传共产党的统一战线主张,与上海左翼记者群体增强联系与互动。恽逸群、夏衍、胡愈之、田汉、杨潮、陈侬菲等共产党人成为范长江社会网络中的新成员。他们筹划成立的具有统一战线性质的新闻工作者团结组织需要有能被国共两党共同认可并且在新闻界有一定社会地位的人物来担纲领导,范长江成为最合适的人选。从1937年11月8日在上海被推选为中国青年新闻记者协会总干事起,范长江的社会角色开始了由著名记者向进步新闻事业领导者的转型。

中国青年新闻记者学会在武汉正式成立后,范长江一方面在前方战地进行报道采访,一方面在后方开展青年记者学会工作。随着抗战形势的发展,国民政府军队在正面战场节节败退,范长江深刻意识到记者团结运动的重要意义和必要性。他身为"青记"的领导者,希望借助学会将新闻从业人员、管理阶层和读者全都团结一致,共同为了赢得战争的目标而奋斗。③在论述《新阶段新闻工作与新闻从业员之团结运动》中,范长江指出,"新闻从业员的组织,不但是战时的组织,而且是无限将来的新中国进程中永久的组织","新闻从业员和新闻业主虽在抗战新闻工作的立场上一致的,但是新闻从业员在新闻工作上,还有更特殊更悠久的任务。在抗战新阶段中,新闻从业员的地位更加重要"。④戈夫曼认为:"个体的活动若要引起他人的注意,他就必须使他的活动

---

① 吴增基,吴鹏森,苏振菁.现代社会学(第三版)[M].上海:上海人民出版社,2005:131.
② 宋正.记者社会角色的探讨[J].新闻界,2013(1):3-6.
③ [美]黄仁宇.黄河青山:黄仁宇回忆录[M].张逸安,译.北京:九州出版社,2011:169.
④ 范长江.通讯与论文[M].北京:新华出版社,1981:242.

在互动过程中表达出他所希望传递的内容。"①领导者的社会角色要求范长江全力推动记者团结运动,他的工作重心开始由新闻报道向组织工作转移。首先,他加强与新闻界前辈和意见领袖的联系,邀请邵力子、张季鸾、邹韬奋、成舍我等人参加"青记"成立大会,为会刊《新闻记者》撰写文章,指导青年记者的新闻实践;其次,他以"青记"负责人名义起草多篇文章对青年记者群体进行鼓舞、动员和指导;再次,他身体力行,在战地前线组织记者采访报道。黄仁宇称,范长江组织中国青年新闻记者学会时有个伟大的理念,"报纸从业人员都能团结一致,将战争的讯息视为庞大的圣战,而且人人和他一样仗义执言,单是报纸就可以对我们的战地工作产生重大的贡献"②。基于这样的信念,范长江积极联络革命进步青年加入"圣战"事业,"为了推广学会,他忽略自己的地位和工作稳定"③。准备进入军校的黄仁宇正是他极力说服的对象之一。范长江的真诚确实打动了时年二十岁的黄仁宇。"范长江和他那群开明派的记者仍然使我着迷……我常花很多下午待在学会租来做总部的公寓,自愿打杂跑腿。"④这段回忆深刻反映了范长江对组织"青记"工作的感情之浓烈以及他对革命青年的影响之深远。

"青记"领导者的社会角色让范长江在抗战新闻实践中反思个体在战争中所扮演的角色,并且检视国民党领导下的国家动员能力。范长江等进步记者都认为,抗战不仅是政府的战争、士兵的战争,而且是一场全民的战争。唯有唤醒底层百姓的抗日意识和意愿,把广大农民组织起来,中国才有打败日本侵略者的可能。⑤因此,"坚持统一战线,调动全民力量,一致抗日"成为范长江拥护并积极践行的主张。面对国民党当局消极落后的抗战事实和日益严苛的战时新闻审查,范长江领导青年记者坚持追求开明进步、坚持维护记者权益和新闻自由。"(他)告诉所有记者什么该做,什么不该做,等于是重整整个新闻处

---

① [美]欧文·戈夫曼.日常生活中的自我呈现[M].冯钢,译.北京:北京大学出版社,2008:25.
② [美]黄仁宇.黄河青山:黄仁宇回忆录[M].张逸安,译.北京:九州出版社,2011:166.
③ [美]黄仁宇.黄河青山:黄仁宇回忆录[M].张逸安,译.北京:九州出版社,2011:168.
④ [美]黄仁宇.黄河青山:黄仁宇回忆录[M].张逸安,译.北京:九州出版社,2011:169.
⑤ [美]洪长泰.新文化史与中国政治[M].台北:一方出版有限公司,2003:255.

理的产业。"①黄仁宇的评价在很大程度上反映了当时范长江的作为。作为记者领袖,他承担了意见领袖的角色,用自己的权威性和影响力来影响、劝导青年记者的行动。

二、加剧了范长江与旧平台的矛盾和分离

社会网络的变化强化了范长江个人目标与《大公报》组织目标的矛盾。坚持爱国抗日与统一战线主张的范长江无法认同《大公报》及其领导者坚持拥护的国民党蒋介石路线。最终彼此矛盾的升级决定了范长江离开《大公报》这一平台的命运。

中国青年新闻记者学会是在共产党领导下的,以国共合作为背景,以抗日民族统一战线为原则所建立的进步文化组织。以抗日民族统一战线为政治基础,坚持团结抗战的进步新闻从业者构成了新的集合。抗战初期进步文化运动所经历的斗争,主要是中国共产党领导的进步文化与国民党统治集团打压和限制进步文化运动发展之间的斗争,是争夺抗战文化运动领导权的斗争。②中国共产党的领导和党的文化工作者团结了广大进步文化人士,组织起了声势浩大的文化大军,保证了抗战初期进步文化运动沿着共产党全面抗战的路线健康发展。③与进步文化工作者如胡愈之、陈侬菲、夏衍等共同工作并受到他们影响的范长江,多次撰文对国民党奉行的片面抗战、消极抗战等行为表达不满,其报国初心、爱国热情与共产党所倡导的统一战线、全面抗战主张高度契合。

中日两国日益尖锐的矛盾和逐步上升的冲突影响着《大公报》与国民政府之间的关系。1933年至抗战全面爆发前,《大公报》依附蒋政府的倾向愈加明显。抗战全面爆发直到1941年张季鸾去世,《大公报》加强了对政府的依附。④面对日寇步步紧逼,蒋政府不得不从民族根本利益出发,和共产党携手,建立统一战线,共同御侮。然而,蒋介石始终将共产党视为异己,在合作中不断加强防共措施,尤其是对共产党组织、动员底层民众参与抗日的活动表现出

---

① [美]黄仁宇.黄河青山:黄仁宇回忆录[M].张逸安,译.北京:九州出版社,2011:172.
② 张春雷.抗战初期进步文化运动述论[J].中共党史研究,1995(5):46-51.
③ 张春雷.抗战初期进步文化运动述论[J].中共党史研究,1995(5):46-51.
④ 俞凡.新记《大公报》再研究[M].北京:中国社会科学出版社,2016:426.

十分的警惕。"进入1938年以来,国共两党的摩擦早已呈现出按下葫芦又起瓢的状况了。"①国共关系的变化也深刻反映在依附于蒋的《大公报》的言论态度和尺度上。坚持拥护民主团结、抗战建国,主张承认共产党合法地位的范长江与坚持"一个领袖、一个主义、一个政党"的《大公报》分歧日益明显。范长江清楚,"张季鸾先生对蒋先生之主张,甚为赞同。也是他们两人关系非常密切的原因之一"②。《大公报》对范长江所从事的进步记者团结运动也给予警惕。徐盈称,他在筹备"青记"重庆分会时,《大公报》曹谷冰曾与之谈话,告诫不能让范长江的影响继续下去,示意他不要在《大公报》内部搞"青记"活动。③这次对话发生在范长江离开报馆后,可见范长江组织进步记者活动早已引起《大公报》的警惕。换句话说,讨论范长江离职的原因时,他与"青记"进步记者群体尤其是共产党人的密切互动是不可被忽略的要素。黄仁宇也指出,范全力推动"青记"学会,更是违反报纸不结党的政策。胡政之和张季鸾不再支持他。他已经被发现和共产党员来往密切。④

范长江与《大公报》矛盾的激化乃至最终分道扬镳有其必然性。始终把国家民族利益摆在最高位置,始终追求真理、追求民主进步的爱国记者范长江在人生的求索道路上将会与更多志同道合的进步人士结成更密切、更深远的社会网络。

三、促使范长江加入中国共产党

范长江离开《大公报》后即和胡愈之、邵宗汉、陈依菲、孟秋江等商议办通讯社。"通讯社是不要什么大资本的,主要需有稿件,而有人才就有稿件,人才的资本我们比任何人都雄厚,青记学会是我们人才的巨大基础。"⑤主要向海内外输出稿件的国际新闻社应运而生。转换场域的范长江在创办国新社过程中却遇到巨大的困难。"脱离《大公报》后,蒋介石系统的军政人员对我的态度改变了。有些过去在交通上能随时给我方便的人,现在装作不认识了。国民党中央系党

---

① 杨奎松.革命(三):国民党的"联共"与"反共"[M].桂林:广西师范大学出版社,2012:462.
② 范长江.范长江新闻文集[M].北京:新华出版社,2001:1041.
③ 范苏苏,王大龙.范长江与"青记"[M].北京:北京工艺美术出版社,2008:361.
④ [美]黄仁宇.黄河青山:黄仁宇回忆录[M].张逸安,译.北京:九州出版社,2011:172.
⑤ 范长江.范长江新闻文集[M].北京:新华出版社,2001:1192.

报一律不登国新社的稿件。"①如黄仁宇所言,范长江"除了名声和读者外,并没有其他的政治资本,而这两者都是《大公报》给他的"②。所以,范长江意识到自己必须依靠一定的组织,找到归属感,才能实现自身的价值和目标。

范长江表示:"在严重的阶级斗争中,在复杂的政治斗争中,仅凭一个人孤军奋斗,想到哪里干到哪里是不行的。斗争的对方是有组织的,我是无组织的,凭旧社会交朋友这一套,有一定的补助作用,不能解决大问题。"③所谓"旧社会交朋友",主要指的是通过私谊等途径形成的关系。这也是范长江在《大公报》期间比较擅长构建的一种关系网络类型。私谊网络根植于传统惯习和儒家文化,是一种重视人情而轻视制度的组织管理模式。④这种关系网络在范长江早期新闻采访与报道实践中发挥了较大作用。随着战争形势的发展和革命任务的变化,范长江对自身所肩负的责任与使命有了更清晰的认识,他必须融入具有制度保障的组织中,构筑新的以爱国民主进步为内核、以组织关系为特征的社会网络。

范长江对中国共产党的认知一方面来源于对其政策、主张的理解,另一方面则来源于人际的影响。西安、延安的系列采访使范长江结识了中国共产党的主要领导人物,拉开了与中共人士接触、互动的帷幕。与毛泽东的彻夜长谈让他对中国革命的前途、革命的策略、革命的战略以及民主主义革命与社会主义革命的主要任务和步骤有了全面、系统的了解,这也解开了困扰其心中的诸多问题。国共合作局面形成后,范长江有机会与共产党人共同工作。在武汉,范长江与中国共产党在国统区的《新华日报》保持着密切的联系。由他介绍而加入《新华日报》的陆诒在奔赴徐州战场前,报社领导潘梓年、华岗、章汉夫等专门到火车站欢送,此举让范长江感触良多。⑤人情冷暖藏于细节之中。这些举动在心理和情感上让他对共产党更加亲近。⑥

更重要的是范长江在思想上愈发意识到共产党在中国革命事业发展中将扮演重要角色。中国共产党的抗战决心和对基层社会力量的动员策略与范长江所希望采取的方式不谋而合。"每当大我的运动需要集体努力时,他们就立

---

① 范长江.范长江新闻文集[M].北京:新华出版社,2001:1193.
② [美]黄仁宇.黄河青山:黄仁宇回忆录[M].张逸安,译.北京:九州出版社,2011:172.
③ 范长江.范长江新闻文集[M].北京:新华出版社,2001:1194.
④ 路鹏程.私谊网络:晚清报人聚合途径研究[J].国际新闻界,2010(4):105-111.
⑤ 方蒙.范长江传[M].北京:中国新闻出版社,1989:192.
⑥ 樊亚平.从自由记者到中共党员:范长江走向中共的步履[J].山西大学学报(哲学社会科学版),2016(4):58-75.

刻去做,很少考虑个人问题。"①黄仁宇眼中的范长江是一个为了国家和集体的大目标而将个人利益置之度外的人。1939年5月,范长江在重庆经周恩来介绍加入中国共产党。中国共产党是一个以马克思主义为行动指南的、统一的和唯一的中国工人阶级政党。相较于国民党,共产党有着强大的社会动员能力、严密的组织系统和严格的组织纪律。中共中央于1938年3月15日做出《关于大量发展党员的决议》,将发展党员的注意力放在吸收抗战中新的积极分子与扩大党的无产阶级基础之上。因此,范长江的入党也有这一社会背景。作为新闻界从事统一战线工作的核心人物,范长江加入中国共产党有助于其在党的领导下更好地开展工作。"只有在共产党的坚强领导下,有组织有计划的长期奋斗,才能成功。"②对范长江而言,加入共产党意味着有了组织的依靠和思想的指导。正是在中国共产党这一汇聚了大量具有爱国情怀、革命意志和理想信仰的革命青年的政党组织中,范长江找到了自己的人生归宿,并逐步成长为具有坚定革命理想信念和无产阶级新闻观念的新闻人。

小 结

近代中国是个变的时代。"变"既体现在一代代人的身上,也反映在一个人的不同时期。③在抗战全面开始后,范长江的新闻实践活动、交往对象、思想状况乃至社会关系网络都发生了剧烈的变动。

根据相关史料与前文的分析,运用社会网络分析工具可以呈现出范长江以进步新闻人的身份所构筑的社会网络样态(见图3-1)。

范长江从《大公报》记者到参与组织"青记"、国新社和《华商报》等统一战线性质新闻事业的进步新闻人,进步记者、爱国民主人士在其社会网络中扮演着越来越重要的角色。《大公报》中的进步记者孟秋江、陆诒、冯英子、邱岗等追随范长江并成为进步新闻事业的重要力量。因为参与进步新闻事业,范长江与国民党人士、大公报馆领导层的关系渐行渐远,最终分道扬镳。

首先,范长江团结一大批记者出生入死报道一线战况,加深了他对抗日战

---

① 黄仁宇.黄河青山:黄仁宇回忆录[M].张逸安,译.北京:九州出版社,2011:174.
② 范长江.范长江新闻文集[M].北京:新华出版社,2001:1195.
③ 陈旭麓.近代中国人物论[M].北京:九州出版社,2019:464.

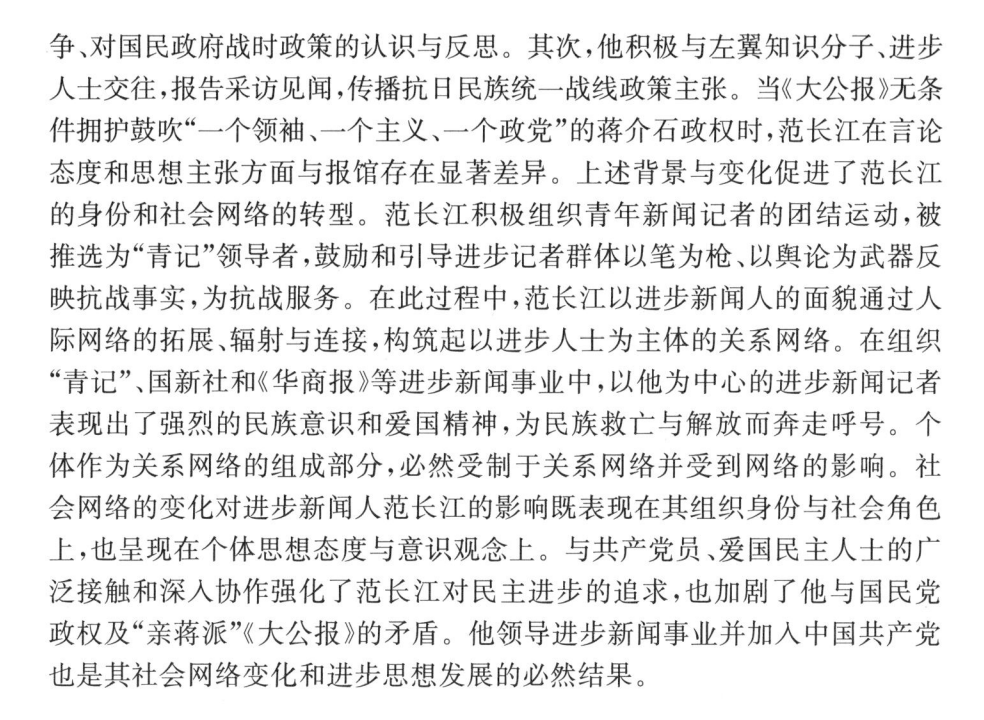

争、对国民政府战时政策的认识与反思。其次,他积极与左翼知识分子、进步人士交往,报告采访见闻,传播抗日民族统一战线政策主张。当《大公报》无条件拥护鼓吹"一个领袖、一个主义、一个政党"的蒋介石政权时,范长江在言论态度和思想主张方面与报馆存在显著差异。上述背景与变化促进了范长江的身份和社会网络的转型。范长江积极组织青年新闻记者的团结运动,被推选为"青记"领导者,鼓励和引导进步记者群体以笔为枪、以舆论为武器反映抗战事实,为抗战服务。在此过程中,范长江以进步新闻人的面貌通过人际网络的拓展、辐射与连接,构筑起以进步人士为主体的关系网络。在组织"青记"、国新社和《华商报》等进步新闻事业中,以他为中心的进步新闻记者表现出了强烈的民族意识和爱国精神,为民族救亡与解放而奔走呼号。个体作为关系网络的组成部分,必然受制于关系网络并受到网络的影响。社会网络的变化对进步新闻人范长江的影响既表现在其组织身份与社会角色上,也呈现在个体思想态度与意识观念上。与共产党员、爱国民主人士的广泛接触和深入协作强化了范长江对民主进步的追求,也加剧了他与国民党政权及"亲蒋派"《大公报》的矛盾。他领导进步新闻事业并加入中国共产党也是其社会网络变化和进步思想发展的必然结果。

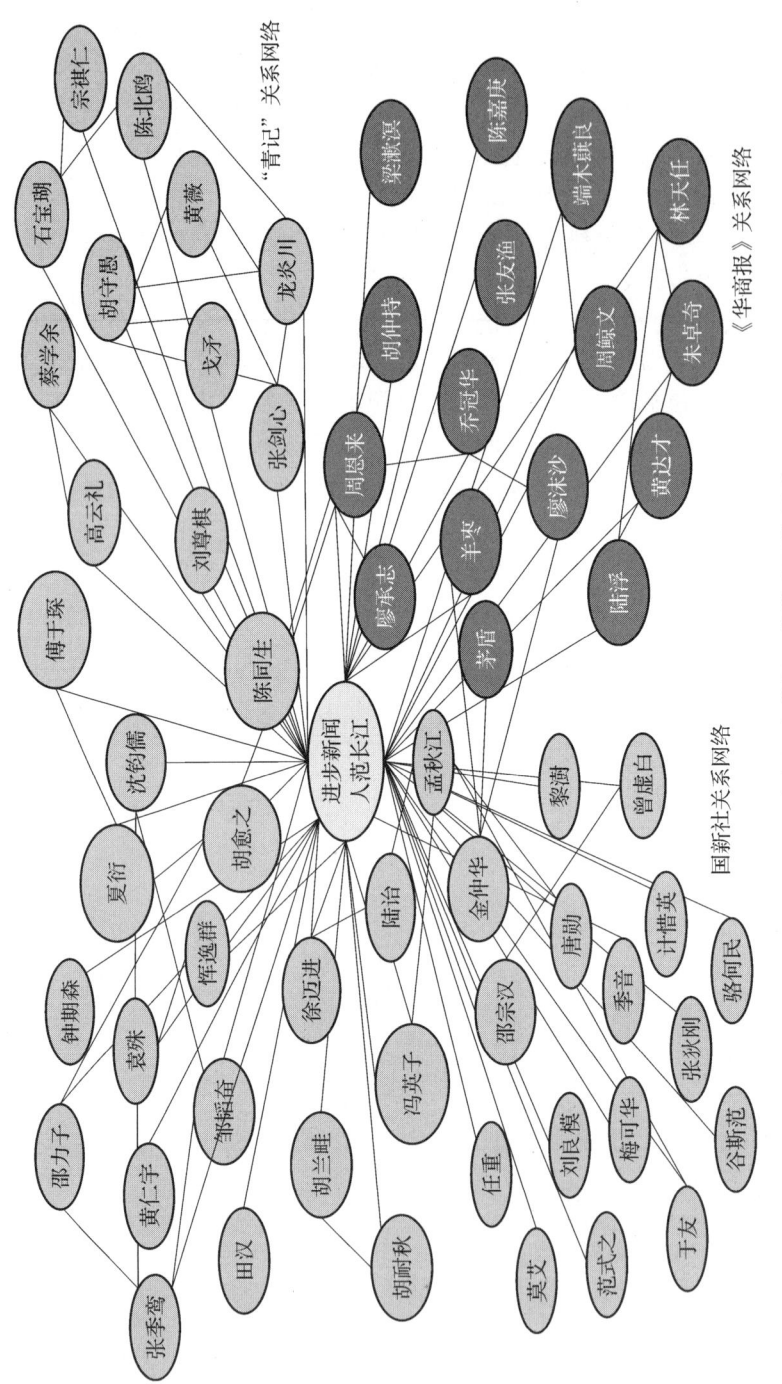

图3-2 进步新闻人范长江的社会网络图谱

第四章 社会网络视域下的无产阶级新闻人范长江研究

无产阶级新闻事业是中国共产党领导下的新闻事业,它既是党的新闻事业,也是人民的新闻事业。它坚持为人民服务的宗旨,维护人民群众的利益。[①]所谓无产阶级新闻人,指的是站在无产阶级立场上为无产阶级利益而工作的新闻人。1942年,进入解放区的范长江以"无产阶级新闻人"的新身份参与到无产阶级新闻事业建设中。从国统区到解放区,范长江工作场域和环境的更迭促使其社会网络产生"脱胎换骨"的变化。透过探视范长江在无产阶级新闻实践中形成的关系网络可以认识其成长为坚定的无产阶级新闻人的历史过程。

第一节 华中抗日根据地时期范长江的社会网络

1941年底,香港沦陷后,范长江、邹韬奋、夏衍等在港进步文化人士根据中共南方局指示撤退到桂林。此时桂林的政治局势已不同以往,加上范长江政治身份的公开,原本与他有联系的"广西派"人士对其避而不见。[②]他在桂林已无法开展工作。据夏衍回忆,当时只有范长江和邹韬奋坚决不回重庆。长江要求到新四军去。[③]原因一,蒋介石政府已下达逮捕范长江和邹韬奋的命令;原因二,据陈克寒回忆,范长江在武汉曾说在国民党统治区实

---

① 郑保卫.重温中国共产党新闻事业的历史传统——写在建党85周年之际[J].新闻记者,2006(7):3-7.
② 徐向明.范长江传[M].南京:南京大学出版社,2002:278.
③ 胡愈之,夏衍,等.不尽长江滚滚来——范长江纪念文集[M].北京:群言出版社,2004:21.

在写不出什么东西。他是多么地想到敌人后方去啊。①因此,长期在国统区新闻统制下工作的范长江对根据地有了强烈的憧憬与向往。外部压力和内在驱动的共同作用促使他迈向根据地。1942年春,范长江化名樊锡田(音同范希天),化装成商人潜入武汉却未能如愿找到李先念的部队,遂去上海找到恽逸群的外甥、国际新闻社记者顾雪雍。经恽逸群的安排和上海地下党交通员的护送到达南通天生港,并由此进入了新四军。

一、与新四军领导者、知识分子的交往网络

文化统战是陈毅在苏北抗日斗争和根据地建设中的一个创举。②陈毅曾表示:"在抗日高于一切的大前提之下,极愿意与一切抗日文化人、文化团体或派别建立抗日的文化统一战线。"③为了促进根据地的建设与发展,加强文化统一战线工作,他积极推动创立各类文艺团体。在阜宁停翅港附近设立的文化村即是接待各界文化人士和根据地文化宣传工作的重要场所。作为根据地的新人,范长江通过介入陈毅、彭雪枫等新四军军政领导、文化界知识分子构成文化统一战线网络以逐步熟悉根据地的文化生活,并开展全新的宣传工作实践。

范长江于1942年8月26日抵达停翅港新四军军部,见到了新四军代军长陈毅。陈毅非常高兴地对他说:"早就收到南方局电报说你要来,非常欢迎你到新四军来开展抗日新闻工作。"④陈毅个性豪爽坦荡,对人热情,范长江也是开朗热情之人。两人是四川同乡,因为共同的革命追求而相遇于此。范长江组织"青记"时的战友胡兰畦也是陈毅的挚友。共同的性情、地缘基础和关系联结让他们很快熟悉起来并建立起良好的关系。9月5日,新四军军部举行文艺晚会欢迎范长江。四面八方的乡亲们像过节一样,成群结队地来到军部,观看鲁迅艺术工作团的文艺节目。⑤

---

① 胡愈之,夏衍,等.不尽长江滚滚来——范长江纪念文集[M].北京:群言出版社,2004:42.
② 王传寿.烽火信使——新四军及华中抗日根据地报刊研究[M].合肥:合肥工业大学出版社,2010:155.
③ 肖效钦,钟兴锦.抗日战争文化史(1937—1945)[M].北京:中共党史出版社,1992:218.
④ 苗青.范长江在苏北的烽火岁月(上)[N].新民晚报,2017-11-20.
⑤ 史海霞,王颖.范长江倾情"文化村"[J].铁军,2012(1):8-10.

范长江在陈毅的统筹安排下与戏剧家阿英、画家胡考、舞台装置家池宁、经济学者孙冶方等都住在文化村中。此外,薛暮桥、王阑西、钱俊瑞、黄源、骆耕漠、孙克定等也住在文化村附近。在文化村中,范长江与阿英等交往密切,互动频繁。阿英在日记中多次记载与范长江等人之间的交往活动。如1942年8月28日,"至黄源同志处,则长江、胡考、于岩,亦均至。遂相与漫谈";8月29日,"长江及于部长、杨帆同志来,谈至天暗黑后始去,送之舍外";8月30日,"闲谈中,长江同志见告";9月20日,"晚饭顷,长江同志自陈集返,来访,索平倭碑碑文去"。①这批知识分子以文化为中心形成了精神交流、文艺创作、文化活动组织与服务的共同体。陈毅常常来到文化村与文化界人士一同聚会,吟诗下棋。文化活动的开展掀起了根据地的新文化浪潮,有力鼓舞了抗战士气,促进了根据地的文化繁荣。在盐阜区,如何对待士绅和中间阶层是军政界讨论的重要问题。1942年10月在盐阜区召开的第一届参议会上,陈毅、阿英等提出要扩大文艺统一战线,团结进步士绅和知识分子坚持参加抗战。陈毅会后召集范长江、阿英、李一氓等商议成立诗文社。已当选盐阜区参议会议员的范长江作为发起人积极投身其中。他与彭康、阿英、黄源等走访当地名士庞友兰、杨芷江,以诗词为联结手段开展统战工作,湖海艺文社也于11月正式成立。

在根据地,范长江与陈毅等党政军领导频繁互动。1945年回到新四军的陈毅与范长江来到安徽天长县。范长江望着长江景色,谈及阎锡山的对子"阎锡山过无锡,登锡山,锡山无锡"时对陈毅说道:"有了,有了,阎锡山的对子我对起来了!"他对的下联是:"范长江到天长,望长江,长江天长。"爱好诗词的陈毅低吟两遍连声称赞。②在战争年代,范长江与陈毅以诗词文艺、戏剧宣传等为媒介建立了深厚的友谊。

1943年初,范长江和彭雪枫再次相逢于根据地。抗战初期两人在山西战场分别后,彭雪枫奉命组建新四军游击支队到豫皖苏边区和淮北抗日根据地活动。在彭雪枫的倡导和组织下,《拂晓报》于1938年9月29日在河南确山创刊。为了支持好友的事业,宣传根据地抗日活动,范长江先后两次派记者到豫皖苏边区采访,并通过国新社将《拂晓报》的消息传播到国内外大城市。③其中,《皖北敌后访彭雪枫》由国际新闻社发出并在重庆《新华日报》上发表。范

---

① 王海波.阿英日记[M].太原:山西教育出版社,1998:157-160.
② 徐向明.范长江传[M].南京:南京大学出版社,2002:283.
③ 张学忠,孙传恒.抗战时期的《拂晓报》[J].中州学刊,1982(5):85-89.

长江之子范苏苏珍藏着一张背后亲笔签名"送老战友长江同志"的照片,那是1943年4月在大柳巷相聚时彭雪枫送给范长江的。①赠送照片是知识分子表示友好、信任,构建认同感和强化私人关系的重要途径。②这张照片作为影像记忆见证了范、彭二人在革命年代结下的友情。1944年9月11日,彭雪枫率部队西征时不幸牺牲,时年三十七岁。痛失挚友的范长江心情万分悲痛,专程赶赴泗洪县半城镇为彭雪枫举杯祭奠,足见两人之间的情谊。

初入苏北的范长江因谦逊的为人、广博的知识、精辟的见解,深得朋友们的信任和推崇。③借助与陈毅、彭雪枫、邓子恢等新四军军政领导和阿英、胡考、钱俊瑞等知识分子的交往,他快速适应了根据地的生活,并介入文化统战工作网络中。加入统一战线工作让他迅速获得归属感,也为他在根据地依托党的领导开展无产阶级新闻文艺宣传活动奠定了基础。

二、与根据地新闻工作者的交往网络

对范长江而言,华中抗日根据地是全新的工作场域,在根据地开展新闻工作亦是白手起家。1942年9月,陈毅和刘少奇采纳范长江的建议,决定在阜宁成立新华社华中分社,由华中局文委书记钱俊瑞负责,由范长江担任社长并负责日常工作。记者戈扬回忆起刚到根据地时的范长江曾说过:"新四军在敌人的心脏部位建立大片根据地,创造的业绩震惊中外。可是它的英勇战斗故事和根据地建设的成绩,外面知道的还是太少了,这不能不说是我们新闻工作者的失职。"④初来乍到的范长江对根据地新闻工作现状并不满意,为此他强调"舆论阵地不能放弃""既要练,也要说"。事业心很强的范长江着力于重构符合根据地实际的通信网络。

(一) 以传递华中根据地声音为目标组建新闻通讯报道队伍

抗战初期范长江非常重视战事电讯和战地通讯工作。他在《怎样发战事电讯与写战地通讯》中指出,要"能够把战争的实况,和战争有关联的政治经济

---

① 苗青.范长江在苏北的烽火岁月(上)[N].新民晚报,2017-11-20.
② 胡悦晗.生活的逻辑:城市日常世界中的民国知识人(1927—1937)[M].北京:社会科学文献出版社,2018:179.
③ 史海霞,王颖.范长江倾情"文化村"[J].铁军,2012(1):8-10.
④ 戈扬.敌后荆榛仔细看——苏北敌后生活散记(三)[J].新文学史料,1980(1):219.

社会现象,迅速地,系统地,周全地,报告他们"①。根据地新闻工作的当务之急是先建立新闻发报台,让全国人民了解华中新四军的消息。在去新四军军部的路上他就开始物色电台工作人员。四分区江海报社电台工作人员赵元龙与范长江有短暂的接触。范长江得知赵元龙出身上海三极无线电专科学校,指名要调他去华中新华社。赵元龙回忆,长江同志性情豪爽,办事认真,又能体贴人。当时电台手抄电讯只有我自己,工作时间一长就昏昏欲睡,抄下来的电文断断续续或是重叠在一起。我心里非常不安。每逢这种情况,长江同志总是和颜悦色地说,莫急莫急,我还能看出意思。②当党中央做出精兵简政的决策后,范长江处事果断,凭借有效的组织能力着手人员精简,除了留下包括赵元龙在内的七名报务人员,其他都得到妥善地安排。1945年,抗战露出胜利的曙光时,范长江准备从华中建设大学抽调一批学员组成新闻训练班,由赵元龙负责训练报务工作。这批学员后来也成为华中新华社和《新华日报》(华中版)的骨干人员。华中新闻专科学校成立后,赵元龙担任电务科主任,负责电务教学工作。在他眼中的范长江"秉性耿直,和蔼可亲,遇事肯同下属商量研究,事业心极强,尤其是对革命的新闻事业,那真是专心致志……长江同志的言行教诲对我的成长有着深刻影响"③。

原先华中局有《无线电讯》和《新华报》两份报纸。《无线电讯》主要是每日抄收延安广播电讯以满足华中局和军部领导了解国内外大事的需要。《新华报》则是五日刊一次。范长江到来后在原有人员基础上进行了一系列改造,一方面成立了报纸编辑部,由谢冰岩和于岩任正副主任;另一方面加强内部分工,谢冰岩管理报纸日常编辑工作,于岩分管华中分社的日常编辑工作。原负责党务、发行和日常行政的唐为平被任命为报社经理。敌人对根据地展开扫荡后,华中局和军部向淮南根据地转移。经范长江的安排,谢冰岩随苏中地区领导人陈丕显和钟期光赴苏中负责新华社苏中支社建设。范长江还组织建立了新华社淮南分社,包之静兼任社长;建立淮北支社,张景华兼任社长。这期间在苏中开办电务人员训练班为新华社的发展准备电务干部,派戈扬北上筹

---

① 范长江.通讯与论文[M].北京:新华出版社,1981:277.
② 胡愈之,夏衍,等.不尽长江滚滚来——范长江纪念文集[M].北京:群言出版社,2004:154-156.
③ 胡愈之,夏衍,等.不尽长江滚滚来——范长江纪念文集[M].北京:群言出版社,2004:159.

建新华社苏南支社。①在范长江领导下,各分支社记者深入战斗第一线,采写了大量反映解放区、沦陷区生产生活和战斗的报道,华中各地建立起了庞大的通讯员队伍。谢冰岩在华中始终与范长江保持着密切的联系。范长江的组织关系落实后可以参加党小组会议了,于岩、唐为平、谢冰岩为此还弄了点花生,小小庆祝了一番。②可见,范长江与报社同志的感情非常融洽。和谐的工作氛围也促进了新闻工作的顺利开展。

(二)围绕《新华日报》(华中版)构筑报纸编辑出版工作网络

1945年8月,抗战取得胜利后,范长江等离开淮南根据地,进入苏皖边区政府所在地淮阴。根据《华中分局(军区)关于出版新华日报华中版及加强新华通讯社华中分社的决定》,范长江负责筹办《新华日报》(华中版)。他认为"干部决定一切"③,因此首先想到的就是"人"的问题,需要加强记者干部队伍建设。为创办这张华中解放区的大型日报,范长江从苏北、淮北、浙东、皖中等地调集了一批专业干部。名记者出身的范长江深知记者工作一定要有朝气,要敢于进取不畏难。"要想作一个顶天立地的记者,非有高度的牺牲精神不为功。"④因此,在工作中他对那些富有朝气、勤奋积极且有才华的记者情有独钟,分外偏爱。在淮南分社,范长江对编辑部副主任姚溱非常器重,视同自己亲兄弟一般。姚溱身兼记者、编辑职务,所编写的消息和所撰写的战时形势分析多次受到新华总社的表扬,工作业绩非常出色。⑤为了筹办新报纸,他把冯岗、宋军和季音等骨干记者找来开会,成立记者组,兵分三路前往苏皖解放区各地采访。每次记者们回来,范长江都请他们吃饭并亲自作陪,席间听取报。⑥在范长江的严格要求和记者的协同努力下,《新华日报》(华中版)于12月9日正式出刊。三个记者组深入解放区采访生产的报道从各个角度生动反映了解放区的新气象。

---

① 新华通讯社史编写组.新华通讯社史(第一卷)[M].北京:新华出版社,2010:218.
② 胡愈之,夏衍,等.不尽长江滚滚来——范长江纪念文集[M].北京:群言出版社,2004:151.
③ 范长江.通讯与论文[M].北京:新华出版社,1981:288.
④ 范长江.通讯与论文[M].北京:新华出版社,1981:291.
⑤ 胡愈之,夏衍,等.不尽长江滚滚来——范长江纪念文集[M].北京:群言出版社,2004:193.
⑥ 胡愈之,夏衍,等.不尽长江滚滚来——范长江纪念文集[M].北京:群言出版社,2004:193.

当时《新华日报》(华中版)和新华社华中分社是一个单位两块牌子。华中新华社作为纽带将整个华中解放区新闻工作网络接连起来。根据范长江的设想,《新华日报》(华中版)内部分编辑部、通讯部、经理部、研究资料部、印刷厂和电台等部门。编辑部有近二十人,主任是史乃展,副主任王林、副刊编辑锡金、国际编辑梅关桦等。通讯部主任庄重,副主任孙明、吴江、陈笑雨,下设三位科长林子东、林麟和杨嚣基;编辑有丁菲、戈平和尹崇经;记者有季音、陈湘、乐静、宋军、王旬、晓鹰、哈华、徐熊和海蓝等;研究资料部主任是岳明。华中《新华日报》社可谓人文荟萃,专家名流云集。在范长江的言传身教下,许多"新秀"破土而出。海蓝写的通讯《胜利的突围》报道了皮定钧将军率领数千健儿从大别山突破重重封锁长征千余里胜利到达苏皖边区的事迹。这篇通讯发给新华社总社后当天便播发了。次日,《新华日报》和解放区其他各报都以显著地位刊登。恽逸群于1945年12月下旬抵达苏北解放区后参加了《新华日报》编委工作。范长江与"青记"、国新社的老战友恽逸群再次重逢。范长江非常钦佩恽逸群的文才,为了发挥他的特长,范长江安排他负责报纸社论并希望他能多写各种体裁的文章以丰富报纸版面,提高华中版的质量。① 恽逸群按照范长江"丰富报纸内容"的要求除了写社论,还写了不少小品、杂感和通讯文章,以笔名"翊勳"在《新华日报》副刊发表。《新华日报》(华中版)在范长江、恽逸群等努力下很快从四开两版扩大到四开四版。报社不仅发挥了集体的宣传者和组织者的作用,也承担起集体的教育者的功能,在宣传组织群众进行对敌斗争与民主建设方面起到了相当大的作用。1946年5月,范长江赴南京任中共中央和平谈判代表团发言人,恽逸群接任报社社长。两任报社领导人对人民的新闻事业和革命事业都无比忠诚,尽心尽责。同时,范、恽两人又各有特点。年轻记者徐熊、陆亮等与两人都有广泛的接触。他们回忆,范长江的性格热情奔放,如浩浩长江水,既没有"大记者"的架子,也没有当社长的"派头"。② 范长江平易近人,没有半点首长架子,对记者的生活给予无微不至的关怀。③ 当然,范长江在工作上要求严格,如发现部下的差错和缺点,他会不客气地进行当面批评。顾雪雍认为,范长江重视行政管理工作,规划机构、制定制度,要

---

① 顾雪雍.奇才 奇闻 奇案——恽逸群传[M].上海:上海人民出版社,1996:207.
② 徐熊.集体的宣传者、组织者、教育者——华中新华日报(前期)片断[J].新闻通讯,1989(9):45-50.
③ 胡愈之,夏衍,等.不尽长江滚滚来——范长江纪念文集[M].北京:群言出版社,2004:161.

求切实执行。他有军人的气质,是一个严格的行政领导人。①谢冰岩的回忆也印证了这一说法:这些措施"使我们感觉到有些正规化的意味,不像我们过去只顾工作,而在组织分工上随随便便了"②。不难看出,重视组织和制度建设的范长江有意识地将此前积累的报业管理经验和范式植入解放区的办报、办社实践中。同时,这一时期党中央对党报工作人员也有新的要求。《解放日报》社论《党与党报》强调:"在党报工作的同志,只是整个党的组织的一部分。一切要依照党的意志办事,一言一动,一字一句,都要顾到党的影响。"③这也意味着党报的宣传功能、组织功能都要强化。对长期在农村根据地办报的同志而言,建立制度并接受制度的管理、约束需要适应的过程。现实情况与范长江的要求有一定差距。因此,"长江对一些工作疲沓、暮气较重的同志,有时表现出不满与厌烦,缺乏耐心的等待与帮助"④。这个矛盾与问题既反映了范长江有着强烈的事业心,渴望开创新业绩,又体现了范长江自信自负、容易急躁的性格缺点。

三、范长江与华中新专的创立

华中新闻专科学校是抗战胜利后新华社华中分社在解放区创办的第一所新闻专业学校。⑤华中新闻教育的诞生和华中新闻专科学校的创立得益于华中分社社长范长江将办报、办社所形成的关系网络拓展到新闻教育场域。

范长江非常重视新闻人才的培养。组织青年记者学会和国际新闻社期间,他深知新闻专业人才对于发展和壮大新闻事业的重要性。根据地新闻事业发展更需要大量的专业新闻人才。1945年3月,他在淮南抗日民主根据地曾开办新闻培训班。日本投降后,为满足向解放区输送新闻干部的需要,中共中央华中分局同意范长江创办华中新闻专科学校的提议。由《新华日报》(华中版)编委兼采编谢冰岩牵头,筹办新专的具体事宜。1946年2月3日,《新

---

① 顾雪雍.奇才 奇闻 奇案——恽逸群传[M].上海:上海人民出版社,1996:212.
② 胡愈之,夏衍,等.不尽长江滚滚来——范长江纪念文集[M].北京:群言出版社,2004:150.
③ 中国社会科学院新闻研究所.中国共产党新闻工作文件汇编(下)[M].北京:新华出版社,1980:55.
④ 胡愈之,夏衍,等.不尽长江滚滚来——范长江纪念文集[M].北京:群言出版社,2004:193.
⑤ 万京华.新华社与解放区新闻学教育[J].百年潮,2019(1):85-90.

华日报》(华中版)刊登华中新闻专科学校招生简章:

一、宗旨:培养新民主主义新闻事业各项人材。二、学科:设编辑、通讯、电务、印刷、新闻行政五科。三、暂定二百名。四、十八岁以上之男女身体健康,具有下列条件之一,经审查合格者得入本校(进电务、印刷两科者十七岁以上身体健康初中肄业或具有同等程度即可)。甲、中学毕业或具有同等学历者。乙、曾经服务新闻机关而具有相当文化水平者。丙、经华中各地新华社或各分区报社保送者。五、报名:甲、日期,自即日起随到随考。乙、手续,向各地新华社支社各分区报社或淮阴城内本校报名处报名,经审查合格即可介绍至本校。六、考试:甲、口试。乙、作文一篇。七、待遇:讲义文具膳食由本校供给。被服衣着及一切日用品自备,但已参加工作者照原机关待遇。八、毕业期限,暂定六个月。九、工作:毕业后由本校负责介绍工作。十、开学日期:二月十五日。①

简章发出后吸引了解放区各地的知识青年纷至沓来。学校初创时校址设于淮阴北门大街大陆饭店院内,首任校长由范长江担任,副校长包之静、秘书长谢冰岩。包之静此前在新华社淮南分社担任社长,是范长江在淮南根据地的旧交,也是办《新华日报》(华中版)的得力助手。谢冰岩是办《新华报》的老部下。为了打造一支新闻教育队伍,范长江安排林麟、乔青等负责学校事务管理,赵元龙负责电务科,经理科由彭展兼任。全校师生一百多人,分为三个队,队下设班,主要学习采访、编辑、报务和译电。学生大多数是从华中建设大学毕业生中选取的,第一期学员编通科八十人,经理科(发行)三十人,电务科二十二人。②华中新闻专科学校在办校指导思想、教学方针、课程设置、教学制度和教学方法等方面都按照党对报纸、通讯工作的要求坚持理论联系实际,使每一位学员快速掌握新闻理论和业务知识,并具有实际工作能力。③在教学中,范长江作了专题讲座"论人民的报纸",恽逸群讲授《新闻学概论》,华中文协黄源讲授《党的文艺事业》,包之静讲授《国内外新闻事业》,谢冰岩讲授《解放区新闻事业》。此外,学校还邀请华中局负责同志开设讲座,例如钱俊瑞主讲国

---

① 吴镕.五十年情缘:华中苏南新闻专科学校纪念文集[M].1998:346-347.
② 苏德悦,许向东.中共创办的华中新闻专科学校[J].新闻界,2013(7):75-76.
③ 万京华.新华社与解放区新闻学教育[J].百年潮,2019(1):85-90.

际问题,于毅夫讲东北问题,姚溱每周给学员进行国际形势分析。①范长江曾指出"一个正确而坚定的政治态度对于新闻记者的重要"②。在课程设置上,校长范长江注重对学员理论修养和新闻观的培养与塑造,教学内容体现了为党和人民培养新闻工作者的核心要求。

范长江在创办的华中新闻专科学校新闻教育过程中,围绕新闻人才培养为核心,将华中根据地新闻实践形成的关系网络和新闻教育工作相结合,促进了人才培养的理论与实践相融合。华中新闻专科学校开创的解放区新闻人才培养新模式一方面强化了新闻工作者的"技术",另一方面强调了"政治",让每一位从事人民新闻事业的工作者都能成为党和人民的耳目喉舌。学员们经过了紧张的学习即投入实际的新闻宣传与组织工作中,在实践中增强才干。学员尹崇经、徐熊等成长为新华社高级记者编辑,沈徐禾后来担任《人民日报》记者部主任,通讯员周世民经过深造成为淮南地区农联宣传部长兼任《淮南大众》总编辑。华中新闻专科学校培养的人才走上了党的新闻宣传工作岗位,为解放战争的胜利和新中国的建设做出了贡献。

四、与基层文艺工作者的交往网络

1942年5月,毛泽东《在延安文艺座谈会上的讲话》(后简称《讲话》)中谈到了"文艺工作者的立场问题,态度问题,工作对象问题,工作问题和学习问题"③,讲话明确了"要使文艺很好地成为整个革命机器的一个组成部分,作为团结人民、教育人民、打击敌人、消灭敌人的有力的武器,帮助人民同心同德地和敌人作斗争"④。1943年11月,《中央宣传部关于执行党的文艺政策的决定》要求:"在目前时期,由于根据地的战争环境与农村环境,文艺工作各部门中以戏剧工作与新闻通讯工作为最有发展的必要与可能,其他部门的工作虽不能放弃或忽视,但一般地应以这两项工作为中心。"⑤为了贯彻延安文艺座谈会精神和中宣部要求,华中局决定派范长江到新四军第二师率领大众剧团

---

① 张风.华中新闻训练班回忆[J].新闻大学,1981(1):114-117.
② 范长江.通讯与论文[M].北京:新华出版社,1981:290.
③ 毛泽东.在延安文艺座谈会上的讲话[M].北京:人民出版社,1975:2.
④ 毛泽东.在延安文艺座谈会上的讲话[M].北京:人民出版社,1975:2.
⑤ 中共中央宣传部.关于执行党的文艺政策的决定[N].解放日报,1943-11-08.

开展群众文艺实验工作,努力将文艺民族化、大众化推向新阶段。①范长江与淮南区党委宣传部部长张劲夫共同筹备组织剧团工作并召开淮南津浦路东第一届民间艺人代表大会。大众剧团全体成员和各地民间艺人代表共一百多人参加会议,新四军军部文工团和一师文工团派代表参加。范长江在大会上作了政治报告,宣讲了毛泽东《讲话》精神,谈到文艺工作者的思想改造和无产阶级的立场与方法。范长江号召民间艺人结合淮南地区对敌斗争的实际需要和各个时期的宣传任务,编写新戏文。这次大会也使民间艺人的社会地位和宣传作用得到正式确认,他们的演出活动得到保障,还与军队和地方正规剧团形成双向交流、相互补充的态势。

(一) 范长江与基层文艺工作者的交往

延安文艺座谈会召开后,"下乡"在延安及各个边区、根据地成为一种潮流。它成为知识分子践行文艺讲话精神、进行自我改造的行动标志。②在华中根据地,范长江不仅组织了富有实效的新闻实践,也在华中局的要求与指导下"下乡"开展群众文艺实践,与基层文艺工作者和群众展开密切的交往。范长江与王永泉、缪文渭等工农群众交朋友,虚心向他们学习,实现社会网络向基层的延伸,同时促成自身思想观念的改造。

为了把淮南根据地的文化建设和文艺运动搞好,范长江投入了很多精力。长期从事新闻工作使他深谙宣传的意义和价值。凭借探索精神和虚心研究的态度,他深入群众,深入生活实际,积极与工农兵交朋友,在学习民间文艺的基础上,探寻文艺大众化之路。发表在《解放日报》上的《关于文艺工作者下乡的问题》一文指出:"(文艺工作者)下乡是为了什么呢?是为了文艺真正为工农兵服务,反映他们的生活和工作,要这样做,就必须到他们中去生活,了解他们,熟悉他们,与他们打成一片。"③范长江每日从二师师部大刘郢跋涉去偏僻的乡下调查访问,了解群众的文化生活和风俗习惯。"老百姓唱的歌,民间故事,机关里的墙报,战士吹牛拉故事,里面都有艺术。"④他在乡村与民间艺人

---

① 郭怀仁,袁德龙.淮南抗日根据地文艺史[M].合肥:安徽人民出版社,2003:90.

② 周维东.中国共产党的文化战略与延安时期的文学生产[M].广州:花城出版社,2014:152.

③ 中共中央宣传部办公厅,中央档案馆编研部.中国共产党宣传工作文献选编(1915—1937)[M].北京:学习出版社,1996:471.

④ 毛泽东.毛泽东文集(第二卷)[M].北京:人民出版社,1993:429-430.

交流,求教演艺活动的办法,学唱民间的山歌。后来为了方便,他直接住在来安县施官集的农户家中,与农民同吃同住,向农民取材,和农民做朋友,像亲兄弟姐妹一样。在乡下住了几个月,他弄清了当地群众的需要和喜好,与一些民间艺人结下了深厚的友谊。①在施官蹲点时,范长江有意识地发掘有发展潜力的文艺创作人才。原是农民出身的裁缝王永泉文化水平虽然不高,但是能写能唱,有一些创作才能,并且在当地青锋剧团担任编导。范长江在指导新文艺运动服的几个月中不断观看青锋剧团的街头演出,夜晚也跟着剧团下乡观摩他们演出自编的现代地方戏剧,看完后都要与演员、创作者交流,提出改进意见。他常常鼓励剧团人员:"这种旧形式新内容很好,很有现实意义,很受群众欢迎。"②王永泉作为编剧并不清楚文艺的改革方向和方法。范长江亲自指导王永泉反复对剧本进行打磨,按照"文艺要为政治服务,为工农兵大众服务,以当时政治中心任务为内容"的方针进行提炼修改。为此,范长江将王永泉所写的《保家卫国》剧本拿给大众剧团团长张泽易等共同讨论。经范长江联络,王永泉一度被调入大众剧团任创作员以便近距离向专业人员学习。得益于此,他的创作水平很快上了一个新台阶。③范长江为根据地的文艺宣传工作专门撰写《论放手创作》一文。他提出:"如果我们把技术要求放宽,就能发动一支强大的部队出现于创作舞台,那时,将使解放区文化艺术的阵营上大放异彩。"④为了调动王永泉的创作积极性和主动性,范长江不断鼓舞激励他大胆创作,从技术等环节帮助他提高。新四军在雷官集战斗中取得了胜利,王永泉有感而发写了一首名为《解放雷官》的小调。范长江看了之后非常欣慰,为之润色后转交给路东刊物《路东小调集》发表。王永泉得知作品获得发表的机会深受鼓舞,投入更多创作热情,将创作的内容、形式从舞台剧本拓展到了曲艺作品、民歌等领域。经过范长江的帮助,王永泉成为部队和地方上的优秀工农兵作家。

缪文渭是另一位与范长江交往颇多的农民作家。1944年,新四军军部在天长县铜城镇召开抗日群英大会。范长江和二师师长罗炳辉观看了农民剧团演出的地方戏《生产互助》。缪文渭回忆,他们观看演出后,"很感兴趣,戏还未

---

① 郭仁怀,袁德龙.淮南抗日根据地文艺史[M].合肥:安徽人民出版社,2003:82.
② 胡愈之,夏衍,等.不尽长江滚滚来——范长江纪念文集[M].北京:群言出版社,2004:176.
③ 郭仁怀,袁德龙.淮南抗日根据地文艺史[M].合肥:安徽人民出版社,2003:86.
④ 范长江.范长江新闻文集补遗[M].北京:学苑出版社,2019:414.

散场,他们就跑到后台来了。他们问这个戏是谁编写的,由此我们就认识了"①。范长江在得知缪文渭识字不多,仅仅读过四个月私塾却能在两个月时间写出这个大剧本后表示了赞叹。《生产互助》剧本之所以能打动范长江,在于剧本紧扣了毛泽东当时提出的"组织起来发展生产"的号召。范长江曾评价:"它的成功,是毛主席的文艺理论与中央文艺政策在1943年冬传到华中以来各种进步中一个突出的收获。"②同时,范长江也对剧本存在的缺陷和问题提出了十余条修改意见。他邀请缪文渭带领剧团去军部演出,每次演出后范长江都参加并逐次发现问题,提出修改意见,此外还专门邀请作家江凌帮助缪文渭完善剧本。长江要求每三天向他汇报一次,要提出具体的修改成果。有一次,由于我突然患病未能按时汇报,长江亲自赶来查问,他又郑重地派专人护送我到军部医院治疗。在我住院期间,他抽时间看望我多次,给予我兄弟般的慰藉。那种真挚的感情在我脑子里铭刻了永恒的印象。③陈毅、谭震林等军部首长看完剧团演出后,范长江又组织座谈会广泛征求意见,并再度亲自修改,推动剧本公开出版。缪文渭在范长江的指导下,也加强了文化学习和文艺创作研究,取得了巨大的进步。他在《生产互助》之后又陆续创编《亲自动手》《父女相会》等话剧戏曲,产生了广泛的影响。

(二) 在基层工农兵的交往实践中进行思想改造

在盐阜时期,范长江与阿英、贺绿汀、胡考等知识分子聚集于文化村中,文化人之间的交往频繁。大量聚集的外来知识分子构成了自己的文化圈,其文化理想和文化实践却在一定程度上游离于边区、根据地的整体战略之外。④这也造成了知识分子与普通百姓、基层民众的"隔膜"。"下乡"不是去采风,而是要进行改造。"下乡"的关键意义是将具体工作与对知识分子的思想改造结合在一起。⑤通过梳理范长江与农民作家的交往历程可以发现,华中根据地的新

---

① 胡愈之,夏衍,等.不尽长江滚滚来——范长江纪念文集[M].北京:群言出版社,2004:170.
② 郭仁怀,袁德龙.淮南抗日根据地文艺史[M].合肥:安徽人民出版社,2003:77.
③ 胡愈之,夏衍,等.不尽长江滚滚来——范长江纪念文集[M].北京:群言出版社,2004:171-173.
④ 周维东.中国共产党的文化战略与延安时期的文学生产[M].广州:花城出版社,2014:158.
⑤ 周维东.中国共产党的文化战略与延安时期的文学生产[M].广州:花城出版社,2014:160.

文艺运动开展之后,范长江以往的以军政干部、知识分子为主要对象的关系网络实现了延伸,并与工农兵建立了广泛联系,在生活、感情与工农兵打成一片。范长江的根据地工作实践有效促进了文艺与实际相结合、文艺与工农兵相结合的实现。王永泉、缪文渭原本都是热爱文艺的普通农民,文化素质并不高。经过范长江的深入调研、挖掘与指导帮助,他们不断加强文化学习,把自身创作与革命斗争的实际需要结合起来,关注革命态势、群众生产、民众思想等问题。他们所撰写的剧本经范长江的多次修改,不断演出、不断完善后成为根据地文艺精品。范长江在《生产互助及其作者缪文渭》中专门介绍了缪文渭撰写剧本的过程,并称赞:以为缪文渭同志的《大互助》剧本是淮南文艺普及运动中提高的巨大成果,继承了淮南大众剧团所开辟出来的道路而又向前发展了一步。[①]在范长江的帮助和培养下,王永泉、缪文渭成为淮南根据地的工农兵典型。这些典型也影响、鼓舞更多工农兵参与到洪山戏、小调剧等文艺宣传活动中。由此,新四军淮南根据地的新文艺运动由局部到全面、由自发到自觉,沿着毛泽东所确立的文艺路线蓬勃开展起来,成为革命文化的一道景观。

　　范长江与基层工农群众的交往过程也是范长江自身思想观念得到改造的过程。我国社会上有些名记者,他们的名字在有些阶层中很响亮。但是直到今天,在工农兵中名字很响亮的名记者还待努力。这些新型的记者,比之前任何名记者伟大得多,因为他们的名字是与占人口最大多数的工农兵联系在一起的。[②]虽然此时范长江正投身文艺宣传实践中,这种对"新型记者"的要求、对"无冕之王"的深刻批判以及对知识分子改造的针对性表述势必会影响他的思想与行为,他需要"把自己个人的利益、兴趣等等服从于这个大的集体的利益,在党的事业、人民解放事业的发展中求得自己的发展"[③]。在《论放手创作》中,范长江认为目前应该放手发动创作运动,造成解放区内的创作热潮。而目前阻碍这个运动的有害思想主要是"技术第一"的思想,这个思想曾经而且还在压抑着广大的可以参加创作的群众。范长江所开展的文艺运动是在整风运动的大背景下进行的。整风运动旨在"协调个人的'自觉行动'和完美的社会

---

① 范长江.生产互助及其作者缪文渭[M]//江苏省档案馆,南京师范大学抗战研究中心.中华抗战期刊丛编(第四十六辑).北京:国家图书馆出版社,2015:14-16.
② 政治与技术:党报工作中的一个重要问题[N].解放日报,1943-06-10.
③ 李金铨.报人报国:中国新闻史的另一种读法[M].香港:香港中文大学出版社,2013:328.

纪律之间的冲突"①。在根据地与工农作家的互动实践,让范长江真正深入农村基层,为工农兵服务。他常常告诫剧团的文艺工作者要放下架子、虚心向群众学习,摒弃骄傲自满情绪和"霸王思想"。这些告诫也反过来投射在他自己身上,让他"打破做客观念,放下文化人的资格",以满腔热情团结、教育、改造旧民间艺人,同他们一道从事新文艺运动,推动根据地文艺运动的健康发展。

第二节 解放战争时期范长江的社会网络

1946年下半年,国共内战的乌云再次笼罩全国。蒋介石借国共谈判之机积极备战,为发动全面战争加紧进行军事部署。10月11日,国民党强行侵占张家口,扩大对解放区的全面进攻,同时还召开伪国大,国共谈判彻底破裂。按照周恩来的安排,范长江10月16日撤回延安。不同于1937年初访延安时的《大公报》记者身份,此刻的范长江已是共产党领导下无产阶级新闻事业的一员,他需要在新的场域中编织出新的关系网络。由于组织身份的确定,他构筑社会网络的方式主要通过组织行为与组织活动。

一、解放战争时期范长江的社会网络构建

依据全党办通讯社的精神,新华社和解放日报社于1946年5月进行了改组。改组后的报纸和广播的一切新闻稿件均由新华社编发。新华社的新闻通讯工作进入新阶段。根据党中央批准,余光生代理社长兼总编辑;艾思奇为副总编辑兼报纸编辑部主任;陈克寒任副总编辑,分管新华社工作。廖承志回到延安后被任命为新华社社长。范长江、石西民、梅益、徐迈进和钱俊瑞等从北平、南京、上海撤退到延安后被安排担任副总编辑。②被分配到清凉山的范长江协助廖承志开展新华社的新闻报道工作。在解放战争时期,范长江以新闻实践工作为中心构筑关系网络,团结和指导新华社记者开展富有成效的通讯报道,传递党和人民的声音。跟随党中央转战期间,他领导四大队加强与中央

---

① [美]马克·塞尔登.革命中的中国:延安道路[M].魏晓明,冯崇义,译.北京:社会科学文献出版社,2002:184-185.

② 新华通讯社史编写组.新华通讯社史(第一卷)[M].北京:新华出版社,2010:289.

领导同志的联系,发挥耳目喉舌的作用,引导了社会舆论的方向。

(一) 以身示范:构建新华社记者网络

按照新华社的工作分工,副总编辑范长江负责记者的组织和领导工作。他向新华社记者同仁现身说法,传授记者工作经验,赢得了广大记者的认可与认同,并由此形成了团结高效的记者网络。

第一,范长江与特派记者保持直接联系,帮助记者应对具体问题。1946年8月,新华总社制订了《新华社特派记者工作条例》,主要包括"加强对外宣传,充分介绍解放区情形,派出特派记者分赴各地采访""总社特派记者每月至少供给新闻文稿7件(包括电讯、通讯及资料),每3个月总结工作一次""特派记者政治上受当地党委领导,业务由总社直接管理,其采访地区与工作调动均由总社决定,但应尊重当地党委及总分社(分社)社长指导,并应协助当地新闻工作,与总分社(分社)在工作上取得密切配合"[①]等内容。新华社特派员穆欣和范长江是旧交。1938年,在晋西南吕梁山抗日根据地从事新闻工作的穆欣与范长江开始通信交往。范长江曾对吕梁山抗日根据地创办的油印报纸《战斗三日报》给予过鼓励和指点。抗战期间,两人多次以信件方式讨论国新社在战区和敌后开展业务的方式方法。穆欣回忆道,范长江的"领导作风深入具体,经常亲自同记者直接保持联系"[②]。1947年1月汾孝战役结束后,穆欣前来清凉山汇报工作,受到范长江无微不至的照顾。范长江准备让他在总社停留一段时间,一方面参加特派记者的稿件处理工作,另一方面学习、总结业务经验以改进后续采访工作。[③]在与穆欣的几次单独交流中,范长江结合自己的实践经验对他进行了业务指导,帮助他提升工作水平。新华总社《特派记者工作简单总结》专门表扬了穆欣等人的工作成绩。在范长江的领导下,特派记者工作很快适应了全国新形势的需要,庄重、周而复、安岗、李千峰等先后担任特派记者。[④]他们深入各个战场,随军转战,写出了不少有影响力的新闻名篇,出色完成了重大报道任务。

---

① 新华通讯社史编写组.新华通讯社史(第一卷)[M].北京:新华出版社,2010:292.
② 胡愈之,夏衍,等.不尽长江滚滚来——范长江纪念文集[M].北京:群言出版社,2004:205.
③ 胡愈之,夏衍,等.不尽长江滚滚来——范长江纪念文集[M].北京:群言出版社,2004:205.
④ 新华通讯社史编写组.新华通讯社史(第一卷)[M].北京:新华出版社,2010:294.

第二，范长江组织前线采访队，强化团队精神与组织纪律，提供了丰富、有效的军事报道。当时采访通讯部主任为胡绩伟，副主任缪海陵，记者有张潮、刘漠冰、普金、田方、林间、乔迁、马永和等。①范长江抽调刘祖春、缪海陵担任正副队长，采访队成员有张潮、田方，并安排报务员、译电员携带发报机随行。②田方是采访通讯部记者，范长江根据他平时搞军事报道、与部队通讯员联系较为紧密的工作特点，派遣其到西北野战军作随军记者。田方此前没有相关工作经验，范长江特意与他进行了一次长谈。根据他长期从事战地采访的实践经验，他教导田方说首先要从思想上坚定树立必胜的信念。他鼓励我随军解放西安后和新华总社会师北平；同时，在组织上一定服从野战军政治部和新华总社的双重领导，尊重部队各级部门，取得各级组织的支持和帮助；在生活上务必作好吃苦耐劳、艰苦奋斗，不怕牺牲的精神准备。③可以看出，范长江在人员调遣时遵循人尽其才、才尽其用的原则，对年轻记者非常关心爱护。他作为领导也不忘自身的角色使命，强调记者的精神意志与组织纪律性。因此，田方、穆欣等记者对范长江的谆谆教诲有极为深刻的印象。

第三，范长江领导四大队集体行动，坚持身体力行，传递务实作风。1947年3月，中共中央主动撤离延安。范长江随一批人员先期到达瓦窑堡子长县战备点。他召集编辑、电务、印刷厂工作人员开会，宣布用三天时间准备，出版《解放日报》，并播发文字和口语广播。赵棣生回忆：会上印刷厂的同志表示三天时间可能来不及，长江同志说："这我不管，三天后出报，这是党中央的决定，执行吧！"说完即宣布散会，没有丝毫通融的余地。④当时，范长江刚到陕北工作几个月，很多人对他的为人和风格不了解，只知道他是名记者出身。这次会议中范长江坚决执行中央指示和雷厉风行的办事作风给很多人留下了深刻印象。范长江的严格要求让大家迸发出了足够的干劲，报纸按时出版，在子长县编印的《解放日报》由对开两版改为四开两版。⑤根据安排，范长江带领精干人员以"四大队"为番号，跟随党中央的中央纵队转战陕北。最初四十人的大队

---

① 新华通讯社史编写组.新华通讯社史（第一卷）[M].北京：新华出版社，2010：292.
② 胡愈之,夏衍,等.不尽长江滚滚来——范长江纪念文集[M].北京：群言出版社，2004：209.
③ 胡愈之,夏衍,等.不尽长江滚滚来——范长江纪念文集[M].北京：群言出版社，2004：210.
④ 新华社新闻研究所.新华社回忆录（二）[M].北京：新华出版社，1992：92.
⑤ 丁济沧,苏若望.我们同党报一起成长——回忆延安岁月[M].北京：人民日报出版社，1989：210.

由编辑、翻译、电务和后勤工作人员组成,范长江任大队长,无线电通信业务出身的耿锡祥为副大队长。下设三个分队,第一分队为编辑和英译人员,有沈建图、赵棣生、胡韦德、言彪、东生等;第二分队为电务和中译人员,有杜牧平、孟自成、张连生、梁文汉、李宏烈、赵抗、雷晓伍等;第三分队为行政人员,有卢积仓、秦学、赵申、高天真、党得胜等。据8月29日范长江致太行总社电报显示,四大队的组织机构及负责人为:编辑科科长刘祖春,国际组组长胡韦德,蒋管区组组长赵棣生,出版组组长林坚。①四大队在陕北承担着新闻通讯网络的搭建工作。作为大队长,范长江的行动不再像当年做记者那样独来独往,而要带领队伍齐心协力集体运作。"长江既没有大记者的'派头',也没有一般首长的'架势',他平易近人,身教更多于言教。转战初期人数不足,夜间同总社保持电讯联络,他同大家一样参与轮班手摇马达;行军到驻地,较好的窑洞优先分配给电务分队,他自己曾在一个没有门窗只有一盘石磨的敞破窑里住宿和办公。"②行军路上或日常闲聊的场合,他会把在国统区当记者的奇闻轶事以及国民党官场腐败的内幕讲给大家听。正如赵棣生所说:"这种日常的闲谈议论,产生着蔑视敌人长己志气的效应,是最生动自然的思想政治工作。"③范长江在工作中所传递的亲力亲为的务实作风、与大队记者的亲切交往赢得了大家的尊重与认可。这也使得四大队的工作以团结、有序、高效的方式开展。1947年7月,廖承志专门致电范长江说道:"三个月来,临时总社在你协助和指导下,渡过难关,完成任务甚为漂亮。今后还盼你与陆公在政治上方向上给我们更多帮助。"④电文高度肯定了范长江领导队伍所取得的业绩。

范长江以新华社新闻通讯工作为抓手,通过与特派记者、前线记者和四大队工作人员的交往,对记者群体进行帮助与指导。共同的经历深化了范长江与记者们共通的情感,基于认同与尊重的情感织成了牢靠的关系网络。借助这一关系网络,范长江有效推动了解放战争时期新华社新闻通讯工作的顺利开展。

---

① 新华通讯社史编写组.新华通讯社史(第一卷).北京:新华出版社,2010:312-313.
② 胡愈之,夏衍,等.不尽长江滚滚来——范长江纪念文集[M].北京:群言出版社,2004:215.
③ 胡愈之,夏衍,等.不尽长江滚滚来——范长江纪念文集[M].北京:群言出版社,2004:214.
④ 新华通讯社史编写组.新华通讯社史(第一卷)[M].北京:新华出版社,2010:316.

(二) 当好"耳目喉舌":范长江与党中央领导同志的密切交往

转战陕北期间,四大队留在党中央身边,承担着"耳目喉舌"的功能,范长江作为大队长与党中央领导保持着密切联系。1947年9月,范长江致信廖承志及太行总社社委会表示:"中央这种艰苦奋斗的精神,我们每个同志都受到了深刻的教育……更重要的,我们获得了一生难得的向中央同志学习的极端可贵的机会。"①虽然范长江有过在根据地工作的经历,但是这是他第一次在中央领导身边工作,其肩负的责任非常重大。在与毛泽东、刘少奇、陆定一、胡乔木等领导同志的交往互动中,范长江积累了无产阶级新闻宣传工作的经验和教训,进一步加深了对无产阶级新闻事业的认识。

按照部署,四大队的主要任务包括:(1) 抄译国民党中央社和国外通讯社的部分电文电讯,供中央领导了解国内外情况;(2) 与太行总社保持电台通讯联络,传达战报和中央领导为新华社所写的评论、社论、新闻等文稿以及中央对宣传工作的指示;(3) 抄收太行总社的文字广播和国外电讯,编辑出版《新闻简报》《参考消息》供中央纵队干部阅读;(4) 代表总社就近指导新华社西北总分社和西北野战军记者的报道业务工作。②当时标以"陕北"电头的文稿都是阐明时局形势、维系全国人心的党中央声音。中央领导对新闻工作的要求首先体现在文稿形式上。这要求责任人范长江对每一个环节都要一丝不苟,严格把关,连文内的标点符号都要确保准确无误。"每当接到任务,全队人员立即进入兴奋状态。长江把文稿交译员译码,译毕校对——译员按码读字,编辑对照原稿监听,人名、地名、数字都要重复核对三次,再交电台传发总社。总社播出后仍得抄收,复核有无差错。"③"文章越来越多,工作量越来越大。经常可以看到毛主席这样的批示:'让范长江同志注意不要译错文字或标点符号。'"④由此推断,即使保持认真的工作态度或许仍不能避免错误的出现,范长江在党中央领导身边工作的压力与责任是巨大的。

非常重视新闻宣传的毛泽东对报纸通讯社的宣传工作有着很高的要求,

---

① 范长江.范长江新闻文集补遗[M].北京:学苑出版社,2019:429-430.
② 新华通讯社史编写组.新华通讯社史(第一卷)[M].北京:新华出版社,2010:314.
③ 胡愈之,夏衍,等.不尽长江滚滚来——范长江纪念文集[M].北京:群言出版社,2004:213.
④ 胡愈之,夏衍,等.不尽长江滚滚来——范长江纪念文集[M].北京:群言出版社,2004:219.

他多次强调"必须以严肃的科学的态度对待宣传工作"①。东生的回忆记叙了毛泽东对范长江的高要求。1948年2月,毛泽东日夜修改周恩来等起草的《中共中央关于土地改革中各社会阶级的划分及其待遇的规定》。该文件前三章将近七千字,毛泽东在原稿上修改了多处之后,指名要求范长江负责,一字一句每个标点都不能错。工作时限只有七八个小时,加上修改后的手稿密密麻麻需要仔细识别,如此繁重的工作任务对范长江是巨大的挑战。还有一次,毛泽东对范长江的工作给予了严厉批评,1948年12月24日,毛泽东正在部署平津战役,他给胡乔木写信指出:"范长江前写一文(此文我批不发)宣布北平为不设防城市,客观上是替美蒋帮忙,阻止我们去打北平。"②1950年初,范长江对东生提到此事时称:"有一次毛主席批评我,可厉害呐。"范长江称四大队随中央转战是"向中央同志学习的极端可贵的机会"的说法背后,既表明了他忠诚于党的领导,努力在跟随中央领导同志的共同工作中提升组织意识和新闻工作纪律意识,也意味着他肩负着较重的思想负担和较大的压力。在这一过程中,范长江对党的新闻宣传系统和制度性文化有了更深刻的体会。

跟随党中央工作时期,范长江亲自撰写、发表的文章并不多,《志大才疏阴险虚伪的胡宗南》这篇播发于1947年5月9日的新闻述评却有着典型的意义。新华社史记载:"这篇文章的原稿是记者林朗从前线发到四大队,经过范长江修改后,送周恩来审阅。周恩来认为需要补充改写,并在窑洞中口述充实内容,由编辑赵棣生当场笔录而成。"③第二天,西北野战军的总攻捷报传来。述评结尾写道:"胡宗南'西北王'的幻梦,必将破灭在西北,命运评定这位野心十足、志大才疏、阴险虚伪的常败将军,其一生恶迹必在这次的军事冒险中得到清算。而这也正是蒋介石法西斯统治将要死灭的象征。"④这则述评是范长江等依照"集体写作"方式完成的。他曾在《新华日报》(华中版)上提到《解放日报》的重要社论一般也是由中央有关负责同志大家集体讨论修改而成。⑤在给廖承志的信中他说道:"在写文章的过程中,这种认真与求精的精神,完全推翻

---

① 中共中央文献研究室,新华通讯社.毛泽东新闻工作文选[M].北京:新华出版社,2014:193.
② 胡愈之,夏衍,等.不尽长江滚滚来——范长江纪念文集[M].北京:群言出版社,2004:219-220.
③ 新华通讯社社史编写组.新华通讯社史(第一卷)[M].北京:新华出版社,2010:315.
④ 范长江.范长江新闻文集补遗[M].北京:学苑出版社,2019:427.
⑤ 范长江.关于新闻工作中的三个问题——一九四五年十一月华中新闻工作座谈会总结[N].新华日报(华中版),1946-02-17.

了我过十几年所认为的最高的'认真'的标准。"①受中央领导同志影响,以"集体写作"方式开展新闻工作也让范长江对《大公报》时期"大笔一挥"的写作范式进行了深刻的反思。据时任《边区群众报》总编辑胡绩伟回忆,1947年12月底,他到新华总社汇报工作,在范长江的引领下去看望陆定一。三个人在陆定一的窑洞里促膝谈心。谈话中,毛主席从窑洞口路过,同长江同志打招呼。

1948年3月,为适应战争新形势,党中央决定东渡黄河向河北平山县西柏坡转移,四大队随着中央机关告别陕北。6月,从涉县转移的总社最后一批人员到达平山县。至此,新华社的两支队伍胜利会师。根据中央的安排,刘少奇分管新华社工作;胡乔木任新华社总编辑,负责审阅稿件。为了解决过往工作存在的诸如经验主义等问题,新华社的组织机构也进入了调整阶段。以前的社委会扩大为管理委员会,由廖承志、胡乔木、范长江、石西民、梅益、徐迈进、徐健生、祝志澄、吴冷西、温济泽等组成。1948年10月,廖承志给毛泽东的《新华社四个月工作综合报告》对过往工作进行了总结,对领导工作中的事务主义和官僚主义做了自我批评。报告特别对新华社组织机构进行说明,范长江担任编辑部部长,副部长石西民,下设编辑室,主任吴冷西,副主任朱穆之、陈适五。②为了改进编辑工作,设立了编辑委员会和总编室,范长江、石西民等从陈家峪搬到西柏坡,在胡乔木领导下集体办公,编写和处理重要稿件。总编室人员增多后,胡乔木宣布范长江为总编室秘书长,负责学习、生活、行政和干部问题。因为工作的调整,范长江在胡乔木的直接领导下开展工作,两人的工作交往日益频繁。胡乔木1932年加入中国共产党,1937年到延安后参与中央的青年工作,主编《中国青年》。1941年起任毛泽东的秘书,参与起草党中央的文件,并为《解放日报》撰写大量社论。他被邓小平誉为"党内的第一支笔",足见其在新闻宣传方面的能力。胡乔木领导的总编室俗称"小编辑部",工作任务重且要求高。"新华社总编室的工作是紧张的:每天8时左右上班,到晚上12时左右。"③"每逢星期六晚上,西柏坡中央机关经常举行跳舞晚会、文艺演出或放映电影……但乔木却很少参加这样的活动,仍然在办公室里紧张地工作。新华社小编辑部也有不少人陪同乔木一起工作。"④当时建立的

---

① 范长江.范长江新闻文集补遗[M].北京:学苑出版社,2019:430.
② 新华通讯社史编写组.新华通讯社史(第一卷)[M].北京:新华出版社,2010:322.
③ 周玮.难忘烽火岁月——访新华社老社长朱穆之[J].中国记者,2006(12):40-41.
④ 方实.紧张的工作 严格的训练——西柏坡编辑生活回忆[J].中国记者,1991(7):10-12.

发稿制度是重要稿件先由胡乔木审定,有些分送周恩来或刘少奇审阅,有的还送给毛主席审阅。据吴冷西回忆,少奇和乔木对大家的要求非常严格,在晚上的编辑会议上,乔木首先传达中央领导的指示精神,然后大家一起评点、讨论稿件。乔木对稿件的意见大到方针政策,小到标点符号,都要求严格,评点入微。可见,作为"把关人",胡乔木坚持按照毛泽东的要求,以严肃的科学的态度对待宣传工作。因此"有的稿件从头到尾被批得体无完肤,被要求重写,甚至经过三四次返工才通过"。[1] 吴冷西以范长江为例称,当时范长江写的一篇时局评论受到胡乔木的严厉批评。范长江虽是经验丰富、全国闻名的老记者,也无法回避上级的批评。事后,范长江曾对吴冷西表示,如果不是在随毛主席转战陕北过程中经常看到陆定一、胡乔木同志起草的稿件被毛主席修改得等于重写,很受教育,他根本接受不了乔木的意见。要是在《大公报》,他早就撒手不干了。[2]《大公报》时期,他因张季鸾、王芸生删改、拒发稿件而多有怨言。如今身处党的新闻宣传体系中,在制度性的要求下,他逐渐摒弃"无冕之王"的想象,甘做无产阶级新闻宣传事业的"螺丝钉"。

率领四大队跟随党中央工作的范长江在与毛泽东、刘少奇、胡乔木等领导的交往中加深了对无产阶级新闻宣传工作的认识与理解。从"大笔一挥"到"集体写作",新闻工作范式的变化促使他不断规范、整合自身的工作观念与态度;从"无冕之王"到党的干部,身份的变化促使他重新认识自身所处的关系网络形态,明确自身无产阶级新闻人的角色定位。正是在以新闻实践为核心的新的社会网络构建过程中,范长江作为个体成员深度嵌入无产阶级新闻事业之中。

二、解放战争时期范长江的社会关系网络扩展

范长江撤离到延安后一方面领导着新华社的新闻报道工作;另一方面参与了新闻教育活动,实现了社会网络的延伸与扩展。

(一)担任新闻班班主任:借助关系网络为培养新闻人才提供支持

抗战初期,范长江就意识到培养专业新闻人才的重要性。华中根据地时期,他创办了华中新闻专业学校,为党的革命宣传事业输送人才。来到延安后

---

[1] 新华通讯社史编写组.新华通讯社史(第一卷)[M].北京:新华出版社,2010:474.
[2] 陈丽芬.西柏坡时期的新华通讯社[J].党史博采,2002(11):38-39.

的范长江也参与到延安大学的新闻教育事业中。延安大学是新民主主义革命时期中国共产党在根据地创办的第一所综合型大学。开办新闻专业的重任落在校长李敷仁的肩上。1937年,他为了向爱国群众宣传抗日救亡的理念而创办《老百姓报》。抗战期间,他执行党的抗战教育政策,团结进步师生,反抗国民党的反动教育制度。[1]有丰富宣传教育经验的李敷仁对新闻工作、新闻教育理解深刻。他用高起点的新闻教育方案聘任新华社副总编辑范长江为新闻班班主任,请这位大名鼎鼎的业界专家当"招牌"并为办好新闻专业出谋划策。李敷仁与范长江相识于抗战时期的重庆,两人惺惺相惜,友谊甚笃。[2]范长江给新闻班学生讲话时特别强调,这是中国共产党办的第一个大学新闻系,很难得,他鼓励大家珍惜机会、好好学习,并抽空为新闻班作时事报告,对教学工作给予了极大的关心和支持。[3]在他的提议和引荐下,延安大学抽调杨翊担任新闻班助理员。杨翊求学于湖南大学,1945年8月进入新华社南京分社工作,曾是范长江的同事,后随他一同撤往延安,担任新华总社干事。范长江主张纵使在战争环境下,新闻班也一定要搞下去。他给予李敷仁鼓励和支持,供应报纸,建议"先学些适应的新闻基本知识",百忙中着手编写新闻学讲义。[4]借助范长江的桥梁作用,延安大学新闻班采取学界与业界联动的方式进行人才培养。为了丰富课程教育内容,增强师资队伍建设,延安大学聘任的田方(讲授"采访"),莫艾、金照(讲授"通讯工作""新闻写作法"),张思俊(讲授"资料工作")等均为新闻专业兼职教员。[5]新华社胡绩伟、林朗、普金等也都曾到延安大学新闻班授过课。

担任新闻班班主任的范长江借助自身的社会关系为延安大学的新闻教育争取了业界的专业师资等保障,安排了丰富实用的课程,有力推动了新民主主义革命时期大学新闻教育的发展。与此同时,范长江的社会网络也从新闻实践领域向新闻教育领域延伸。这为他在新中国成立后担任北京新闻学校校长,推进无产阶级新闻教育正规化、专业化的发展奠定了基础。

---

[1] 郑涵慧.李敷仁与抗战教育[J].人文杂志,1982(6):70-73.
[2] 边江,郭小良,孙江.延安大学新闻班:中国共产党创办的第一个大学新闻专业[M].北京:新华出版社,2020:158.
[3] 万京华.新华社与解放区新闻学教育[J].百年潮,2019(1):85-90.
[4] 边江,郭小良,孙江.延安大学新闻班:中国共产党创办的第一个大学新闻专业[M].北京:新华出版社,2020:168.
[5] 《延安大学史》编委会.延安大学史[M].北京:人民出版社,2008:216.

(二) 组织华北记者团：发挥枢纽作用沟通党中央与记者团

范长江在西柏坡的一项重要新闻教育活动是组织华北记者团学习。作为新华社负责人之一的范长江在党中央和记者团之间发挥了枢纽作用，积极沟通传达精神，推动了这项"不寻常的政治和业务训练"[1]顺利完成。这次新闻教育的组织工作也拓展、强化了范长江与记者团成员的关系，很多受训记者成为范长江主持新中国成立初期新闻事业的重要建设力量。

为了深入报道1948年9月启动的土地改革和整党工作，华北分社、《人民日报》社组织吴象、孙宝书、林里、萧航、杜展潮、田流、李千峰、曾文经、苏幼民、张布克、吕光明、邢军、林远、陆灏等二十人的记者团赴新华总社学习。范长江根据记者团人数采取分批座谈的办法，先和萧航等"老记者"见面。他指出，新闻工作感到吃力，应付不过来是常态。革命在发展，一切应付裕如，这不可能，所以必须学习。在与"新记者"座谈时，他重点谈了政策问题。当一位成员提出记者的头脑常常同群众生活、群众迫切需要解决的问题不发生关系的疑惑时，范长江表示新闻工作的根本理论、方针问题就全党来说已经解决。这些理论如何运用，方针如何执行，尚需解决。[2]记者团的部分成员还提出了一些尖锐的问题，例如"记者下去，任务还是规定得很死。'要什么给什么'""要保持记者的独立见解"[3]等。范长江也将上述问题反馈给刘少奇、胡乔木等领导。与记者团漫谈胡乔木的报告时，范长江指出，要改变过去"要啥给啥"的偏向，应当是客观实际是什么就给什么。在他的主持下，记者团用两天时间讨论、消化胡乔木的讲话内容。在谈到具体新闻业务问题时，范长江特别强调"集体采访"问题。他认为目前有经验、成熟的记者不多，而需要采访的内容很多，不成熟或者半成熟的记者都要参加采访，只有通过集体采访的方法将记者组织起来，把经验不足的记者培养起来，才能完成采访任务。在新闻写作方面，范长江提出了"逻辑严密"和"大众化"两点要求，希望记者们尽量多用群众的语言将客观事物自身的规律合乎逻辑地进行文字表达。同时，他还将自己多年积累的采访工作经验，诸如外出采访随身带参考书、资料等传授给记者团，鼓励他们利用好时间不断学习、钻研。

刘少奇作为新华社分管领导认真考虑着"进城"接收以及夺取全国政权后

---

[1] 刘云莱.华北记者团在西柏坡[J].新闻爱好者,1987(8):43.
[2] 钱江.人民日报的诞生[M].北京:人民日报出版社,2018:113.
[3] 钱江.人民日报的诞生[M].北京:人民日报出版社,2018:112.

面临的新闻宣传问题。他通过范长江多次表达自己对记者团的关心。为了做好宣讲,刘少奇事先听取范长江的汇报,准备了详细的讲话提纲。10月2日,记者团来到西柏坡聆听刘少奇讲话。廖承志、范长江、吴冷西、朱穆之等列席。刘少奇发表的《对华北记者团的谈话》从新闻工作的使命、任务、工作路线、工作方法和新闻工作者职业修养等角度,全面、透彻地讲述了党的新闻宣传工作系列问题。华北记者团经过此次集训,学习了党的路线、方针、政策和马克思主义新闻观。在与范长江、廖承志等的交往、座谈、研讨中,他们加深了对新闻业务、基本理论的学习和理解。记者团的成员回到新闻采编一线后经过不断努力成为新中国建立之初的新闻宣传事业骨干。华北记者团的负责人袁勃在新中国成立后担任《云南日报》社社长、云南省委宣传部长,刘希玲任《云南日报》总编辑;吴象任《山西日报》社总编辑;姚天纵任《广西日报》社总编辑;李千峰任《农民日报》总编辑;陆灏任《文汇报》副总编辑。[①]萧航、田流、林里等长期留在《人民日报》社工作,他们也成为范长江担任《人民日报》社社长时期的亲密战友,共同推动着新中国人民新闻事业的建设与发展。

第三节 范长江在新中国新闻事业中的社会网络

1948年下半年,国共进入战略决战阶段。平津战役打响后,中共中央决定由华北局接管平津,并谋划了接管平津后的新闻宣传工作。《中央宣传部关于城市党报方针的指示》(1948年8月15日)、《中共中央关于新解放城市中中外报刊通讯社的处理办法》(1948年11月8日)、《中央关于处理新解放城市的原广播电台及其人员政策的决定》(1948年11月20日)、《中央关于处理新解放城市报刊、通讯社中的几个具体问题的指示》(1948年11月26日)、《中央对新区出版事业的政策的暂行规定》(1948年12月29日)等多个文件反映了中共中央对解放后的城市办报、办社问题有细致、统筹的安排。在新解放城市建立新闻宣传工作网络是争夺民心和舆论领导权的重要措施。这体现了共产党在与国民党军事较量的同时非常注重舆论工作的组织与领导。范长江先后参与《人民日报》(北平版)、《解放日报》和《人民日报》的创办与组织工

[①] 钱江.指航之路的激情跋涉——刘少奇《对华北记者团的讲话》补正[J].中国报业,2012(9):77-80.

作。他在新中国成立初期的新闻事业实践中构建起新的社会网络。

一、创办《人民日报》(北平版)时期的社会网络

根据组织的安排,向北平派出的新闻工作人员由新华社、新华社口播部和《人民日报》三部分人员组成。以新华社副总编辑范长江为首,徐迈进为副,合成"统一编辑部"。[①]他们与《人民日报》副总编辑袁勃、李庄、何燕凌等人一道,在平津军管会彭真、叶剑英等负责人的领导下做好接收北平通讯社、报社的准备工作。1948年12月20日,统一编辑部人员在涿县听取叶剑英和彭真的报告后进驻良乡。范长江、李庄、李千峰到河北玉田平津前线司令部,与第四野战军政治部主任谭政、宣传部部长肖华、新华社四野总分社社长杨赓商谈解放北平的新闻报道分工合作事宜。彭真、叶剑英、赵尔陆12月24日向中央汇报工作,内容为:入城后准备立即出版报纸,开始广播和新华分社工作。报纸拟定名《人民日报》(北平版),争取每日出版。新华总社与《人民日报》社共调来五十一人,其中编辑记者及编辑工作助理人员十四人,统一编辑部由范长江、袁勃负责。《人民日报》先遣队人员纳入范长江序列,大部分人员随他接管国民党在北平的机关报《华北日报》,同时创办《人民日报》(北平版)。[②]

面对新的革命形势与社会环境,城市党报的办报目标和策略必须进行针对性调整。由范长江担负接管、重建北平新闻事业的重任源于党中央对他的信任。《大公报》名记者出身的范长江在长期的新闻工作中积累了丰富的经验,深谙城市报刊的特点、经营方略以及城市群众的需求。经过华中、延安根据地的革命斗争考验后,范长江的党性修养、思想认识、专业水准也符合中央对党报负责人的定位和要求。"报刊使人与人、人与物、人与社会相遇、碰撞、改变和构成的关系形态史。"[③]范长江发挥联通功能,力争上级领导同意,同时着力组建队伍,建立新的关系网络,从而推动了《人民日报》(北平版)的顺利出版。

(一)主动争取上级支持,确保报纸版面规模

在新的形势和工作要求下,负责接管工作的范长江面临着严峻的考验和

---

① 钱江.人民日报的诞生[M].北京:人民日报出版社,2018:181.
② 钱江.平津战役中的《人民日报》[J].湘潮,2007(6):39-41.
③ 黄旦.报纸和报馆:考察中国报刊历史的视野——以戈公振和梁启超为例[J].学术学刊,2020(10):165-178.

突出的困难。为了报纸的顺利出版,范长江与彭真、赵毅敏等市委领导密切接触,争取支持。彭真考虑到进城之初工作头绪多,对报纸的指导工作无法给予足够的精力。为了避免因管理不到位而在重大问题上出差错,他们决定暂时出四开两版,以后条件允许时再扩版。范长江却表示,时局发生重大转折之时是最需要报纸充分报道的时候,必须发表的中央政策性文告和重要新闻也多,很需要版面。两个版的报纸显得单薄,与北平大城市的党报形象不符。他向彭真建议出四开四版。①范长江所领导的队伍人手不多,既要负责接管工作,还要抓紧出版报纸,因此压力非常大。李庄回忆:"长江坚决主张至少出对开四版,说拼命也要完成这个任务。一天 24 小时,我只睡 6 个小时,18 小时都放在报纸上。"②事业心很强的范长江看重党报在满足北平市民需要方面的重要作用,主张发挥报刊的宣传组织与舆论影响的功能,利用报刊帮助北平群众建立起对刚进城的共产党的全新认知。城市人民"迫切要弄清楚时局新的动向,以及共产党对时局如何主张","新闻城市报的新闻要多,才能满足广大城市群众多方面的需要"。③彭真等作为党政领导则非常重视党报的指导性及对社会生活的影响。他们担心报纸上出错给党的形象带来负面损害。他们的担心不无道理,因为刚进城,各项事务百废待兴,当时报纸在宣传方针、口号、表述上时有错误。1949 年 1 月 22 日《中央宣传部转发华北局关于端正宣传工作方针的指示》即指出,某口号有几条原则性的错误,应该深刻的检讨并报告。④这些问题看似问题不大,发出去却影响不小。经范长江的据理力争,彭真、赵毅敏最终同意他的意见出四版,但强调"要特别谨慎"。⑤在《人民日报》(北平版)出版准备中,从宣传政策、编辑方针、稿件内容、用词用语甚至标点符号都要进行请示报告。⑥2 月 4 日的王府井大街人山人海,挤满了希望早些拿到《人民日报》(北平版)创刊号的报贩和市民。出版时间推迟到下午,等着看

---

① 钱江.人民日报的诞生[M].北京:人民日报出版社,2018:210.
② 胡愈之,夏衍,等.不尽长江滚滚来——范长江纪念文集[M].北京:群言出版社,2004:234.
③ 范长江.范长江新闻文集补遗[M].北京:学苑出版社,2019:434-435.
④ 中共中央宣传部办公厅,中央档案馆编研部.中国共产党宣传工作文献选编(1915—1937)[M].北京:学习出版社,1996:779.
⑤ 胡愈之,夏衍,等.不尽长江滚滚来——范长江纪念文集[M].北京:群言出版社,2004:234.
⑥ 叶青青.从农村办报走向城市办报:中共执政初期的党报新闻制度构建——以《人民日报》为例(1948—1953)[D].上海:复旦大学,2011:74.

报纸的人流却始终不散。①立下"军令状"、不肯"慢慢来"的范长江通过不懈努力和积极争取促成北平版的出版,及时传递了党中央的声音,起到了迅速稳定人心、恢复生产的作用。

(二) 组建记者编辑部队伍,探索城市办报模式

《人民日报》(北平版)作为中共北京市委机关报,其社长为赵毅敏,范长江担任总编辑,副总编辑袁勃,秘书长马健民,总编室主任刘希龄,采访部主任李千峰,副主任李亚群,群众工作部主任张更生。范长江在北平办报面临的一大问题是长期在农村从事新闻工作的同志思想与观念陈旧、保守。在根据地从事游击式新闻报道实践的新闻干部既缺乏基本的新闻观念,业务能力也很薄弱。②1949年2月8日,中央宣传部通报批评"在报道上缺乏时间观点,或不善于争取时间,是政治不够敏锐,工作态度不够认真负责,工作作风拖沓粗疏的表现"③。范长江表示:"老解放区记者较注意政策观点,但对新鲜事物往往缺乏感觉,对城市情况,工业生产缺乏知识。后者(新记者)对于城市解放,印象深刻,感情丰富,且对城市生活较熟悉,但对政策不易掌握。"④为了应对这个问题,范长江起用熟悉北平城市环境的"青年军",组建一支有朝气、有活力的报道队伍。为了扩充报社的人员队伍、增加有生力量,北平市委城工部立即向《人民日报》(北平版)报社增调一批原地下党员中的新闻记者。北京大学的陈迹和陈骥、燕京大学的陈泓、清华大学的金凤正是这一时期加入队伍并在范长江的领导下踏上新闻工作岗位的。范长江亲自指导记者们的学习与讨论。当时报社内部针对报纸要不要有社会新闻的议题进行了讨论,一派认为要按解放区的传统,坚决不要社会新闻;另一派主张应适应城市读者要求,刊载与人民生活密切相关的社会问题。办报、办社经验丰富的范长江表现了领导艺术与才能。他表示,报纸不能登过去的所谓社会新闻。第四版开辟副刊,登载文艺作品和一些与人民群众日常生活密切相关的文章,如此可以保持人民报纸的传统,又照顾城市读者的需要。⑤他的结论使争论双方都很满意。方针、政

---

① 李泓冰.记忆中国:新闻串起的历史[M].上海:上海人民出版社,2019:230.
② 叶青青.从农村办报走向城市办报:中共执政初期的党报新闻制度构建——以《人民日报》为例(1948—1953)[D].上海:复旦大学,2011:76.
③ 李庄.人民日报风雨四十年[M].北京:人民日报出版社,1993:77.
④ 范长江.范长江新闻文集补遗[M].北京:学苑出版社,2019:436.
⑤ 胡愈之,夏衍,等.不尽长江滚滚来——范长江纪念文集[M].北京:群言出版社,2004:264-265.

策和办报内容的确定为记者编辑们指明了实践的方向。1949年3月15日,《人民日报》总社编辑部与《人民日报》(北平版)编辑部合并。范长江按照中央的指示随军南下。此后几个月,不断探索城市办报模式的《人民日报》升格为中共中央机关报。

创办《人民日报》(北平版)的工作加强了范长江与北平市委领导彭真、赵敏毅等的联系,赢得了上级对他工作的支持和理解。开展城市办报活动也使他加深了对李庄、李千峰、金凤等青年记者的认识与了解。这些记者们也成为范长江在新中国成立后推动《人民日报》"大转变"改革的主力军。

二、《人民日报》"大转变"时期范长江的社会网络

图4-1 新中国成立初期范长江在《人民日报》社担任社长

1949年12月底,范长江完成上海《解放日报》创刊工作后被调回北京,担任《人民日报》社社长。毛泽东曾对吴冷西说过:"解放前的《大公报》,也有他们的好经验,我们也一定要把对我们有益的东西学过来。"[1]范长江是将《大公报》的经验做法运用到《人民日报》办报实践中的最佳人选。此外,《人民日报》社当时社长由胡乔木兼任,总编辑邓拓此前长期在晋察冀边区工作,缺少在党中央领导人身边工作的经历。因此,他对报社的一些工作"感到力不从心"[2]。邓拓曾代表编委会向中央提出派一位懂业务的得力领导(最好是中央委员)来

---

[1] 人民日报报史编辑组.人民日报回忆录(1948—1988)[M].北京:人民日报出版社,1988:10.

[2] 孔晓宁.范长江与新中国建立初期的人民日报[J].新闻战线,2009(10):89-93.

主政《人民日报》。在此背景下,范长江被派往《人民日报》社履职,担负起推动党中央机关报实现"大转变"的重任。

范长江上任伊始,"决心在中央领导下,把人民日报办成名符其实的中央党报"①。挂帅《人民日报》的范长江自觉肩负起中央对党报进行调整与改革的期许。安岗回忆:"长江同志当时常同我谈怎样办好《人民日报》的问题。他的思想集中在怎样办一张最好的党中央报纸。"②范长江与邓拓为加强党报宣传工作而展开了"大转变"行动。邓拓 1949 年秋天开始担任《人民日报》总编辑。此前他长期在党的宣传系统工作,1937 年赴晋察冀边区任《抗战报》社长兼主编,担任过《晋察冀日报》总编辑、社长,后任新华通讯社晋察冀总分社社长。范长江与邓拓在此前工作并无交集,这是两人的第一次合作。邓拓待人热忱,思想敏锐,有着耿直不阿的性格和典型的中国知识分子气质。在新闻宣传工作方面,他学养深厚,文笔畅达,很多有分量的政论文章都出自他的手笔。学者齐慕实认为,邓拓具有推敲"提法"的天赋。③由邓拓担任《人民日报》总编辑可以发挥他善于撰写权威社论的才能。邓拓总揽报社编辑工作,同长江内(邓拓)外(范长江)配合,共同推动"大转变"工作的深入。④1950 年 3 月,胡乔木在全国新闻工作会议上做了题为《关于目前新闻工作中的两个问题》的报告,其中指出,"我们的编辑部在对领导机关和群众的联系的问题上,存在着一些思想上的糊涂观念",关于改进的问题,一是"改善与领导机关的关系";二是"改善与群众的关系"。⑤此次讲话的精神直接影响了范长江的党报改革。他的改革思路体现在对外改善同领导机关、人民群众的关系,对内重建报社内部的组织机制和运行机制,以办最好的《人民日报》为中心构建起具有连通性的网络,让报纸密切联系实际、联系群众,让《人民日报》更好地发挥党中央和人民群众之间的桥梁和纽带的作用。

(一)加强与领导机关的联系,围绕党报和领导机关构建关系网络

针对报纸严重脱离实际、脱离群众和独立分散倾向等问题,范长江提出的

---

① 李庄.人民日报风雨四十年[M].北京:人民日报出版社,1993:126.

② 叶青青.从农村办报走向城市办报:中共执政初期的党报新闻制度构建——以《人民日报》为例(1948—1953)[D].上海:复旦大学,2011:110.

③ [加]齐慕实.邓拓:毛时代的中国文人[M].郭莉,黄新,译.香港:牛津大学出版社,2016:132-133.

④ 李庄.人民日报风雨四十年[M].北京:人民日报出版社,1993:128.

⑤ 《胡乔木传》编写组.胡乔木谈新闻出版[M].北京:人民出版社,2015:46-55.

改革措施第一条是由中央宣传部约请一批同志担任《人民日报》报评委员会委员,共同组织言论委员会。参加的人员包括前《人民日报》社社长胡乔木、张磐石,马克思主义哲学家艾思奇,马列著作翻译家、编辑出版家张仲实,中共中央马列学院教育长、马克思主义哲学家杨献珍,外交家乔冠华,马克思主义经济学家王学文,新华社社长兼总编辑陈克寒,作家、文艺理论家王任叔,翻译家柯柏年,文艺理论家周扬,马克思主义经济学家薛暮桥、狄超白,法学家何思敬,还有胡愈之、张友渔、钱俊瑞以及报社内的范长江、邓拓、安岗等一批重量级人物。时任中共华北局宣传部部长张磐石任评论委员会书记,邓拓为副书记。这份名单包括了诸多意识形态、经济文教领域的大家、专家,他们基本也是党政机关的领导干部。1949年下半年至1950年2月,《人民日报》很少有本报社论。言论内容均是转载新华社或其他报刊。范长江的举措可以有效加强《人民日报》自身的言论工作,促使报纸与机关干部保持紧密联系。同时,言论工作是赢得中央领导认可党报工作的重要突破口。毛泽东对吴冷西说过:"《大公报》的星期论坛,原来只有报社内的人写稿,后来张季鸾约请许多名流学者写文章,很有些内容,他在延安时就经常看。"[①]解放战争时期,范长江跟随毛泽东转战陕北,深知中央领导对报纸言论的高度重视。言论是《大公报》的一大特色,将《大公报》"星期论文"的做法移植到《人民日报》言论工作中有助于提升报纸言论的权威性和影响力。这也是范长江主张设立言论委员会的初衷。

针对"关门办报"脱离实际、脱离读者的批评,范长江提出要让《人民日报》"耳目灵通""决胜于社门之外"。[②]中央党报此前对中央的意图、工作情况缺乏了解,因此就难以做出能反映现实情况的新闻报道。为此他要求报社编委会委员和组长主动联系中央各个部门,参与各部委的工作会议,同时商请各民主党派、人民团体同意记者列席会议,了解各机构的工作意图和领导思路,及时组织安排报道。范长江本人联系中央财政经济委员会。当时国家的中心工作由革命斗争转为发展国民经济,因此中财委新闻很多,范长江自采自写新闻、评论,出手迅捷。[③]其中《财经工作的新时期——追记二月全国财政会议》正是

[①] 人民日报报史编辑组.人民日报回忆录(1948—1988)[M].北京:人民日报出版社,1988:10.

[②] 叶青青.从农村办报走向城市办报:中共执政初期的党报新闻制度构建——以《人民日报》为例(1948—1953)[D].上海:复旦大学,2011:120.

[③] 胡正强.范长江四篇新闻佚文述略[J].新闻爱好者,2014(8):63-67.

他在对外联络工作中采访写作的文章。陈云、薄一波等领导也应范长江之约为《人民日报》撰写过《为什么要统一国家财政经济工作》《税收在国家工作中的作用》等社论。

(二) 重建通讯员工作网络，依托通讯员丰富报道内容

通讯员参与新闻工作是中国无产阶级新闻事业的一大特色，也是中国新闻事业与国外新闻事业区别的一个重要标志。[①] 1942年《解放日报》的改版确立了"全党办报、群众办报"的路线，培养和发展通讯员成为推动党的新闻事业发展的一项重要工作。

在根据地时期，报社编辑部设在村子里，报社的编辑、记者与为报纸写稿的通讯员成为好朋友。《人民日报》进城初期，原本与报社通联的通讯员多数失去了联系，报纸上群众的声音就减少了。编辑部与农村原有的通讯员断了线，群众来信来稿也被随意丢弃。[②]报社对地方情况、农村情况失去了"耳目"，势必导致报社的报道无法真实客观、全面反映实际。原来几千名通讯员经常向报社提供稿件，如今进城后所发展的通讯员主要是学生干部、机关干部群体，单一的信源和匮乏的稿件数量一度让总编辑邓拓非常苦恼，"我们现在是孤立、被动的，在编辑部坐等稿件上门，闭门编报"[③]。《中央人民政府新闻总署关于改进报纸工作的决定》指出："报纸应当把建立和领导通讯员网和读报组的工作当做重要的政治任务。"[④]关于具体的措施，"报纸编辑部应当经常地用通信和开会等方法去指导和鼓励通讯员的工作，帮助他们学习写出重要的、公正的和迅速的报道"[⑤]。范长江在华中根据地时期即认识到"大家办报"的重要性。他认为，通讯运动是个群众运动，必须按照群众运动的规律及方法做才能做好。[⑥]因此，一要打通干部思想，加强党报观念；二是创造通讯工作的典型，取得经验以推动其他地区；三是要善于发现及培养骨干。为此，范长江强调要引导《人民日报》报社人员扩大与群众的联系，尽快改变"关门办报"的

---

① 杨新正.中国新闻通讯员简史[M].北京：人民日报出版社，2014：2.
② 人民日报报史编辑组.人民日报回忆录（1948—1988）[M].北京：人民日报出版社，1988：85.
③ 人民日报报史编辑组.人民日报回忆录（1948—1988）[M].北京：人民日报出版社，1988：85.
④ 中共人民政府新闻总署关于改进报纸工作的决定.人民时报，1950-04-23.
⑤ 《胡乔木传》编写组.胡乔木谈新闻出版[M].北京：人民出版社，2015：81.
⑥ 范长江.范长江新闻文集补遗[M].北京：学苑出版社，2019：421.

倾向。

在"大转变"中,范长江要求由一位报社编委专门分管通讯员工作,规定各部门负责人都要负责领导通讯员工作,具体措施有:第一,及时回复通讯员的来信来稿;第二,编辑部经常要为通讯员设立报道题目;第三,派记者与通讯员联络,请通讯员赴编辑部谈话,沟通工作;第四,召开通讯员座谈会,交流心得体会,报社承担通讯员投寄稿件的邮资、邮费等。[1]报社还将通讯员工作纳入记者、编辑考核工作中,规定了培养、组织通讯员写稿,地方记者站记者每月至少组织通讯员撰写一篇稿件的要求,无法完成任务则需扣除百分之十的工资。[2] 1950年下半年,范长江认为《人民日报》在联系群众方面仍然存在较大弱点。编委会经他提议决定由李庄统一管理报社对外联系工作,督促编委会和各组同志扩大对外群众的联系面,通过报社派出的记者与为报社供稿的积极分子联系。程庆丰、赵国臣被报社指定通过发行和读报组等渠道与读者群众加强联系。为了细化工作实效,范长江要求:编辑部每一个工作人员都应知道与自己工作有关的人员的地址、电话号码,甚至知道他们的工作方式、生活习惯,最好做到随时能与他们联系上。"要提高编辑部与各个方面的干部、群众之间进行联系的灵敏度,现在我们对外联系的神经区是太迟钝了。"[3]他专门提醒值班电话是编辑部对外联系的枢纽地带,要安排人员二十四小时接听,并及时通知有关人员。

新中国成立初期,国家对苏联采取"一边倒"的方针,宣传事业也大力学习、引进苏联办报经验。范长江在1950年8月依据斯大林的提法提出,通讯员应当是"社会活动家"。此后一年中,他反复思考通讯员工作,认为要将一般通联工作改变为发现、培养和联系"社会活动家"式的通讯员。在他看来,"社会活动家"通讯员不仅仅是投稿人,还应经常用文字、口头或电话等方式向编辑部反映有关国家与人民利益的问题,反映群众舆论,对党和国家的工作不足提出批评和建议。发展通讯员"社会活动家"应该从经常来稿、来信、来访的人员中选拔;编辑部对他们从政治思想上加强联系,同时通讯员和编辑之间不必

---

[1] 孔晓宁.范长江与新中国建立初期的人民日报[J].新闻战线,2009(10):89-93.

[2] 李俊.中国共产党党报通讯员制度的历史演变[J].新闻与传播研究,1990(1):66-82.

[3] 人民日报报史编辑组.人民日报回忆录(1948—1988)[M].北京:人民日报出版社,1988:92-93.

有固定的组织关系。①在各地设立《人民日报》特约记者也是范长江的主张。1951年5月4日,他主持起草的《关于人民日报特约记者应如何工作》中指出:"特约记者不但要及时反映中央的方针任务在各地实施的状况,特别是典型经验;而且要十分注意反映党内外群众舆论的动向,包括群众对中央的提示、决定、号召的反应,群众对党和国家机关和干部的评论,群众对党和国家各项工作的创议。还要求特约记者在自己周围团结一批为人民日报写稿和反映情况的积极分子。"②范长江花了大量的精力来组织、领导通讯员工作,但实际效果不尽如人意。1951年6月18日,报社编辑部印发信件号召全国各地通讯员提供反映基本建设问题的材料。太原钢铁厂通讯员、全国劳模王贵英于8月下旬给报社写信,反映钢铁厂建设中的问题,他经过细致调研走访发现了生产管理、工人福利等工作中的诸多缺点。信件寄出后,《人民日报》的相关人员并未正确处理,无果而终。范长江11月在山西调研采访时遇到王贵英,得知他曾向报社反映过情况却没有下文。经过范长江调查,原来报社经手共计六人,可是谁也没有把信中内容搞清楚,还回信请王"补充具体事实",而原信中的情况已交代得非常清晰。遭遇此事后的王贵英向范长江表示,报社不信任他,他也就不再给报社写信了。③由此,范长江发现了通信联络工作存在的巨大问题,报社内部部分人员群众观点不强,严重缺乏应有的实际知识,不能意识到信件中的严重问题。在报社,范长江时常批评对待通讯员、读者来稿时"打太极""虚晃一下对付"等行为。④

此外,范长江提出了在各省市建立记者站,形成通信网络;在各省市建立发行站,形成发行网络;广泛组织读者会、读报组;记者和发行工作者要同通讯员、广大读者密切联系。这些通信联络措施和手段奠定了新中国成立之初党报的制度和方针。在他的大力推动下,曾经中断的基层通讯工作又重新发展了起来,《人民日报》登记在册的通讯员投稿人数达到一万人。据1952年5月的统计,《人民日报》通讯员队伍的构成状况是工人占6.7%,农民占1.3%,土

---

① 人民日报报史编辑组.人民日报回忆录(1948—1988)[M].北京:人民日报出版社,1988:94-95.

② 人民日报报史编辑组.人民日报回忆录(1948—1988)[M].北京:人民日报出版社,1988:93.

③ 胡愈之,夏衍,等.不尽长江滚滚来——范长江纪念文集[M].北京:群言出版社,2004:257-258.

④ 燕凌.范长江当《人民日报》社长的日子[J].炎黄春秋,2004(9):35-40.

兵占4.7%,知识分子占4.8%,干部和工作人员占82.5%。[1]由通讯员构建的通讯网络初步形成,报社也因此获得了丰富的稿源。广大通讯员为人民政权的巩固、发展和社会经济进步做出了贡献。

(三) 重构报社内部组织系统,大力培养人民新闻事业的名记者

范长江担任《人民日报》社社长之初正值苏联电影《大转变》上映。他借此电影动员大家提高思想水平,全力投身《人民日报》"大转变"行动。经过多年的洗礼和熏陶,范长江的组织观念很强,在领导党报工作时,非常强调组织性和制度建设,以组织制度为抓手推动报社内部系统的重构,激发报社人员的活力和主动性,改变以往被动的工作状态。

范长江的内部改革首先从报社的编委会开始。新组建的编委会由范长江、邓拓、安岗、萧风、李庄、杜波、林淡秋构成。他们分工主持总编室的各个小组(包括党的生活组、财经组、工业组、农村组、政文组、文艺组、人民园地组、国际组、地方通讯组、资料组等),每个人分工联系政府各部门、民主党派、人民团体,具体分工为:总编室主任萧风负责编辑部下设的各个编辑组的日常编辑与通联工作,对外联系中央财政、金融、贸易等机关部门;总编室副主任李庄分管记者工作,负责联络工农业生产、农村工作等部门;编委林淡秋主编《人民园地》,负责读者服务工作。范长江负责对外联系财经部门,总编辑邓拓负责报纸言论工作,联系文教部门,编委会会议制度也由此建立。每周六下午召开编委会正式会议,通报国内外重大事宜,研讨报社近期工作与重要选题,分派、安排各项工作任务。[2]编委会自1950年3月28日至11月18日共计召开了三十次,每次会议都有完整详细的会议记录。第三次编委会会议后,范长江提议每次开会后向中宣部做出书面报告,以此寻求上级帮助与指导。会议讨论通过《关于实行审稿负责制的意见》《总编办公室工作暂行条例》《本报通讯员工作暂行条例》《本报对来稿来信处理暂行办法》《版面编排原则的几项规定》等制度。这些制度有力规范了报社的组织与运行方式,为中共党报工作的组织制度化和规范化建设奠定了基础。[3]伴随着制度的确立,新的编辑部组织架构也逐步形成。范长江充分考虑到编辑部工作的性质和方法,参考胡乔木在改进

---

① 杨新正.中国新闻通讯员简史[M].北京:人民日报出版社,2014:116.
② 孔晓宁.范长江与新中国建立初期的人民日报[J].新闻战线,2009(10):89-93.
③ 叶青青.从农村办报走向城市办报:中共执政初期的党报新闻制度构建——以《人民日报》为例(1948—1953)[D].上海:复旦大学,2011:115.

报纸工作讲话中提出学习苏联《真理报》的要求后,设计、出台了编辑、采访、通讯合一的办法,以专业化的思路打造编辑部。应他的要求,编辑部分设五个组,第一组负责政治、军事、法律要闻及全部版面的拼版;第二组负责交通、农业、工矿生产等报道;第三组承担财政、金融、贸易的报道;第四组负责文化教育和党的生活、青年团工作报道;第五组负责文艺副刊、《人民园地》等。各组归口总编辑直接领导,组长由编委担任,有利于提高效率,方便人员的调度。1950年8月,报社编委会在总结过去一年工作时提出要继续学习《真理报》,深化对报社执行机构的改组。会议决定以秘书处作为报社日常编辑出版与行政工作的执行机构,副总编辑安岗兼任秘书长,郭渭、李庄、王友唐任副秘书长。秘书处下设新闻组、经济组、国际组、地方通讯组、党的生活组等小组,从而完成了秘书处代替总编室的转换。总编室主任萧风、副主任李庄、《人民园地》主编林淡秋、言论秘书杜波和新闻工作专刊主编黎澍为秘书处下属的五位编委会委员。经过此次改组,编辑部的分工进一步专业化、专门化。

"飞行集会"是范长江的另一项改革措施。这种会议模式亦源于苏联《真理报》,是以简短的方式进行面对面沟通,从而提高报社内部组织效率的方式。在范长江主导下,这种编辑部简短会议每周召开一两次,从编委到普通编辑、记者都来参加。[①]飞行集会的内容有传达中央指示,提出宣传方针;部署工作,安排任务;检查报纸,表扬批评;沟通信息,交流情况。[②]在当时的条件下,这种集会形式有助于快速把握中央的方针,实现信息高效交流,促进各部门的沟通与协调。

在《人民日报》的队伍建设中,范长江尤其重视对青年记者的言传身教和悉心培养。他在与报社的青年记者交往中以亲切随和而又不失原则的态度,帮助他们提升政治理论水平和新闻工作能力,力争为人民新闻事业培养出一批无产阶级名记者。《人民日报》作为中央党报处于发展初期阶段,报社内有诸多从根据地来的老同志,他们一时间难以适应城市办报的新环境,因此在工作实践中时常犯错而受到范长江的批评。据金凤回忆,长江同志对工作疲沓的老同志颇不客气,批评他们凭老资格吃饭,工作上不求上进。在飞行集会中范长江常提出的问题让一些同志张口结舌,十分窘迫。"报社不少人有些怕长

[①] 孔晓宁.回忆范长江——率领党中央机关报踢开头三脚[J].中国报业,2017(3上):84-87.

[②] 人民日报报史编辑组.人民日报回忆录(1948—1988)[M].北京:人民日报出版社,1988:404-405.

江同志,怕挨他批评,怕挨他骂。奇怪的是他从来没有批评过我们这些新同志,我也不怕他。他见了我总是笑嘻嘻地。"①可见,范长江对老同志和新人表现出两种截然不同的态度。究其原因,青年记者群体作为报社"新鲜血液"工作更积极、可塑性更强,且部分记者是北平的大学毕业生,他们思想敏锐,知识丰富,活动能力也强。对范长江而言,他们是《人民日报》实现"大转变"的希望。因此,范长江在实际工作中自然会对青年记者有所偏爱。

李庄是北平解放时就和范长江共事的记者。他将范长江视为学习的榜样。"他很谦逊,本不愿谈,见我诚恳,只得说说,话开了头也就多了。"他认为,"当记者,要以从容对匆忙",工作要"力求从容、镇定","长江用他的经验'点破'了我,一时似有豁然贯通的感觉"。②范长江将自己采访中"重视收集旧县志,重视材料中的事实加以分析"等秘诀传授给李庄。为了鼓励、帮助李庄成长,范长江派他去长辛店报道铁路工人恢复生产情况。因为其他人员的失误,范长江错误地批评了李庄。得知事情原委后的范长江主动向他道歉,并进行自我检讨。这件事让李庄记忆深刻,也让他对范长江心怀坦荡的人格和光明磊落的工作作风非常钦佩。《人民日报》(北平版)出版时,李庄鼎力支持范长江的主张,和他一道在办公室打地铺,同甘共苦,推动接管工作的顺利运转。朝鲜战争爆发后,社长范长江委派李庄奔赴前线采访。他鼓励李庄:"稿子不嫌多,越快越好,你的稿子我来处理,随到随发。"③李庄追忆:"我听他的秘书赵烽同志说,我在朝鲜战争期间写的通讯,绝大多数是长江亲自处理的。"长江有一次凌晨看拙作《复仇的火焰》并通知印刷厂临时换一版的稿子。他亲自给通讯开头增加几个字。④范长江多次和李庄交流党报新闻工作的方法和思路问题,在范长江的言传身教下,李庄逐步成长,锻炼出了很强的业务能力和党性修养,后来也担任了《人民日报》总编辑,成为人民新闻事业的优秀领导者。

范长江将青年记者投入第一线采访工作,对他们给予充分的信任并放手使用。"长江对青年记者的要求非常严格,但又和蔼可亲。他坚持高度的原则

---

① 胡愈之,夏衍,等.不尽长江滚滚来——范长江纪念文集[M].北京:群言出版社,2004:268.

② 胡愈之,夏衍,等.不尽长江滚滚来——范长江纪念文集[M].北京:群言出版社,2004:231-232.

③ 李庄.人民日报风雨四十年[M].北京:人民日报出版社,1993:106.

④ 胡愈之,夏衍,等.不尽长江滚滚来——范长江纪念文集[M].北京:群言出版社,2004:238.

性,同时又富有说理精神,使人心悦诚服。"①王敬、陈泓等还回忆称,范长江对待青年记者写稿时不仅要求在政治思想、政策方针方面严格推敲、一丝不苟,而且对文字乃至如何抄写都提出严格要求。他曾对当时《人民日报》最年轻的女记者金凤说过:"一个报纸办得好不好,能不能吸引读者,关键在于要有好的评论,好的新闻和好的通讯。要培养出一批国内外读者都很熟悉的名记者,使读者看了他的名字就想看他的文章。"②范长江的这种认知在很大程度上源自《大公报》。他自己正是在《大公报》平台上成名并被全国读者熟知的记者,他掌舵下的《人民日报》则有意识地借鉴这套人才培养模式来推动党报人才队伍的建设。在范长江的悉心教导和督促要求下,金凤、柏生、林洪、陈骥、古进、寿孝鹤等一批青年记者获得大量学习、采访的实践机会,新闻通讯采写等业务水平显著提高。

三、范长江离开《人民日报》的社会网络因素考察

范长江在《人民日报》工作总结中曾说:"我们报纸和报社的每一个方面每一个环节都应该做到全国第一,都应该达到中央要求达到的水平。"③在高目标的指引下,他殷切期望报社工作人员不断提高思想认识和工作能力,切实改变从农村带来的与城市办报不符的旧观念、作风、工作方法和生活习惯。范长江凭借着一腔热情和对党报事业的衷心持续推动"大转变"的各项改革措施。大刀阔斧的改革让《人民日报》发生了不小的变化。刘少奇在范长江上任三个月后评价:"人民日报有点看头了,有生气了。"④然而到了1952年6月,范长江离开了《人民日报》社。深入范长江、邓拓等人的社会网络或能窥探范长江离开的历史原因。

---

① 人民日报报史编辑组.人民日报回忆录(1948—1988)[M].北京:人民日报出版社,1988:79.

② 胡愈之,夏衍,等.不尽长江滚滚来——范长江纪念文集[M].北京:群言出版社,2004:267.

③ 胡愈之,夏衍,等.不尽长江滚滚来——范长江纪念文集[M].北京:群言出版社,2004:255.

④ 人民日报报史编辑组.人民日报回忆录(1948—1988)[M].北京:人民日报出版社,1988:89.

(一) 范长江就任《人民日报》社社长：嵌入新的社会网络

《人民日报》最初于1946年5月由中共晋冀鲁豫中央局创建。1948年与《晋察冀日报》合并成为中共华北局机关报。1949年8月升格为中共中央机关报时的《人民日报》由张磐石任负责人。报社中的王友唐、安岗、李庄、杜波、吴象、林韦、郭渭等均是《人民日报》创刊时期的记者、编辑人员。升格后报社大部分人员是从晋冀鲁豫和晋察冀根据地而来、长期在农村地区办报的党报工作者。韦明、李千峰、李庄等是"三八式"干部，大多是在抗日战争初期参加革命并加入中国共产党。调任总编辑的邓拓同样出自晋察冀根据地，1930年入党的他曾长期主持《抗敌报》以及更名后的《晋察冀日报》。抗战时期，笔锋犀利的邓拓是写评论和社论的高手。《晋察冀日报》与晋冀鲁豫《人民日报》合并后，他调任华北局政策研究室主任。此后一段时间，他跟随彭真在北京市委负责宣传和政策研究工作。据张磐石回忆，廖承志跟他私下交谈时说，中央将邓拓调到《人民日报》的原因是他"笔杆子硬，也有学问。他虽然有书生气，但有中央领导可发挥得更好"[1]。《人民日报》老记者纪希晨回忆，正在治疗腰伤的邓拓在赴任总编辑前曾忍着伤痛去《人民日报》社看望编辑部的战友。可见，邓拓与报社的老编辑记者群体有着较深的交情。邓拓担任《人民日报》总编辑也算是重新回到自己熟悉的场域和人际网络中。

而范长江就任《人民日报》社社长则与邓拓担任总编辑有着显著的区别。1942年，毛泽东与《解放日报》记者莫艾谈话时流露过"党的新闻工作将来还是需要他(范长江)来办的"[2]的想法。自1937年访问延安后，范长江与毛泽东、周恩来、刘少奇、陈毅等共产党领导人形成了良好的关系。他组织"青记"、国际新闻社，创办《华商报》以及进入根据地后所开展的富有成效的新闻实践，赢得了党内领导的认可。转战陕北期间他跟随党中央行动，更加深了彼此之间的了解。党中央领导对范长江的工作也给予了肯定，调他出任中共中央机关报负责人，成为《人民日报》城市办报模式的领导者与探索者。如果说邓拓担任总编辑是回到旧网络之中，那么对范长江来说，他就任《人民日报》社社长则是嵌入新的关系网络之中，因为他与报社老同志彼此不熟悉亦不了解。在新关系网络中推进党中央所期待的党报改革对范长江而言更是一项艰巨的挑战。

---

[1] 钱江.人民日报的诞生[M].北京：人民日报出版社，2018：316.
[2] 齐志文.记者莫艾[M].北京：光明日报出版社，2010：186.

(二) 范长江与邓拓不同的社会网络形态造成差异化认识与矛盾

范长江和邓拓作为领导《人民日报》"大转变"的合作伙伴有着共同的愿景和追求,他们都希望将中央机关报办好。同时,两个人又性格迥异,处事方法、策略、话语方式等有明显的差异。邓拓给人留下的印象是"谦虚、正派,道德高尚,待人热情。只要认识的人,见面总打招呼"①。报社的同志无论哪个级别,都亲切地称呼他"老邓"。胡绩伟回忆中的邓拓,"领导作风民主,平易近人;对干部循循善诱,平等商讨,虚心听取大家的意见。有个时期,报社几乎天天都受批评,我们常常出大小差错,但他总是主动承担责任,尽量保护干部的积极性。对于来自某些方面的责难和干扰,他常常一个人顶着,独自排解;他忍气吞声、胸怀宽广、处之泰然"②。从个体性格和处事方式来看,邓拓的性格内敛、低调,对他人的态度尤其是出现问题时表现得比较温和。相对而言,范长江则显得比较急躁。和范长江关系密切的李庄认为,长江在人民日报的两年间,也许是由于他的性格中本来就有些粗暴和锋芒毕露的因素……他对人的批评有些话说得失之鲁莽或过于尖刻,伤害过一些好同志"③。

城市办报模式的实践本质上需要彻底改变、破除以往党报在农村办报模式的思想观念束缚,变被动为主动,变等待指令为主动出击,对报社的组织架构、管理制度、经营方略、运作机制,报社人员的思想状态、精神面貌、业务水准、工作方法、生活方式进行全方位的调整。全方位的改革需要系统的支撑和资源的支持,同时还需要有具备战略思维与进取精神的领导者。"大转变"改革初期,邓拓也意识到党报的问题所在,积极配合范长江共同开展一系列工作,使得改革工作步入正轨。但随着改革的深入,在诸多工作出现阻力、遭遇困难之时,范长江会表现出急躁冒进,甚至以强硬的手段和严厉的措辞来推动制度的实施。与邓拓等报社的老党员同志产生矛盾后,范长江性格方面的缺点就暴露出来了。这也导致他无法被报社内部的老革命同志所接纳和认可。尤其在一些问题中,范长江对老干部的严厉训斥和辱骂更激化矛盾,致使双方

---

① 人民日报报史编辑组.人民日报回忆录(1948—1988)[M].北京:人民日报出版社,1988:302.

② 人民日报报史编辑组.人民日报回忆录(1948—1988)[M].北京:人民日报出版社,1988:273.

③ 人民日报报史编辑组.人民日报回忆录(1948—1988)[M].北京:人民日报出版社,1988:95.

陷入僵局。范长江自身的性格弱点所引发的冲突是他最终离开报社的导火索。而这种冲突的根源在于双方对党报新闻工作的差异化认知。彼此不同的社会网络则是这种差异化认识形成的基础。

邓拓在报社进行自我批评时说:"他曾不加批判地提出了'学大公报'的口号。"①这从侧面说明《大公报》做法对《人民日报》城市办报模式的影响。而大力推行《大公报》做法的正是范长江。他的新闻工作方法、新闻思想认知深受《大公报》所形成的社会网络影响。例如《大公报》对"联结建网采集新闻的方式"非常重视。②胡政之常教导青年记者,要"做外勤的人,首先须在社会上建立好多方面的联系。有了这种基础,不但新闻来源不竭,而且有时新闻还会自动送上门来"③。范长江在《人民日报》社提出的派出记者前往各地进行实际工作报道、"社会活动家"、建立记者网、发行网等旨在强化报社与外部社会组织、机构联系的做法也是受其启发。

再如,"传帮带"制度对《大公报》记者的职业社会化与组织社会化产生过重要的影响。④在对《人民日报》青年记者的熏陶和培养方面,范长江也将"传帮带"思想运用其中。他对李庄、金凤等记者的言传身教让他们快速领悟新闻工作的真谛,适应新岗位的需要。他还直接指挥记者采访工作,帮助记者制订报道计划,亲自处理稿件,帮助总结工作等。《大公报》工作的经历让范长江练就了"人寻新闻"⑤的本领。无论是西北采访还是战地报道,他都能积极通过各种路径寻找不同的角度展开新闻工作。他可以使用各种方法主动去采访重要而又为人们所不知的新闻。范长江在《人民日报》主政期间也极力倡导这样的工作方法。他主张记者要"耳目灵通""目光四射"⑥,并针对根据地时期"一切听候组织安排"的被动工作状态而提出"凡事要积极争取"的观点。

《大公报》培养名记者的做法也深深影响着范长江。他在年轻同志中大力提倡争做名记者。金凤曾回忆范长江以杨刚和子冈为例对她进行的鼓励:"过

---

① 叶青青.从农村办报走向城市办报:中共执政初期的党报新闻制度构建——以《人民日报》为例(1948—1953)[D].上海:复旦大学,2011:132.
② 路鹏程.民国记者的关系网与新闻采集网[J].国际新闻界,2012(2):108-113.
③ 王瑾,胡玫.胡政之文集(下)[M].天津:天津人民出版社,2007:1076.
④ 路鹏程.传、帮、带:民国新闻记者的职业社会化与组织社会化——以《大公报》为例[J].传播与社会学刊,2016(4):35-68.
⑤ 路鹏程.民国记者的关系网与新闻采集网[J].国际新闻界,2012(2):108-113.
⑥ 胡愈之,夏衍,等.不尽长江滚滚来——范长江纪念文集[M].北京:群言出版社,2004:236.

去《大公报》是很重视这一点的(培养国内外读者都熟悉的名记者)。评论王芸生先生亲自抓,还直接指挥和培养了一批名记者。我不算数。男记者有萧乾和徐盈,女记者有杨刚和子冈。"①在"关系本位"社会,人们为加强彼此之间的情感关系最常用的方式就是送礼和请客,而记者对后者尤好从之。②《大公报》时期,饭局是记者人际交往、社会交际的重要渠道。报馆也为记者工作提供事业经费,帮助他们顺利打开局面。因此,请客吃饭在范长江过往的社会网络形成与发展中是稀松平常之事。他担任社长后也会请报社同仁"下馆子,谈事情"。1950年,《人民日报》编委会公布的驻地记者工作任务与工作方法中的第五条是:本报记者站目前可暂时设在当地报社、通讯社或其他机关附近,或机关内。可设置一件简单交通工具(自行车),并配备一名助手,规定少许办公、招待费。驻地记者每人配备一台照相机,学习照相。驻地记者的政治待遇,一律在介绍信中注明,便于驻地记者参加当地领导机关有关的会议及阅读文件。③这条规定的实施也是适应城市办报的需要,为记者外出采访提供尽可能的便利条件。不可否认,范长江在《人民日报》城市办报的模式探索受到《大公报》经历的启发与影响。他在党报发展中所力推的制度建设、工作方法、行为观念、人员培养等映衬出他在以前的社会网络中所习得的认知。

报社中以邓拓为代表的宣传干部群体长期在革命根据地生活、工作,过往他们的社会网络的实践空间主要在农村,对城市生活、城市工作方式乃至城市办报并不熟悉。这群宣传干部在晋察冀、晋冀鲁豫根据地有着较丰富的新闻宣传工作经验。他们普遍经历过整风运动,思想得到改造与统一。1942年,《解放日报》刊文《增强报刊宣传的党性》要求克服宣传人员中闹独立性的倾向,务必使通讯社及报纸的宣传完全符合于党的政策。④"个体校正了之前的价值与信念,成为组织中的标准一员。"⑤此后,党性原则成为他们新闻宣传实

---

① 胡愈之,夏衍,等.不尽长江滚滚来——范长江纪念文集[M].北京:群言出版社,2004:267.

② 路鹏程.论民国新闻记者交际费用的来源、使用与影响[J].新闻大学,2017(2):38-45.

③ 参见:孔晓宁《范长江与共和国建立初期的人民日报》,人民网,2012年11月27日.

④ 中共中央宣传部办公厅、中央档案馆编研部.中国共产党宣传工作文献选编(1915—1937)[M].北京:学习出版社,1996:460-461.

⑤ 刘海龙.宣传:观念、话语及其正当化[M].北京:中国大百科全书出版社,2013:267.

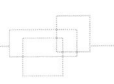

践的根本原则。这一原则也要求他们放弃自身的独立性,无条件地接受党的领导,与党保持高度一致,成为党的喉舌和党组织的一部分。[1]陆定一的《我们对于新闻学的基本观点》则形塑了他们对新闻工作的认知和理解。这篇文章强调新闻工作者要"做人民的公仆",只有把尊重事实与革命立场结合起来,才能做个彻底的唯物主义的新闻工作者,办党报的人,千万要有群众观点,不能有"报阀"观点等理论观点[2],系统教育、改造了党报新闻工作者的思想态度和理论意识。经过思想改造的"新型记者"一切要依照党的意志办事,一言一动、一字一句,都要顾到党的影响。个体必须服从于集体主体。[3]1948年,彭真在《改造我们的党报》中进一步强调:报纸不是模仿资产阶级的技术,不能以纯粹技术观点来编辑报纸。我们的报纸是一个革命的战斗的武器。[4]邓拓在边区的工作就是按照党的意识形态进行积极的阐发和宣传。他编辑边区最主要的报纸致力于打造官方的新闻和文化事务方面的指导思想,使其日益得到组织化的实现。邓拓主持的《晋察冀日报》提供了一个华北的中共宣传机构的制度性文化样本,也展示了政治和意识形态如何在特定机构内部的日常工作实践中发挥作用。[5]邓拓认为,整风运动的目标是报纸的正规化。正规化意味着无论是在比较安定的情况下还是在形势急剧变化时,都能顽强地坚持一定的制度、保持一定的秩序,把生产技术与工作效率尽可能地提到最高程度。加强工作中的党性是搞正规化的基础条件。[6]他所领导的宣传干部通过正规化的训练,在制度、纪律、思想等方面得到规训与形塑,他们一方面表现出对党的事业的绝对忠诚,另一方面他们又如同革命机器上的螺丝钉一般力求精确地传达上级组织领导所决定的文化内容。这也直接导致宣传干部的工作方式是"被动地等候指令",而缺乏去深入基层、联系群众,进而发掘新闻的本领。阶级观念与意识

---

[1] 刘海龙.宣传:观念、话语及其正当化[M].北京:中国大百科全书出版社,2013:248.

[2] 中共中央宣传部办公厅,中央档案馆编研部.中国共产党宣传工作文献选编(1915—1937)[M].北京:学习出版社,1996:526-534.

[3] 李金铨.报人报国:中国新闻史的另一种读法[M].香港:香港中文大学出版社,2013:332.

[4] 参见:彭真.改造我们的党报[N].晋察冀日报,1948-01-29.

[5] [加]齐慕实.邓拓:毛时代的中国文人[M].郭莉,黄新,译.香港:牛津大学出版社,2016:53.

[6] 王必胜.风火十年写纵横——邓拓同志在晋察冀边区新闻宣传活动记述[M].新闻史料(第五辑),天津:天津日报社,1983:1-7.

也深刻影响他们对新闻工作的认识,造成他们处于相对封闭的状态。李庄表示,解放后他采访时还有一种十分幼稚的阶级意识,不愿意也不大敢同北京著名商铺人员接触,结果妨碍了对这个领域丰富知识的学习,阶级意识也限制他同一些上层民主人士接近,对工作颇有损失,实在愚昧之至。[①]后来他曾反思,搞新闻工作,特别是外勤记者,如果在那些同本职宣传报道直接相关的部门和地区结交一些朋友,建立一些"支点",经常交流思想、采集信息、征引舆论、积蓄知识,对于提高个人的思想水平,密切新闻机关同实际的联系,肯定大有好处。由此可以看出,上述一些新闻工作中的做法如结交朋友、建立"支点"等在以往根据地时期是不存在的。毛泽东曾说:"革命不是请客吃饭。"通过请客吃饭来结交关系,提升新闻工作,这在根据地根本不必要。在农村根据地办报和在城市办报所面对的形势、环境、条件完全不同,所以报纸的采访对象、受众需求、工作方法也不尽相同。根据地办报的宣传干部党性意识、政治意识、阶级意识、革命意识浓烈。在这个以政缘为基石的社会网络中,他们对共产主义和中国共产党有着高度的信仰。他们以党性为报纸的根本原则,在新闻宣传工作中履行着对党组织的义务,扮演着"集体喉舌"[②]的功能。

(三) 旧网络形成的技术范式与认知决定了范长江的"离场"

综上所述,范长江在《人民日报》的"大转变"中重点从新闻工作的"技术"角度出发进行改革,着力促进报纸工作人员业务能力的提升以适应城市办报的要求。这样的改革路径源于他过往在《大公报》等社会网络中受到的影响与熏陶。因为作为民国时期专业报纸的代表《大公报》所推行的技术范式是其在报业竞争中取得优势地位的重要手段。按照中央的要求,将《大公报》的技术(制度、管理、人才培养、工作方式)移植到《人民日报》在城市的探索中或能有效推动"大转变"的实现。报社内的邓拓等老资历宣传干部群体所接受的认知上是政治第一,技术第二。《政治与技术》强调,"把政治放在第二位,其直接的结果,就是政治上的自由主义,这种自由主义发展到一定限度,就会被敌人所乘,这是不待言的"[③]。"首先是一个共产党员,然后才是一个记者,这是一个

---

① 李庄.人民日报风雨四十年[M].北京:人民日报出版社,1993:79-82.

② 李金铨.报人报国:中国新闻史的另一种读法[M].香港:香港中文大学出版社,2013:331.

③ 政治与技术:党报工作中的一个重要问题[N].解放日报,1943-06-10.

基本观念,任何时候都不能忘记或违反。"①"延安《解放日报》主体的改造,恰是要打破专业主义的自豪感,从而以党的一元化领导和党性,对记者编辑重新规训和制度化。"②这种主体改造也从延安延伸到晋察冀、晋冀鲁豫等根据地的报刊实践中。接受"主体改造"的宣传干部群体必须在政治的逻辑内重新认识自己的地位和价值。③因此,范长江与邓拓等人的认知差异反映了由于不同社会网络所形塑出的"技术"与"政治"的博弈,在范长江看来是"技术"的问题,在邓拓等人看来是"政治问题"。例如,参与社交活动对范长江来说是新闻采访工作的一部分,"吃饭好讲话"意味着以饭局为媒介可以增强感情,获取信息,建立友谊,方便工作。但是这在邓拓等宣传干部看来就是"资产阶级"的表现。再如,邓拓指出的范长江介绍叶厥荪担任特约记者违规一事。当时《中宣部和〈人民日报〉社关于在各地设立〈人民日报〉特约记者的通知》决定在省市区党委所在地及重要工矿地区设立《人民日报》特约记者。文件第二条指出,"人民日报的特约记者由中央局分局及省、市、区党委及主要工矿区党委之宣传部就当地党报或工人报编辑或其他人员中选择条件适当者向人民日报报社提出。其条件为:有观察与写作能力,而熟悉当地工作情况之党员干部"④。党报工作有明确的组织性和纪律性,涉及人事工作更需要依靠组织原则,认真把关并进行政治审查。这在邓拓看来是重要的"政治问题"。范长江在处理该问题时对制度和原则的理解、把握存在偏差,引起报社人员的抵触与质疑。

回看范长江的人生轨迹,他终究是经过了艰难探索后加入中国共产党并追随党的领导人参与无产阶级革命的新闻人。他曾扮演了共产党与《大公报》之间的联结者角色,占据着不同社会网络的枢纽位置。正是这样的社会网络位置决定了他在加入共产党、投身人民新闻事业的建设后无法成为新的社会网络的中心。范长江的资历、可用的社会资本并不足以支持他仅凭一己之力而完成中央党报改革这项艰巨的挑战。金凤曾说:"当惯《大公报》名记者的长

---

① 丁济沧,苏若望.我们同党报一起成长——回忆延安岁月[M].北京:人民日报出版社,1989:46.
② 李金铨.报人报国:中国新闻史的另一种读法[M].香港:香港中文大学出版社,2013:348.
③ 李金铨.报人报国:中国新闻史的另一种读法[M].香港:香港中文大学出版社,2013:348.
④ 中国社会科学院新闻研究所.中国共产党新闻工作文件汇编(中)[M].北京:新华出版社,1980:188.

江同志很可能也适应不了当共产党中央机关报的社长。"[1]此话在某种程度上揭示了范长江离开《人民日报》社的必然性。在党报语境中,"政治第一,技术第二","我们必须反对'技术第一'的观念,采取'政治第一'的口号","新型的记者,比之以前任何的名记者更伟大得多"。[2]范长江作为一名有着强烈新闻专业主义精神、名记者出身的领导者,却试图以"技术"为突破口来推动党中央机关报改革发展,其难度和结果在当时可想而知。这也揭示了范长江主持《人民日报》"大转变"未能成功的重要原因。

第四节　社会网络对无产阶级新闻人范长江的影响

范长江来到根据地后进入了全新的社会场域和空间,开始了在党的直接领导下开展工作的人生新阶段。"华中敌后根据地之各种建设工作,正猛烈进行中。非身临其地者,甚难想象敌后艰苦环境中,能有如此伟大的建设力量。"[3]对于长期在国统区生活、工作的范长江来说,根据地的一切都是新鲜的,充满着活力。他的交往对象与社会网络较之以往发生了重大变化。各级党员干部、军政首长、新闻工作者、文艺人士和基层群众是范长江社会交往的主要对象。在华中根据地、陕北解放区以及新中国成立初期在北平、上海工作,以马克思主义信仰为核心的共产党政缘关系是范长江社会网络的主要特征。这样的社会关系网络形塑了范长江的无产阶级新闻观,锻炼他的党性原则和组织观念,同时暴露了他原有工作方式方法的不足和脾气性格方面的弱点。

一、范长江的无产阶级新闻观和群众观点

范长江进入根据地后凭借记者的敏感性很快撰写了三篇关于苏北根据地的新闻通讯。1942年9月15日,毛泽东致电陈毅:"在宣传方面,亦请注

---

[1] 胡愈之,夏衍,等.不尽长江滚滚来——范长江纪念文集[M].北京:群言出版社,2004:269.
[2] 政治与技术:党报工作中的一个重要问题[N].解放日报,1943-06-10.
[3] 范长江.范长江新闻文集补遗[M].北京:学苑出版社,2019:410.

意向宣传人员说明,极力避免谈国民党坏处及作国共好坏比较。范长江头两篇通讯很好,已载解放及广播,第三篇不适当,故未发表,请向他说明目前政策,并代我向他致慰问。苏北报纸刊物请你抓紧,务使它们的宣传服从于党的当前政策。"①通过这则电文可以推测,范长江的第三篇通讯所写内容很可能是对国民党的批评或者基于苏北观感对国统区和根据地进行了比较。这反映了范长江仍然按照他对新闻价值的判断进行报道,而对延安所要求的宣传方针政策理解不够透彻。同年10月,毛泽东强调:"克服宣传人员中闹独立性的倾向。"指示写道:"查各地中央局、中央分局对当地通讯社工作及报纸工作注意甚少,对宣传人员及宣传工作缺乏指导,尚不认识通讯社及报纸是革命政策与革命工作的宣传者组织者这种伟大的作用,尚不懂得领导人员的很多工作应该通过报纸去做。"②为此,毛泽东要求:"抓紧对通讯社及报纸的领导,务使通讯社及报纸的宣传完全符合于党的政策,务使我们的宣传增强党性。"③按照毛泽东的要求和指示,陈毅应当会及时向负责根据地通讯工作的范长江传达精神,提醒他要注意服从党的政策。从某种意义上说,这件事是范长江新闻工作生涯的一次转折。杨奎松认为,从阶级斗争观点看,报纸新闻等舆论机关本质上应当服从于党的阶级斗争任务并为贯彻党的政策方针服务。④传统报纸的信息传递功能被大大弱化。范长江需要正确把握报纸通讯工作在革命斗争条件下的定位问题。他首先需要调适自己的角色,成为"新型记者",并熟悉马克思主义理论观点,通过自身行动让报纸成为党的路线政策的宣传堡垒。⑤

群体成员在交往过程中通过心理与行为的相互影响或学习会产生共同的观念、信仰、价值观和态度。在根据地、解放区,共同的信仰和革命追求让范长江在与革命同志的工作交往中对无产阶级新闻事业有了更清晰、深刻的认识。

---

① 中共中央宣传部办公厅,中央档案馆编研部.中国共产党宣传工作文献选编(1915—1937)[M].北京:学习出版社,1996:460.
② 中共中央宣传部办公厅,中央档案馆编研部.中国共产党宣传工作文献选编(1915—1937)[M].北京:学习出版社,1996:461.
③ 中共中央宣传部办公厅,中央档案馆编研部.中国共产党宣传工作文献选编(1915—1937)[M].北京:学习出版社,1996:461.
④ 杨奎松.忍不住的"关怀":1949年前后的书生与政治[M].桂林:广西师范大学出版社,2013:113—114.
⑤ 中共中央宣传部办公厅,中央档案馆编研部.中国共产党宣传工作文献选编(1915—1937)[M].北京:学习出版社,1996:730-734.

1946年,他在华中新闻专科学校作的报告《论人民的报纸》是其无产阶级新闻观形成的重要标志。进入根据地前,范长江在阐述报纸性质时指出,"报纸是政治的工具",报纸不仅是"宣传工具"而且是"组织工具"。① 到了根据地后,在加强马克思主义理论和无产阶级革命经验的学习与探索基础上,他认为,人民的报纸是与人民群众保持密切的联系的,"报纸一定要有明确的阶级性,党性,与十分尖锐的政治性,不能有任何含糊","我们报纸要严格服从革命利益。报纸的主要任务,是宣传党的政策,贯彻党的政策"。② 解放战争前,范长江在华中根据地,毛泽东在延安,两人虽然没有进行面对面的交往与互动,但在精神思想层面,毛泽东对范长江新闻观念的变迁起到了重要作用。范长江多次援引毛泽东的思想与观点来论述人民的报纸。例如,在阐释人民报纸作风问题时,范长江直接借用毛泽东在《论联合政府》中提出的"理论与实际结合的作风""和人民群众紧密地联系在一起的作风""自我批评的作风"等话语。他对报纸大众化问题的思考与论述也受到毛泽东的影响。毛泽东《在延安文学座谈会上的讲话》中阐发了文学艺术与人民群众的关系问题,文学艺术大众化思想在这次讲话中形成了科学系统的理论形态。范长江将毛泽东文艺大众化思想和表述移植于新闻工作中并提出报纸是为了人民群众的需要而办,"因此轻视大众化的心理一定要铲除;把文化限于小资产阶级知识分子活动范围以内的心理,应当铲除"③。

群众观点与群众路线是范长江在无产阶级新闻工作中掌握的重要观点与工作方法。刘少奇在《论党》中指出的群众观点是"一切为了人民群众的观点,一切向人民群众负责的观点,相信群众自己解放自己的观点,以及向人民群众学习的观点"④。群众路线指"从群众中来,到群众中去"的工作路线,是中国共产党的生命线和根本工作路线。范长江多次提到群众观点与群众路线的意义。在探讨大家办报方针时,他指出:通讯工作中的群众路线即是大家办报。只有广大的读者群众,大家为报纸写稿,报纸才能办得好。少数人孤立办报,把办报工作只限制于报社内外,不发动读者群众自己动手,就是闭门办报,一

---

① 蒋晓丽,闻学峰.报纸三"工具"论——1942年以前范长江对于报纸性质和作用的认识[J].西南民族大学学报(人文社科版),2009(10):129-133.

② 范长江.论人民的报纸——1946年初在华中新闻专科学校的讲话[J].新闻研究资料,1982(1):1-60.

③ 范长江.论人民的报纸——1946年初在华中新闻专科学校的讲话[J].新闻研究资料,1982(1):1-60.

④ 杜李.群众观点与群众路线[M].上海:上海人民出版社,1955:12.

定脱离群众,就是非群众路线。①范长江在华东新闻讲习班做题为《人民新闻工作者的四个信条》的报告,强调了新闻工作者要建立群众观点。"我们要联络各阶层的通讯员,作为报纸的在群众中的基础。"② 1961 年,范长江在《记者工作随想》中写道:"一个记者的最基本的锻炼就是群众观点的锻炼。"③思想观念是行动的先导。在党的领导下开展工作促使他对群众的认识不断加深。随着群众观点的逐步树立和对群众路线方法的学习,范长江开始将观点和方法应用于新闻工作中。在总结华中新闻工作时他特别提到"集体写作"的工作方法,"有些同志以知识分子写稿经验去教育工农干部写稿是错误的,知识分子本身也应当转变一般的单纯的个人写作方法"④。集体写作的工作方法始于延安文艺座谈会后。个人主义的工作方式遭到了彻底否定,作家们自觉地参加到实际工作中去,与群众同吃同住,成为群众的一分子。注重群体、消融自我的集体主义生活方式成为集体写作盛行的现实基础。⑤范长江在与工农作家缪文渭、王永泉的交往中采取集体写作的工作方法帮助其写稿、改稿,促进普通农民成长为优秀的工农作家。正如范长江所言:"只要我们有经验的作家们能给新兴工农作家以耐心的帮助,经过一定时间之后,工农作家将层出不穷,并使中国文艺创造上大量注入最健康、最新鲜的血液。"⑥作为知识分子和新闻事业的领导者,他意识到自己需要与工农结合,相互学习、相互帮助。

二、范长江的党性原则和组织观念

长期在国统区工作的范长江 1939 年加入中国共产党,对外却仍然以救国会成员的身份进行活动。因受条件所限,他无法进行正常的组织生活。进入根据地后,范长江需要尽快融入组织以获得归属感。因此,他曾为党组织关系未能及时传递到华中局而着急。得知组织关系介绍信到了后,他为能参加组织活动而兴奋不已。在组织中生活学习,与党员干部群众互动交往,范长江的党性原则和组织观念得到锻炼。

---

① 范长江.范长江新闻文集补遗[M].北京:学苑出版社,2019:420-421.
② 范长江.通讯与论文[M].北京:新华出版社,1981:300.
③ 范长江.通讯与论文[M].北京:新华出版社,1981:316.
④ 范长江.范长江新闻文集补遗[M].北京:学苑出版社,2019:421-422.
⑤ 郭国昌.集体写作与解放区的文学大众化思潮[J].中国现代文学研究丛刊,2005(5):56-76.
⑥ 范长江.范长江新闻文集补遗[M].北京:学苑出版社,2019:414.

中国共产党作为以列宁主义政党模式组建起来的政党以"严密的组织"和"铁的纪律"著称。[1]列宁主义政党的基本组织单位是支部。在支部中,党员之间定期开会讨论、交流思想,共同行动,既相互了解,也相互监督,使党对每个党员具有凝聚力和向心力,维系每个党员对党的意识形态的认同。党的组织建设是夺取抗战胜利的根基和保证。因此,抗日根据地非常重视加强党的组织建设,充分发挥党组织的坚强战斗堡垒作用和党员的先锋模范作用,为夺取抗战全面胜利、实现民族独立和解放提供组织保障。华中根据地在建设中不断加强党的思想建设,抓好党员的思想教育,提高党员干部的政治素质。在实践中引导和组织党员干部学习《共产党宣言》等,学习毛泽东《整顿学风党风文风》《改造我们的学习》《反对自由主义》,学习刘少奇《论共产党员的修养》《反对党内各种不正确的倾向》,学习陈云《怎样做一个共产党员》等重要文章和讲话。[2]通过学习,明确马列主义的基本原理,提高根据地党员干部的马克思主义理论水平。整风运动开始后,华中根据地按党中央的统一部署和要求,结合整风运动组织党员干部学习党的一系列重要文献,包括《中央关于增强党性的决定》《中央关于调查研究的决定》《农村调查序言》《中央关于延安干部教育的决定》《中央关于在职干部教育的决定》等。通过学习党的文献,根据地的党员干部明确整风运动对党的思想建设的重要意义,纠正了"三风"(学风、党风、文风),达到了与党中央在思想上、政治上、组织上的一致。新四军军部参谋处王征明回忆:当时军事机关基本上就是这两件事,一件是在黄花塘的整风,用现在的话来说等于办学习班,大家都学习。[3] 参加人员中就有新华社负责人范长江等。当时整风学习是根据地的重要工作。参与整风的干部、知识分子需要结合自己的具体情况,撰写反省笔记和思想汇报,并在会议上开展批评与自我批评。整风"形成了每个个体面对组织中所有人的局面"[4]。从现有史料看,华中根据地的整风运动或未有延安那样激烈,整风实践却已证明"通过思想政治工作,短期内使人脱胎换骨成为'新人'"[5]。范长江正是在这样的洗礼

---

① 王奇生.革命与反革命:社会文化视野下的民国政治[M].北京:社会科学文献出版社,2010:168.

② 韦泽洋.苏北抗日根据地党的建设[J].档案与建设,2013(2):49-53.

③ 景玉川.王征明谈饶漱石与扬帆[J].炎黄春秋,2014(2):47-51.

④ 刘海龙.宣传:观念、话语及其正当化[M].2版.北京:中国大百科全书出版社,2020:263.

⑤ 刘海龙.宣传:观念、话语及其正当化[M].2版.北京:中国大百科全书出版社,2020:262.

中不断强化自身的组织观念,改造自己的思想认知。毛泽东《在延安文艺座谈会上的讲话》中提出了如何在中国建立起符合马克思主义社会模型的党对文化的领导权问题。①范长江学习过"延安讲话"自然会明确自己作为党员应当无条件服从党的领导和党性原则,让自己成为列宁所说的"党的机器上的齿轮和螺丝钉"。

在根据地与范长江共事的人士特别强调他的组织观念。谢冰岩称:长江同志组织观念很强,从不因为自己是新闻界的名人而"自居特殊"。他认真依靠组织,毫无自由主义,凡遇重要事情都要请示领导同志。解放战争时期,报社在淮阴,距离淮安有三十华里,他经常是靠骑马在两地奔波汇报、请示。②记者季音回忆:长江虽然入党才三年多,但他党的政策观念和组织观念很强。报社组织生活很健全,经常开展批评与自我批评,使得我们这个集体更加充满生气。③可见,当年自由行动、擅自撞入西安、延安的《大公报》自由记者范长江已经彻底转变为严格服从党的组织纪律和制度安排的新闻干部。这种落差与变化是巨大而深刻的。

范长江的党性原则与组织观念在解放战争时期的工作网络中得到进一步提升。内战爆发后,范长江作为新华社副总编辑跟随毛泽东等中央领导工作。由他所带领的"四大队"发出的评论、谈话、新闻等内容都需经过中央领导的严格审核,包括他自己写的文章都被改数次,甚至重写,绝大多数内容在周恩来、任弼时、陆定一等传阅研究之外,毛主席最后加以修改,以至于他回想起过去做记者"大笔一挥"的作风时不觉满身出汗,实在可怕。④"规范的力量似乎贯穿在纪律之中。"⑤"满身出汗"真实地反映了范长江当时的心理状态。《解放日报》社论《党与党报》写道:"一切依照自己的高兴不高兴办事,不必顾及党的影响。办报办到这样,那就一定党性不强……一切要依照党的意志办事,一言

---

① 李洁非,杨劼.解读延安——文学、知识分子和文化[M].北京:当代中国出版社,2010:143.

② 胡愈之,夏衍,等.不尽长江滚滚来——范长江纪念文集[M].北京:群言出版社,2004:151.

③ 胡愈之,夏衍,等.不尽长江滚滚来——范长江纪念文集[M].北京:群言出版社,2004:192.

④ 胡愈之,夏衍,等.不尽长江滚滚来——范长江纪念文集[M].北京:群言出版社,2004:211.

⑤ [法]米歇尔·福柯.规训与惩罚——监狱的诞生[M].刘北成,杨远婴,译.2版.北京:生活·读书·新知三联书店,2003:207.

一动,一字一句,都要顾到党的影响。"①对范长江而言,组织领导党的报纸通讯社更要严格遵循党性原则和工作制度,这些原则和制度也反过来规训着他的意识与行为方式。跟随党中央的工作交往经历及实践中的体会势必加深范长江对党性和组织的认识。

三、范长江原有工作方式方法的不足和脾气性格的弱点

人是社会关系的集合,不管个人在主观上怎样超脱各种关系,他们在社会意义上总是这些关系的产物。②因为过往的社会关系乃至在旧社会关系网络影响下所形成的认知、观念及行为模式会有形无形地投射于新的社会网络及其影响下的工作实践。范长江在以无产阶级新闻人身份开展实践所形成的新的社会网络中亦暴露出了他过往工作方式、方法的不足和脾气性格的弱点。

《人民日报》社1951年掀起的反官僚运动将矛头直指社长范长江。地方记者组秘书陈勇进提交的《我对范长江同志的意见》列举了范长江多项问题,包括:将自己看成唯一的人物,官僚主义和骄傲自满情绪严重,对老干部常常斥责;讲排场,架子大,认为"吃饭好讲话",所以常请干部下馆子吃饭;违反中宣部规定,将历史问题不清白的旧朋友介绍到报社做特约记者或去新闻学校工作。邓拓在《人民日报》社召开的批评帮助会议上既肯定了范长江在《人民日报》工作中表现出的魄力和取得的成绩,又指出范长江同志有十分突出的个人英雄主义,在党内和群众中的实际锻炼很少,因此,他在工作中逐渐发展了主观武断的家长制作风,严重地脱离了群众。上述话语意味着,范长江处事方式的不足和自身性格的弱点在新的社会网络中暴露了出来。这些因素成为引发他与报社成员矛盾的导火索。

首先,范长江在党报的"大转变"中推行的改革是从观念上改造报社成员的工作方式方法。"过去在根据地办报,时间观念相当淡薄……进城以后,情况变化,新闻不讲时效的现象更加不能容忍。"③城市办报则非常讲求新闻报道的时效,范长江曾效力的《大公报》比同时代的报纸更注重新闻时效。跟随

---

① 中国社会科学院新闻研究所.中国共产党新闻工作文件汇编(下卷)[M].北京:新华出版社,1980:55.
② 陈小鸿.论人的自由全面发展[M].北京:人民出版社,2004:417.
③ 李庄.人民日报风雨四十年[M].北京:人民日报出版社,1993:77.

党中央转战陕北时期,范长江也深知中央领导对报道时效的重视,对消息延后现象难以容忍。他曾批评"新闻报道放'马后炮'是农村带来的毛病"。他也多次就新闻工作理念问题批评报社人员。其次,他借鉴过往在《大公报》习得的办报经验并运用于《人民日报》,例如联结建网采集新闻、"传帮带"培养名记者等。然而,资产阶级办报经验有些固然可以借用,但很多经验不能适应无产阶级的宣传。①当他与报社成员产生矛盾后,邓拓、陈勇进等强调了范长江个人英雄主义式的工作方法和粗暴、急躁等性格弱点。性格脾气、工作方式方法在一定程度上确实制约、影响了范长江的领导工作。他在改革中遇到阻力和困难,感到力不从心时也曾表达想去一个适合自己岗位的想法。但作为党的干部,他必须服从党和组织的安排。1952年6月,范长江调离《人民日报》社,离开了他所热爱的新闻事业。

小　结

本章对范长江以无产阶级新闻人身份在华中根据地时期、解放战争时期及新中国成立前后以新闻宣传实践来构建的社会网络进行了考察。范长江离开了长期生活、活动的国统区而正式开启在中共直接领导下的无产阶级新闻实践。介入新的社会空间场域,范长江全力投入新闻宣传、文化统一战线、新闻教育、基层文艺实践等工作中。在华中根据地,他主持设立新华社华中分社,创办《新华日报》(华中版);在盐阜地区,他同五湖四海的知识分子一道推动根据地文化统一战线事业;在"延安讲话"精神要求下,他下乡深入基层展开群众文艺实践,促进根据地的文化建设;抗战胜利后,他主导创建中共在解放区的第一所专业新闻学校——华中新闻专科学校。解放战争时期,他领导"四大队"跟随党中央转战陕北,以通讯报道的方式与国民党进行新闻舆论战,为共产党夺取全国政权贡献力量。新中国成立后,他担任党的机关报领导者,参与人民新闻事业的创建。

结合前文研究和相关史料,运用可视化的工具可以绘制出范长江以无产阶级新闻人身份所构筑的社会网络图谱(见图4-1)。

从1942年进入华中根据地到1952年离开《人民日报》社,范长江在无产

---

① 宁树藩.宁树藩文集[M].汕头:汕头大学出版社,2003:153.

阶级新闻事业的实践中与新四军军政人士、共产党新闻宣传工作领导者、进步文化人士、地方新闻工作者、基层文艺工作者等构筑了新的社会网络。这一时期的关系网络是以范长江在新闻宣传实践中所形成的工作关系和由中共党员的政治信仰所形成的组织关系为主要特征。新社会网络中的主体是中国共产党人,他们有着坚定的无产阶级革命信念和实现共产主义的理想。在新的社会网络影响下,范长江逐步树立了无产阶级新闻观和群众观点,明确了无产阶级新闻工作的方法与实践路径,对共产党的党性原则、组织观念和组织纪律有了更深刻的理解,同时他原有工作方式的不足以及性格方面的弱点也暴露了出来。每个人都生活于关系网络中,但不同人的关系网结构并不相同。自由记者出身的范长江无法超脱过往社会关系网络所带来的影响和束缚。社会网络的形态在某种程度上导致了他最终离开《人民日报》。从1942年到1952年的十年是范长江思想、行为、观念产生转变的重要时段。借助对无产阶级新闻人范长江及其社会网络的考察和分析,我们可以把握其蜕变、成长并成为无产阶级新闻事业开拓者和领导者的历史过程。正如范长江在20世纪60年代初的一首诗中所写,"北风卷海浪如山,客轮遇风渤海渊。上山下谷船如醉,东歪西倒客似颠。同共寒暑人无语,晨浴朝阳海河妍。暂时困难总会有,莫信乌云能蔽天"[①]。范长江生性具有乐观的态度,同时他能始终坚持真理,勇于以大无畏的革命精神展开探索与实践。尤其是在新中国成立后,面对百废待兴的新局面,他不惧压力和挑战,担负起更为重要的新闻事业领导者角色。经受过抗日战争、解放战争的磨砺,经历了无产阶级新闻方针政策、马克思列宁主义新闻观念的熏陶,范长江能愈加成熟地投身于新兴的无产阶级新闻事业建设中,为团结人民、定国安邦贡献力量。他以无产阶级新闻人的姿态大力推进《解放日报》《人民日报》等党报的体制与机制改革,建立编委会的会议制度,重建通讯员制度,做好读者群众来信来稿工作,坚持"新闻本位"的原则,强化新闻报道的主动性和时效性,深化对记者编辑的专业化考核,强化党报的队伍建设。诸多新的措施彰显了范长江身上所具有的锐意进取和改革创新精神。回溯、探讨这些改革举措对当下的党报事业发展仍然有积极意义和借鉴价值。因此,我们也不能因为范长江此后离开新闻界而忽略他所做出的突出贡献和历史功绩。

---

① 胡愈之.怀逝者[M].北京:生活·读书·新知三联书店,1986:202.

第四章 社会网络视域下的无产阶级新闻人范长江研究

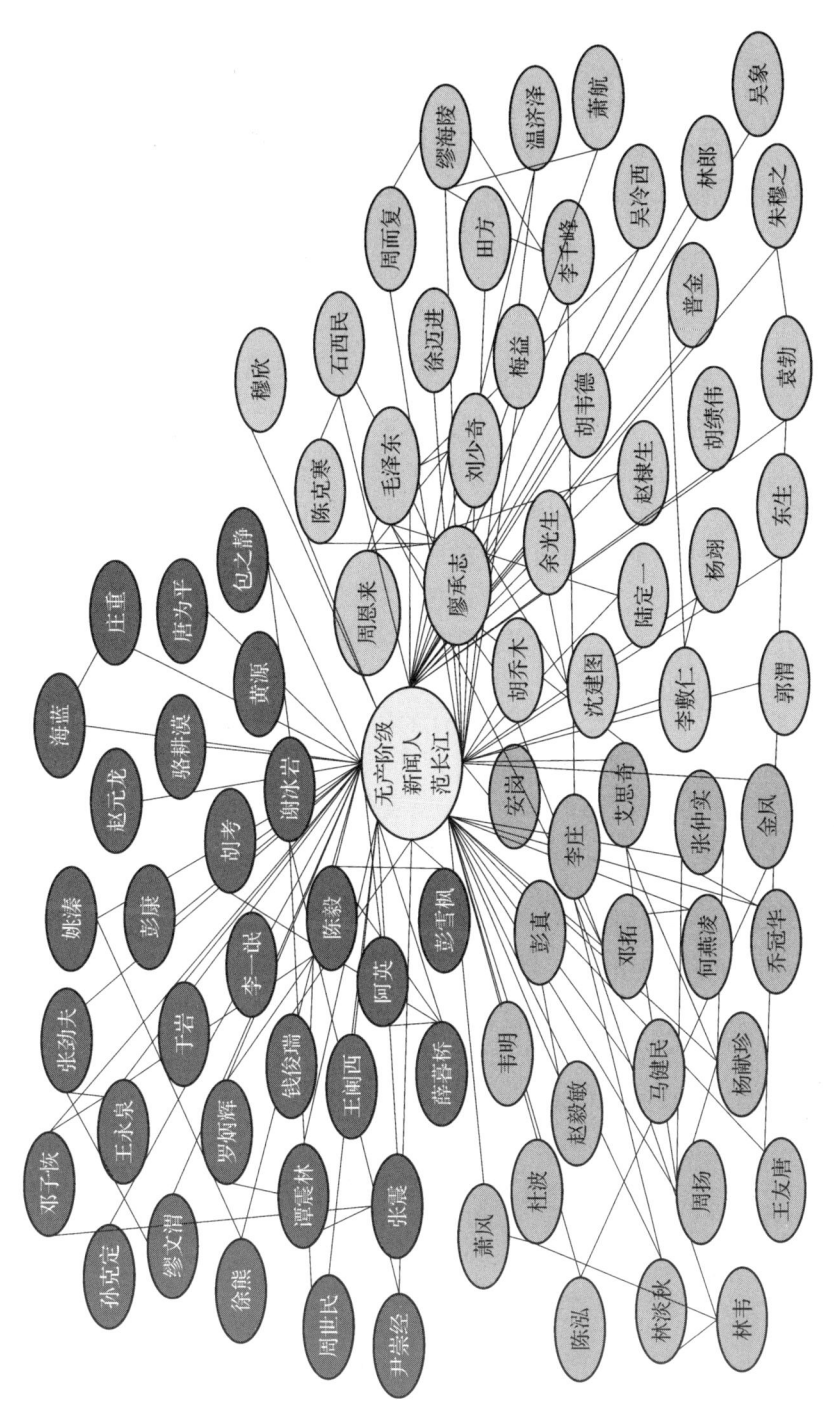

图 4－2 无产阶级新闻人范长江的社会网络图谱

— 189 —

第五章　对社会网络视域下的
　　　　新闻人范长江之评价

　　20世纪80年代以来,围绕范长江的西北采访、红军长征报道曾引发尹韵公、蓝鸿文、范东升等学者的争鸣。这场学术争鸣直接指向范长江的评价问题。学者高长明认为:"中国历来塑造的典型性人物都是'高大全'形象,因为从来不体现人物背后的阴影而使人物永远呈现平面的状态。"①如今范长江作为名记者、无产阶级新闻事业领导者的形象已被人们熟知。范长江是通过自己的新闻作品和实践而成名,他成为具有多重"意义阐释"的符号。②在纪念范长江诞辰一百周年座谈会上,时任中共中央宣传部长刘云山指出:"范长江同志的一生是不断追求光明、追求进步的一生;是为新中国新闻事业呕心沥血、不懈奋斗的一生。"③在政治上,对范长江的历史地位与贡献已有定论。但是从新闻史学术研究的角度,我们仍然需要从事实和史料出发,将范长江的新闻实践活动、社会网络、思想表现等放置于特定的时代背景与环境中进行考察,把握范长江与其所处时代、场域的关系变化,以实事求是的态度认识他、评价他,不虚美、不拔高,避免落入历史虚无主义、机械唯物主义和教条主义的窠臼。

　　范长江的人生主要经历跨越了民国和新中国,他所经历的社会生活与场景复杂多变,在不同社会环境中的表现与行动效果也是复杂的。时代的激荡折射出了历史人物的复杂性。从《大公报》记者到无产阶级新闻人,范长江在新闻实践道路中形成了复杂多面的社会网络。通过范长江不同时期的社会网

---

　　① 高长明.用史料说话——关于范长江与中国新闻史研究的思考[J].新闻大学,2011(1):27-32.

　　② 陆晔,潘忠党.成名的想像:中国社会转型过程中新闻从业者的专业主义话语建构[J].新闻学研究,2002(71):17-59.

　　③ 刘云山.在纪念范长江同志诞辰100周年座谈会上的讲话[N].光明日报,2009-11-10.

络图谱可以看出,范长江整个人生的社会网络中的人物众多,从职业身份看,有军事将领、政治人物、学者知识分子、记者;从政治立场上看,有共产党人、国民党人。因此,我们在对范长江进行评价时应当充分认识到其社会网络的复杂性,坚持以马克思主义唯物史观作为根本指导,同时综合考察人物的社会网络与全面活动,把握其对当时社会和整个人类社会的生产发展与历史进步所产生的作用,并由此做出恰如其分的判断。

第一节 以作品扬名并善于构筑社会网络的著名记者

范长江从最初采写校园通讯成为兼职记者,进入全国大报《大公报》,发表西北通讯,出版《中国的西北角》《塞上行》,一举成为享誉全国的知名记者,再到参与进步新闻事业、无产阶级新闻事业,组织、领导中国共产党的新闻宣传工作。纵观范长江新闻生涯的各个时期,新闻记者这一身份始终是他最本质、最显著的标签。

一、凭借作品成名的优秀记者

在外敌入侵、救亡图存的时代背景下,范长江这样的边缘知识分子试图改造社会,而认识、理解社会需要他们深入社会肌理。求学期间范长江积极投身社会活动,尝试用实际行动推动社会的转变,以此找寻救国的出路。时代的苦闷与环境的变化成为范长江这样"一个不善为文的人"撞入新闻圈的外在动力。抗日救亡和挽救国运的问题意识引领他成为记者。[①]强烈的责任感与使命感驱使范长江全心全力投入新闻工作中,很快展现出其过人的天赋与能力,并创作出经典的新闻通讯作品。《中国的西北角》《塞上行》以及系列战地报道奠定了范长江的成名之路。

著名记者黄远生认为,新闻记者须具有四种能力:一是脑筋能想;二是腿

---

① 樊亚平,王婷婷.挽救国运为"体",职业选择为"用"——范长江步入记者生涯的心路与动力因素探析[J].兰州大学学报(社会科学版),2018(4):219-229.

脚能奔走；三是耳能听；四是手能写。①范长江在旅行报道中的能力充分体现于"脚力、眼力、脑力、笔力"等方面。作为《大公报》旅行记者，他不畏艰难，涉程弯远，撰写了优秀的通讯作品，从而引起国人的关注。《中国的西北角》作为范长江记者生涯的成名作创造了民国时期出版奇迹（连出九版）。其诞生背后反映了百折不挠、勇于探索的职业精神。从民国时期的几则书评可以窥探时人对范长江的肯定。"在长江揭发的沉痛故事中，穿插着诗歌、动人的掌故和个人的冒险，之后集结成书，畅销全国。"②作者亚峰在《关声》杂志上发表《中国的西北角》书评，其中写道："这决不是一本普通玩山游水的游记，而是作者翻越了高达五千公尺的大雪山，横渡了'平沙万里绝人烟'的戈壁，走遍西北，将民生疾苦，活生生地记录下来的一部社会真相实录啊！"③范长江的能力很快得到《大公报》的认可，入职短短两年后他就被提拔为通讯科主任。作为中国最优秀的战地记者之一，范长江的新闻报道能力同样得到了同业的认可与赞赏。曹聚仁评价："本来，《大公报》的战地记者以杨纪（张篷舟）兄为最早，可是，开始做旅行记者，随着红军战迹行进，从西南到了西北，真正懂得军事政治重要性，还得推长江为第一人。他是懂得顾祖禹《读史方舆纪要》，串通了史地的人。我和篷舟交情很深，而且搭档上过战场，但从军事记者的造诣说，我还是钦佩长江些。"④赢得了记者同业尊重的范长江成为民国时期青年记者效仿、学习的榜样和典范。

范长江所开创的新闻通讯、战地报道风格在当时新闻界也是独树一帜的。品读《中国的西北角》《塞上行》可以发现，他有敏锐的新闻触角、亲切曼妙的文笔、强而有力的论述，能有条不紊地掌握复杂的事物，并以连贯有力、感情细腻及使人感同身受的笔调报道出来。学者黄旦认为，政论在范长江通讯中占有突出地位，因此其通讯中有的气势很大，大有"金戈铁马""气吞万里"的气概，深具战斗力；针砭现实又使得其通讯中感情强烈，很有感染力。⑤他以亲身经历、热情洋溢的风格和平白通俗的文字打动了无数读者。学者洪长泰认为："范长江对现代中国新闻业的贡献不在于他不偏不倚的观察，因为说到底这是

---

① 董浩."旧识"何以发"新知"："四力"新闻思想的历史索隐与当代阐释[J].新闻界，2019(11):29-39.

② [美]黄仁宇.黄河青山：黄仁宇回忆录[M].张逸安，译.2版.北京：九州出版社，2011:166.

③ 亚峰.介绍《中国的西北角》[J].关声，1937(12):45-46.

④ 曹聚仁.万里行二记[M].北京：生活·读书·新知三联书店，2005:4.

⑤ 黄旦.范长江通讯中的政论色彩[J].新闻业务，1986(1):29-30.

个遥不可及的理想。范长江的贡献在于他透过现场采访、有力感人的言词、深刻独到的分析,而成为积极宣扬爱国的记者。"[1]爱国情怀生动反映在他的战地通讯报道中。范长江曾指出,由战争而迅速引起的读者希求,让我们从事战地新闻记者的工作方法,不能不讲求新的改革。[2]新闻记者的战地通讯应当成为唤醒国人、号召民众积极抗日的有力武器。范长江亲自走访空袭后的城市,穿越路障和铁丝网,把前线战争的惊骇景象透过文字诉诸世人。他观察入微,善于刻画人性,描述战场的画面,所用语言亦直接有力且富有感情。通过范长江的战地通讯,读者可以看到日军所犯下的滔天罪行和汉奸们卖国求荣、助纣为虐的丑恶嘴脸。底层群众是日军侵华战争最无助的受害者,范氏战地通讯非常擅长描写战争对老百姓日常生活的影响,报道的字里行间饱含着他对大众的人文关怀。细腻的文字表达能有效唤起读者对受难者的同情和对侵略者的愤懑。爱泼斯坦认为,范长江的前线报道令他成为国际知名的中国战地记者。他的写作风格深刻影响了奋战于抗战一线的战地记者们。

范长江在新闻工作中表现出了出众的能力与才华,这既是他安身立命的条件,也是他被报馆重视、提拔,被同业认可、认同的资本。他的杰出不仅体现于他个人的能力与价值,还反映在他所创造的通讯风格及其影响方面。在抗日救亡的社会背景下,他所倡导的独树一帜的通讯风格结合了知识、文采与感情,有力地反映了社会的面貌与问题,充满了爱国的情怀与责任。得益于他的影响,以《大公报》为代表的国内报纸成为凝聚全国民心的重要媒介,发挥了宣传、鼓动抗击外敌的"纸弹"功能。

二、善于建构社会网络的著名记者

范长江感情外露、热情活泼、开朗豪放,具有外向的性格,善于交际且有着非常强的环境适应能力。记者的职业特性要求从业者善于待人接物,而范长江的性格特质是他能成为一代名记者的重要条件。

诸多与范长江有过交往的人都坦言,范长江非常健谈,与形形色色的人沟通交流顺畅,能很快和陌生人打成一片,融入陌生的社会场域。青少年时期的范长江就表现出敢拼敢闯的精神气质,不到二十岁就走出家乡迈向大城市,参与社会运动和革命活动。外向的性格让他在异地他乡通过地缘、学缘等关系

---

[1] [美]洪长泰.新文化史与中国政治[M].台北:一方出版有限公司,2003:259.
[2] 范长江.通讯与论文[M].北京:新华出版社,1981:277.

找到朋友和伙伴,借助这些人的资源和帮助快速适应新的生活,并开启人生的探索与寻路之旅。外向开朗的性格也帮助他结识越来越多志同道合、同命相连的朋友,对救国、革命、新思想文化等议题的交流和探讨促进了他们产生群体认同。在新闻工作中,新闻记者与消息来源之间的关系与互动是每一个新闻工作者必须面对的问题。关系的有效性不仅仅在于数量的多少,而更取决于是否能够深入、能够接触真正的核心关键人物,并且对方也愿意向其透露重要信息。一位常有独家新闻与一名只能处理每日新闻记者的差别即在于此。①范长江的西北通讯能够顺利生产,这离不开他超强的人脉和社会关系获取能力。按照社会资源理论的观点,社会地位愈高则掌握的社会资源愈丰富。不同位阶的人通常存在一定的社会距离。在范长江的认知中,记者一定要善于结交朋友。"交朋友要讲求方式方法,要作大量的工作,要生活在他们中间,很熟,有感情,彼此有交流,互相给予方便,互相服务。不单是要朋友帮你的忙,你也可以给对方提供消息、情况,互通有无。"②与各阶层朋友的互联互通,一方面为范长江提供了丰富的消息来源和一手情报信息,另一方面帮助其构筑了富有效能的社会网络。因此,范长江是非常善于构筑社会网络并借助于此开展新闻报道的优秀记者。

三、"同流不合污"的正直记者

范长江之所以能成为杰出的记者,还在于其非常正直,重视记者的操守,能正确处理好与采访对象、消息来源的关系,从而规避了伦理关系方面的风险,正可谓"出淤泥而不染,濯清涟而不妖"。民国时期的记者为了开展采访报道活动,常常需要与社会上的三教九流打交道,因此也容易受到各阶层人物、势力的影响、腐蚀。范长江的文章具有强大的舆论影响力,对他来说,用通讯报道去影响公众对某个军事将领的认知与态度并不难,但"范长江从来不曾想过利用这种权力谋求私利"③。无论是褒扬某人抑或是批评某人,他都从抗日大局着眼。将领们坚决抗日,不妥协不放弃就能赢得他的赞誉,反之消极抗

---

① 罗玉洁,张锦华.人脉与新闻采集:从社会资本与组织冲突观点检视记者如何建立与消息来源之间的关系[J].中华传播学刊,2006(10):195-231.
② 范长江.通讯与论文[M].北京:新华出版社,1981:317.
③ [美]黄仁宇.黄河青山:黄仁宇回忆录[M].张逸安,译.2版.北京:九州出版社,2011:169.

日,做"逃跑将军",则必然遭受其严厉批评。范长江在新闻实践中体会到记者操守的重要性,他时刻警惕着"作为民众喉舌的新闻记者能转变为个人宣传工具"①。所以说,正直的范长江既能借助社会网络来深入挖掘事实与真相,实现采访报道的目标,又能处理好与关系网络中的各式人物的关系,拿捏好与采访对象的交情深浅,从而保证了记者在新闻工作中的独立自主性。王文彬曾提出记者在与社会人士交往中要保持"同流而不合污"的态度。②范长江即"同流不合污"的正直记者。这种品质在民国时期的新闻界是难能可贵的。

第二节 践行"新闻救国"理念的记者领袖

抗战全面爆发后,范长江成为全国青年新闻记者的领军人物,他组织"青记",号召青年记者团结,践行"新闻救国""文章报国"理念,以报章为工具对抗日本侵略,推动了进步新闻工作的顺利开展。同时,范长江致力于推进新闻业改革,改善新闻从业人员的地位,创建合作社性质的国际新闻社,构建对外宣传阵地,为党培养了一支能打硬仗的新闻工作者队伍。

一、坚持"新闻救国"的青年记者领军人

范长江在抗战时期的理念是:"如果所有的报纸从业人员都能团结一致,将战争的讯息视为庞大的圣战,而且人人和他一样仗义执言,单是报纸就可以对我们的战地工作产生重大的贡献。"③在此理念指引下,范长江积极组织青年记者学会工作,以爱国和良知为基本的立场,全力团结、动员新闻界的青年记者,以新闻报道为纸弹,抵御日本侵略,维护国家和民族的利益。

首先,范长江对中国青年新闻记者学会的创立、运转发挥了核心作用。上海沦陷前,范长江作为发起人之一参与了"青记"的筹备工作。1938年3月,范长江在"青记"总会成立时被选举为常务理事并全面负责这个统一战线组织

---

① 范长江.通讯与论文[M].北京:新华出版社,1981:291.
② 路鹏程.1920—30年代的上海报人与帮会[J].国际新闻界,2015(4):157-172.
③ [美]黄仁宇.黄河青山:黄仁宇回忆录[M].张逸安,译.2版.北京:九州出版社,2011:166.

的活动与运作。在他的领导下,"青记"由创办之初的二十余人,经过两三年发展到两千余人,在全国各地建立了三十多个分会。其组织规模、参会人数急速扩大。原本处于松散状态、隶属不同党派、抱有不同政治倾向的青年记者聚合起来,共同拥护抗战建国纲领,携手促进中华民族的解放事业。范长江充分发挥善于组织协调的特长,介绍各地进步青年参加记者工作,为失业的青年记者联系工作岗位,为流离失所的记者同仁在后方提供记者宿舍。"青记"在统一战线工作中也发挥了巨大的作用。范长江以"青记"组织为桥梁,向各个报社输送革命力量,进一步壮大了进步力量的阵营。"许多人被他(范长江)像磁铁一样地吸引过来,同心协力做好抗战新闻工作。"[1]善于识别人、善于团结人,有着很强凝聚人心能力的范长江借助广泛的社会交往,引导、帮助、培养青年记者全力以赴投身抗日救亡的新闻宣传实践。

其次,范长江对青年记者团结运动做了大量的理论指导与实践探索。在组织"青记"学会过程中,范长江发表了《青年记者学会组织的必要与前途》《新阶段新闻工作与新闻从业员之团结运动》《建立新闻记者的正确作风》《战时新闻工作的真义》《开展敌人后方的新闻工作》《两年来的新闻事业》《进步与退步》等多篇报告、文章,对记者团结运动和战时新闻工作做了理论阐释与思想指导。1939 年,他所撰写的《新阶段新闻工作与新闻从业员之团结运动》对"青记"工作进行了阶段性总结,该文受到了毛泽东《论持久战》和《论新阶段》的启发并指出:"新闻事业为社会各种事业部门中最富于变动性的事业,它不只是迅速的多样的反映时代的变化,而且如果有正确政治认识作指导,新闻工作又是加速推进社会的重要力量。"[2]范长江坚信:"记者是改革社会及政治的动力。"[3]因此,帮助记者树立正确的政治观点和政治认识,才能促进抗战新闻业的发展。随着抗战形势的发展,"青记"逐步确立了教育青年记者、培养中国共产党新闻宣传干部的组织宗旨。[4]在范长江主持、策划下,"青记"以团结、培养青年记者为目标,出版发行了《新闻记者》《战时新闻工作入门》《徐州突围》等刊物,利用战时出版物、印刷品有力地促进了青年记者的学习和进步,推动

---

[1] 胡愈之,夏衍,等.不尽长江滚滚来——范长江纪念文集[M].北京:群言出版社,2004:28.

[2] 范长江.通讯与论文[M].北京:新华出版社,1981:213.

[3] [美]洪长泰.新文化史与中国政治[M].台北:一方出版有限公司,2003:223.

[4] 胡凤.抗战时期中国共产党新闻人才培养:以"青记"为中心的考察[J].现代传播,2019(8):163-168.

了战时新闻学理论、新闻学术思想的丰富、发展,在青年记者群体中产生了积极有效的影响。

二、实践媒介组织制度创新的变革者

范长江是有着丰富新闻实践经历和敏锐社会洞察力的新闻人,他能细腻地把握时代的脉搏、体察新闻业的问题,并研判新闻工作未来的发展方向与趋势。离开《大公报》后他曾写道:"在私有报纸和牟利主义时代,新闻从业员对于报纸经营者关系,为雇佣关系。雇主用一定的物质待遇,吸收新闻从业员为之工作。"此前他与大公报馆的雇佣关系令他对报馆中的劳资关系有清晰的认识和判断。新闻从业员无从过问报馆的政治态度、社会关系、经济来源和经营方针。全体雇员只能在雇主意志下工作,"雇主在一个报馆中,原则上为绝对权威"①。正是因为支持中国共产党的统一战线方针路线,范长江对《大公报》领导者张季鸾、胡政之等所持的"国家中心论"表达出不同的意见和看法,与雇主的矛盾进一步导致他的离职。这个背景促使范长江要推动新闻业的改革,从根本上改变、重塑新闻从业人员和报馆的关系。尤其是抗日战争进入相持阶段后,抗战建国是新闻事业的共同政治认识,应当"彼此以工作同志的关系,在相当民主性的组织之中,自发的艰苦工作,共同为时代工作而服务"②。

范长江对报馆的旧体制和旧报人的习气深恶痛绝。"由于我在《大公报》所受教训,深知在资本家老板手下工作,没有好下场,他用得着你时,美言巧语,到利害冲突时,翻脸无情。"③他在离开《大公报》后创办国际新闻社(下文简称"国新社"),并借此机会从体制和组织制度上推动变革,重新构建新闻从业者在组织中的关系。作为国新社的社长他确定了"生产合作制"模式,按民主的原则,一人一票,以"社员"为基础,民主产生领导机构,没有老板和被雇佣者之分,社员分为两种:一种,完全专职为国新社工作,由国新社负担他们的生活费;另一种,只能按期为国新社写稿,或关心国新社的社务,还不能脱离原来的工作岗位,他们的生活费也是自己从原来职业中取得。所有社员都必须在政治上赞成抗日和民主,都积极支持国新社的工作,并交纳至少五十元入社费。④确

---

① 范长江.通讯与论文[M].北京:新华出版社,1981:218-219.
② 范长江.通讯与论文[M].北京:新华出版社,1981:219.
③ 范长江.范长江新闻文集[M].北京:新华出版社,2001:1192.
④ 广西日报新闻研究室.国际新闻社回忆[M].长沙:湖南人民出版社,1987:40.

定"生产合作制"从根本上改变了过往的媒介组织内部的雇佣关系而形成了工作上的同志关系。

依托组织的力量,国新社将具有进步意识的新闻从业员团结在一起,以正确的政治意识为指导,投入进步新闻事业之中。通过组织关系的变革,国新社成员凝聚在一起,团结奋进,艰苦创业,发挥着战斗堡垒的作用。而范长江作为改革者推动了国新社等进步新闻事业的发展。

第三节 连接不同群体的枢纽性新闻人

关系网络的结构和位置决定着每个人在交友、择校、就业等诸多方面的选择,影响着人们的观念,决定着哪些人更容易获得成功。学者马修·杰克逊提出:社会位置决定命运。[①]纵观范长江的人生经历与后世影响我们可以发现,在他个人所构筑的社会网络中,他始终处于中心的位置。同时,范长江在《大公报》与共产党之间所占据的"结构洞"位置直接影响了他的人生选择、职业命运和历史地位。作为由"亲蒋派"《大公报》记者转变成为人民立言纪事的无产阶级新闻工作者,范长江是顺应时代、顺应潮流、与时俱进的枢纽性新闻人。

一、占据"结构洞"位置的枢纽性新闻人

范长江的勤奋、天赋和对新闻工作的执着与探索固然是他成功、成名至关重要的因素,同时我们也应当注意到,一个新闻人创造的社会价值不仅与其自身特质相关,也在很大程度上取决于他在社会网络之中所处的位置。

国共内战时期,工农红军在国民党军围追堵截下开始了二万五千里长征。1935年底,中共中央确立了抗日民族统一战线方针。处于国民党严密封锁下的共产党亟待将这一主张向全国人民广为传播,但当时面临的突出困难是缺乏言论传播渠道。《大公报》是20世纪30年代中国舆论界影响最大的报纸之一。作为专业性报纸,《大公报》需要参与市场竞争,尤其是在1936年4月沪版创立后,《大公报》重心由天津迁移到上海,这意味着要与《申报》《新闻报》展

---

① [美]马修·杰克逊.人类网络——社会位置决定命运[M].余江,译.北京:中信出版社,2019.

开竞争角逐。《大公报》在胡政之的经营下,比其他商业报刊更注重新闻报道的水准与质量。独家、优质的通讯报道是《大公报》逐鹿新闻业的重要砝码。"剿匪报道"亦成为《大公报》吸引读者眼球的重要策略。1936年12月爆发事变的西安成为全国关注的焦点。当时社会上谣言四起,众说纷纭,甚至流传共产党是此事件的始作俑者。大众急切期望了解事件发生的经过及原委。此刻需要《大公报》提供权威声音。正在西北的范长江敏锐地意识到"西安事变""是当时中国的头等大事"。于是他"下决心立即撞入西安和延安"。①这一举动让他成为第一个从国统区来到延安对中国共产党人进行采访的中国记者。他将西安事变的真相和中国共产党在延安的情况报道发表在《大公报》上,既向全国读者全面透彻地解释了"西安事变"的来龙去脉,也传播了共产党的政策主张,赢得了中共方面的好感。社会学家罗纳德·伯特提出的"结构洞"理论指出,社会网络中某些无直接关系或关系间断的行动者之间存在的空隙称为结构洞。行动者在社会网络中的位置比彼此关系的强弱更为重要,因为位置决定了行动者在社会网络中获取的信息、资源和权力。②从社会结构上考察,共产党和《大公报》处于"弱连接"的状态。中共方面非常看重《大公报》在国内舆论中的影响力。周恩来初次见到范长江时即说:"我们红军里面的人,对你的名字都很熟悉。"可见,《大公报》是共产党了解外部情况的重要媒介。《大公报》对中共和红军抱有很大的兴趣,胡政之曾向范长江表示"中共的主张很值得注意"③。在此背景下,范长江恰好扮演了占据共产党和《大公报》之间"结构洞"的"搭桥者"角色。通过范长江,中共的政策方针主张有了传播的管道,《动荡中之西北大局》(《大公报》1936年2月15日)文章发表后,毛泽东亲自致信表达谢意并争取范长江对中共的继续支持。《大公报》报馆则因为范长江的深入采访而获得了独家新闻的竞争优势,强化了自身在报业格局中的中心地位。报馆对范长江更加倚重,很快提拔他为通讯科主任。因此,范长江是非常具有枢纽价值的新闻人。他在社会网络中所处的位置一定意义上决定了他此后的地位获得。

---

① 范长江.范长江新闻文集[M].北京:新华出版社,2001:1183.
② [美]罗纳德·伯特.结构洞:竞争的社会结构[M].任敏,李璐,林虹,译.上海:格致出版社,2008.
③ 范长江.范长江新闻文集[M].北京:新华出版社,2001:1189.

二、自由记者和人民新闻工作者之间的枢纽性新闻人

穆青指出:"范长江同志由一个具有革命民主主义思想的知识分子,一个有着强烈正义感的爱国青年记者,变成一个共产主义战士,一位无产阶级新闻事业的领导者,是经历了一个艰难的探索过程的。"[1]顺应历史和时代潮流,实现自身活动场域和思想的转变是范长江的重要特质。范长江是具有过渡性、枢纽性的新闻人,也是连接自由记者群体和人民新闻工作者的枢纽。

范长江最初被社会认知源自《大公报》记者的职业角色。《大公报》所提倡的新闻观在精神上类似于西方的新闻专业主义。[2]该报标榜"民间报纸""独立言论""客观报道""诚以待人"等主张。报馆记者如同知识界文人一般自命清高、单打独斗,代表着自由主义的精神。初入《大公报》的范长江深受"职业导师"胡政之的影响,将胡政之的话"作新闻记者最重要的是诚"奉为圭臬。《大公报》的民间自由主义报纸特质是范长江自由主义职业报人身份的根本保证。[3]在西北等地的采访实践中,他秉持客观、中立的态度进行报道。他的文章公开称共产党军队为红军,且为"剿匪"二字专门加上引号,目的是表达其自由主义的价值与立场,尽力做到不偏不倚。随着中日矛盾升级,《大公报》表现出强烈的爱国主义倾向,坚持国家利益高于一切,呼吁全国团结在蒋介石身边。与共产党方面有诸多接触的范长江越来越倾向和认同中共提出的抗日民族统一战线策略方针。此后范长江的思想观念、言论主张、行动指南与《大公报》渐行渐远,并最终与之分道扬镳。"一个人的思想转变,总是以一定的时间和空间为界定的,或者说是以一定的事件和作品为标志的。"[4]组织"青记"期间,范长江团结了一大批优秀的自由记者,扩展了自身的社会网络。他认识到,"任何一个报纸在实际上没有脱离了政治"。在《大公报》积累习得的"报纸独立""新闻至上"等观念已经被他抛弃。《新阶段新闻工作与新闻从业员之团结运动》中,他主张"新闻工作与政治工作结合起来……一个报纸只要抓紧了

---

[1] 范长江.范长江新闻文集[M].北京:新华出版社,2001:再版前言5.
[2] 李金铨.文人论政:知识分子与报刊[M].桂林:广西师范大学出版社,2008:17.
[3] 李晓灵."范长江现象":中国现代新闻理想的历史隐喻[J].关东学刊,2016(9):12-21.
[4] 李屏南.论历史人物的思想转变[J].湖南师范大学社会科学学报,1994(4):12-17.

时代政治要求,是会受欢迎的"①。因此,他发挥自己的枢纽作用,广泛联系自由记者群体和人民新闻工作者群体。在他的影响下,诸多自由记者如孟秋江、冯英子、陆诒等追求、顺应进步潮流,积极向中国共产党靠拢。1939年5月,范长江加入中国共产党后开始向无产阶级新闻工作者转变。随后在华中根据地,他在报告《论人民的报纸》中强调:"报纸一定要有明确的阶级性,党性,与十分尖锐的政治性,不能有任何含糊。"②新中国成立后,范长江在华东新闻讲习班开学典礼上的讲话《人民新闻工作者的四个信条》中着重提出"群众观点的建立"问题。他认为"(群众观点)正和个人主义针锋相对",这意味着人民新闻工作者要摒弃"自我至上""自由主义""无冕之王"等错误思想,应当始终与人民群众联系在一起,坚持从群众中来、到群众中去的工作方法。透过文本可以看出,范长江彻底转变为人民新闻工作者后的认知与体悟已经与中共的新闻思想体系保持一致了。

范长江借助自身的号召力,影响了一批自由记者不断追求进步、追求民主建国,这群进步记者也成为中国共产党夺取无产阶级革命文化领导权的重要基石。范长江则由一名秉持自由主义精神的新闻记者成长为具有无产阶级信仰、集体主义精神及群众观点的人民新闻工作者,其探索与思想变迁的过程有其深刻的社会性和时代性。正是这种社会性和时代性交织在一起所产生的复杂性使范长江成为新闻史上无法回避的枢纽性新闻人。

第四节 挣脱旧新闻圈束缚的"新型"新闻人

范长江的新闻生涯起步于《大公报》并且在该平台上成名。民国时期颇有影响的资产阶级大报工作经历和旧社会关系网络在范长江身上留下了深刻的、无法抹除的烙印。一方面,《大公报》名记者是他作为新闻人的显要标签。他的思想观念、行为习惯、新闻工作方法不可避免地受到资产阶级新闻圈的影响与熏陶。另一方面,作为"新型"新闻人的范长江在无产阶级新闻宣传实践中努力挣脱旧新闻界所习得的经验、运作惯习和所获名声的束缚,全力投身于

---

① 范长江.通讯与论文[M].北京:新华出版社,1981:215.
② 范长江.论人民的报纸——1946年初在华中新闻专科学校的讲话[J].新闻研究资料,1982(1):1-60.

人民新闻事业中。

一、摆脱资产阶级报纸运作惯习的"新型"新闻人

范长江最初是在《大公报》平台上成长起来的,《大公报》对他的新闻生涯有着启蒙意义和深刻影响。布迪厄认为:"惯习来自于行动者长期的实践活动,一旦经过一定时期的积累,经验就会内化为人们的意识,去指挥和调动行动者的行为,成为行动者的社会行为、生存方式、生活模式、行为策略等行动和精神的强有力的生成机制。"[①]范长江新闻工作方式、方法的诸多"惯习"来源于资产阶级《大公报》。大公报报馆是"高度伦理情谊化的组织……同人情谊在团结组织和追求专业中居关键地位"[②]。"传授、帮扶、带教"是《大公报》培养记者,实现记者职业化、组织化的重要路径。从范长江与胡政之的交往即可看出,"传帮带"在报馆日常运作中所发挥的作用。同时,请客吃饭、交际应酬也是报馆社会交往的正常活动,有助于记者拓展社会关系网络获取更多资讯,也可以增进报馆同仁之间的情谊。因而,范长江在主持《新华日报》(华中版)和《人民日报》等过程中,会借用这些方式开展新闻工作与社会交往,例如培养"社会活动家"、指导帮助青年记者等。邓拓列举的范长江问题包括"有资产阶级的庸俗思想作风,有十分严重的个人英雄主义"等说法也并非无中生有。不可否认,《大公报》的办报做法在民国特定时空条件下发挥了特定的效果。然而,资产阶级办报经验是在为资产阶级服务的宣传中形成的,它不能完全适用于无产阶级新闻事业,更与无产阶级办报的思想观念、方法有着显著的区别。[③]中共党报语境下更重视报纸的党性、组织性和纪律性。党报的负责人更应该坚持党性原则,"在党的组织向导下、以政党政治的途径与群众建立密切关联"[④]。转变为无产阶级"新型"新闻人后,范长江的立场转变了,话语风格转变了,所写的内容也转变了,大力宣传马克思主义和党的方针政策,可是他的一些工作方式、方法,仍旧移植、沿用了资产阶级报纸的运作模式。尤其在

---

① 宫留记.布迪厄的社会实践理论[J].理论探讨,2008(6):57-60.
② 路鹏程.传、帮、带:民国新闻记者的职业社会化与组织社会化——以《大公报》为例[J].传播与社会学刊,2016(4):35-68.
③ 宁树藩.宁树藩文集[M].汕头:汕头大学出版社,2003:153.
④ 李海波,虞鑫."新型记者":重访群众路线的一段历史现场[J].新闻与传播评论,2019(1):39-49.

《人民日报》"大转变"过程中,范长江努力对照中共党报的要求推进改革,努力摆脱过往经验的制约,然而其思想观念和行事习惯无形之中却受到过往惯习的牵绊。

二、挣脱旧新闻圈所获名声束缚的"新型"新闻人

范长江凭借在《大公报》平台上发表的西北通讯、出版的《中国的西北角》《塞上行》而成名。在新闻界"暴得大名"为他戴上了名记者的光环。这一光环既为他积累了丰富的社会资本,也成为他日后试图努力挣脱的"束缚"。

《大公报》名记者的出身让范长江在新中国成立后担负着较大的身心压力。金凤在回忆时提到,很多对范长江经历和为人一无所知的人"只凭他曾是'资产阶级报纸'《大公报》名记者就对他'穷追猛打',胡批乱斗"[①]。资产阶级《大公报》名记者是始终贴在范长江身上的标签。资产阶级报纸名记者与中国共产党语境下的新闻工作者有着本质差异。《解放日报》社论《给党报的记者和通讯员》中写道:"资产阶级的记者通讯员,把自己看成高于一切,自命为'无冕之王',一切照自己的兴趣办事,自己喜欢写什么就写什么,怎样对自己有利就怎样办事……我们党报的记者通讯员,决不能像资产阶级报纸的记者通讯员那样,自称为'无冕之王',我们老老实实自称为公仆,我们是党和人民这个大集体的公仆。"[②]陆定一在《我们对于新闻学的基本观点》中指出:"抗战以后,参加党的新闻事业的知识分子,乃是来自旧社会的,他们之中,也就有人带来了旧社会的一套思想意识和一套新闻学理论……如果不加以改造,不加以教育,就会不但无益,而且有害,就无法把党的新闻事业做好。"[③]范长江了解自己获得的"名记者"头衔来源于旧新闻圈。因此,入党后的范长江在新的社会网络中接受了教育与改造,并全心全意、全力以赴为无产阶级新闻事业服务,其所撰写的《论人民的报纸》《人民新闻工作者的四个信条》等文章既是他新闻观转变的表现,也反映了他试图摆脱"名记者"标签束缚的努力。

---

① 胡愈之,夏衍,等.不尽长江滚滚来——范长江纪念文集[M].北京:群言出版社,2004:270.
② 给党报的记者和通讯员[N].解放日报,1942-11-17.
③ 《陆定一文集》编辑组.陆定一文集[M].北京:人民出版社,1992:321-322.

第五节　全力投身人民新闻事业的无产阶级新闻人

"一个记者,如果能为一个伟大的理想工作,那是很值得'鞠躬尽瘁,死而后已'的。"[①]范长江在加入中国共产党并投身于无产阶级新闻事业后逐步树立起坚定的革命理想和牢固的群众观点。无论是在华中根据地创办报刊、开办新闻学校,还是跟随党中央转战陕北期间,范长江都兢兢业业,全力以赴,紧密依靠党和人民。这种为真理奋斗、献身的精神引领他成为人民新闻事业的重要建设者。新中国成立后的范长江在新闻事业领导岗位上坚持推动党报的改革,领导《人民日报》"大转变"。作为新中国成立和建设历程中重要的无产阶级新闻人之一,他在中国共产党夺取文化领导权过程中发挥了核心力量。

一、人民新闻事业的组织者与建设者

范长江在1942年进入华中根据地后在党的直接领导下开启了新闻工作的新征程。曾多次表达"想到敌人后方去"的范长江终于如愿以偿,可以放开手脚,积极作为,为人民新闻事业贡献力量。此后他的奋斗历程正是中共领导下的人民新闻事业由"小"到"大"、由"弱"到"强"的过程。

第一,范长江大力拓展人民的报纸与通讯社工作。在华中,他凭借多年新闻实践中积累的经验组织、领导根据地的新闻通讯报道、报纸刊物出版等工作,及时提议设立电台,向国内外发布根据地、新四军的消息。在他建议下筹建的新华社华中分社接收国内外新闻电讯,编印《无线电讯》,为华中局和新四军军部提供参考。《新华日报》(华中版)在抗日胜利后创刊,范长江担任报社总编辑。该报作为华中人民的喉舌与旗帜,遵循"大家办报"方针在华中地区建立各级通讯组织,统领地方工农通讯工作,宣传党的政策方针路线,报道人民生产生活面貌,设立报纸舆论监督板块,推动地方民主法治建设。《新华日报》(华中版)作为人民的报纸,有力地增强了党与人民群众的联系,为华中解放区的开辟巩固与建设发展做出了贡献。内战爆发后,范长江任新华社副总编辑,领导"四大队"随党中央转战陕北。他组织的新华社报道有声有色,发挥

---

① 范长江.通讯与论文[M].北京:新华出版社,1981:319.

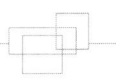

了"喉舌"功能,在对国民党的新闻舆论战中取得了主动,赢得了广大民众的支持与拥护。新中国成立前,范长江筹办《人民日报》(北平版)和上海《解放日报》,此后又出任《人民日报》社社长,推动了党报转型发展。范长江自始至终坚决服从组织安排,发挥自身在新闻宣传工作领域的专长。

第二,范长江继承、发展了无产阶级报刊理论与新闻思想。建立了马克思主义信仰的范长江能运用马克思主义立场、观点与方法进行思考与写作。他能对长期新闻实践的经验、体会与思考进行总结,同时能把握不同环境、不同条件下新闻工作的规律、方法、态度等。在《关于新闻工作中的三个问题——在华中新闻工作座谈会上的总结》《论人民的报纸——1946年初在华中新闻专科学校的讲话》《人民新闻工作者的四个信条》等文章中,范长江论述了具有根本性意义的党的新闻宣传工作问题,例如无产阶级新闻事业性质,新闻工作与革命工作的关系,人民报纸的性质、任务及功能,报纸的大众化。他特别强调人民报纸要坚持的真实性、战斗性。由他提出的诸多观点,如"党报是党的喉舌,人民的喉舌""新闻是报纸的生命,是报纸的灵魂""新闻是广大群众欲知、应知而未知的重要事实"等,都成为中国共产党新闻理论的重要组成部分。作为名记者,他对如何培养优秀的人民记者有深刻的见解。他强调"记者要有正确的政治方法和坚定的政治态度""一个记者最基本的锻炼就是群众观点的锻炼""广博的知识,丰富的思想,广阔的活动天地对于一个记者是非常非常重要的",这些真知灼见也激励着一代代共和国的新闻工作者树立崇高的理想和抱负,面向群众,在群众中扎根,反映群众的生活,满足群众的需求,维护党和人民的根本利益。

第三,范长江为无产阶级新闻教育奠定了基础。自组织"青记"、国新社起,范长江就意识到对青年记者进行教育的重要意义。由于时代条件所限,主要采取短期培训、新闻讲习班、新闻知识讲座等形式。进入根据地后,范长江创办华中新闻专科学校,这是党在解放区创办的第一所新闻专科学校。[1]华中新闻专科学校的创立标志着无产阶级新闻教育逐步进入正规化、系统化的轨道。范长江亲自制定教育方针和课程教学内容,并为学员做了题为《论人民的报纸》的讲座。学员在学习新闻学基本理论知识的同时参与《新华日报》(华中版)的报纸采访编辑等工作,实现了新闻教育理论与实践的结合。转战陕北期间,他担任延安大学新闻班的班主任,为党领导下的大学新闻教育建言献策。新中国成立后,范长江参与创办了新中国的第一所新闻学校——北京新闻学

---

[1] 宁树藩.中国地区比较新闻史(中卷)[M].上海:复旦大学出版社,2018:627.

校,致力于提升新闻干部的理论水平、实际知识与业务能力。他特别强调革命新闻工作的意义,要求学员树立"虚心学习""作长期坚持不懈的努力"观点。范长江不遗余力地推动无产阶级新闻教育,为党和人民的新闻事业培养了一大批优秀人才。因此,范长江亦是无产阶级新闻教育事业的重要奠基人。

二、新中国成立初期党报改革的推动者与实施者

中国共产党取得全国政权后,将延安时期所建立、形成的宣传体制推广到全国。由于宣传的对象不再限于以往农村地区的农民与军队,而扩大到在城市有着相对高素质和需求的居民。为了适应新形势与新变化,需要对延安时期的新闻与宣传体制进行调整,建立起有利于政权的宣传体制。[①]范长江此前长期在城市从事新闻工作,有着较为丰富的城市办报经验,因此,他被任命为党的机关报负责人,推动党报的改革与转型。

首先,范长江对党报的制度进行了探索与实践。针对农村办报时期的组织松散化以及城市办报后出现的"脱离实际、脱离群众、关门办报"等问题,范长江着力于从制度与组织层面进行改革,推动党报在城市办报的职业化、制度化和规范化。他提出建立编委会制度,明确每个编委的职责与分工,对重要问题进行讨论与部署,并向中央定期进行汇报。同时,在学习苏联的大背景下,范长江借鉴、汲取苏联《真理报》的办报经验和方法,组织"飞行集会"及时通报重大事件,反馈中央领导的意见,检讨工作中的失误与问题。为了提升《人民日报》的专业化程度,他主张设置编采通合一的管理办法,重新调整编辑部的组织架构,按照类型进行编辑部分工。为了提升报纸在群众中的影响力与权威性,调动记者工作的积极性,他参考《大公报》的做法积极鼓励、提倡培养名记者。为鼓励报社人员的创造性,报社提出工作人员的待遇按照工作实绩发放,实行物质奖励。这些措施的实施无疑推动了《人民日报》的专业化和新闻工作者的职业化。

其次,范长江重视报纸与实际工作以及读者群众的联系。他多次引用列宁"报纸不仅是集体宣传员和集体鼓动员,而且是集体的组织者"[②]的观点,把宣传和组织群众视为重要的政治任务。范长江要求报社记者注重扩大对外联

---

① 刘海龙.宣传:观念、话语及其正当化[M].2版.北京:中国大百科全书出版社,2020:277.

② 范长江.通讯与论文[M].北京:新华出版社,1981:302.

系,增强与中央各部门、基层地方单位的互动。曾在根据地领导工农通讯运动的范长江大力推动《人民日报》通讯员制度的建立,提出要让通讯员成为"社会活动家"。作为中共中央的机关报,《人民日报》编辑部的分工调整与建章立制为中共党报工作的组织制度化和规范化建设奠定了基础。[①]范长江曾表示:"我是愿意终身为新闻事业努力的人。"[②]他凭借丰富的新闻工作经验,发现了党报存在的问题,并采取了相应改革措施。然而作为改革者的范长江最终却因主客观等多方面因素而离开新闻事业。正如范长江所述:"我们的时代也有我们这个时代的问题,在各项革命和建设工作中,永远有正确和错误,先进和落后的斗争。永远需要我们有献身真理的精神。"[③]范长江在党报改革与转型中所付出的努力和为了推动党报事业发展所做的探索不应被遗忘。

小　结

"我们对杰出历史人物的评价,不能离开他的时代影响与客观效果来立论,既不必作不必要的渲染,也不必有什么离开当时现实的掩饰,只有从时代与社会的关系中具体地研究历史人物,才能显示出历史人物所走的道路。"[④]本章正是秉持着这样的态度,从整体视角,结合新闻人范长江不同时期社会网络的形态、特征对其进行实事求是的评价。

范长江的新闻生涯自20世纪30年代起步,经历了艰苦卓越的抗日战争、解放战争,一直持续到新中国建立初期。作为记者,他凭借卓越的"脚力、眼力、脑力、笔力"独步天下,出生入死,写下了《中国的西北角》《塞上行》《西线风云》等新闻史上的传世佳作。对于当代的新闻从业者而言,范长江是他们心目中的业界偶像、"角色模范"[⑤]。作为记者领袖,范长江在抗战记者的团结事业中发挥了中流砥柱的功能,他组织"青记"、国际新闻社,构筑新闻界的统一战

---

① 叶青青.从农村办报走向城市办报:中共执政初期的党报新闻制度构建——以《人民日报》为例(1948—1953)[D].上海:复旦大学,2011:165-173.

② 范长江.通讯与论文[M].北京:新华出版社,1981:293.

③ 范长江.通讯与论文[M].北京:新华出版社,1981:309-310.

④ 陈旭麓.近代中国人物论[M].北京:九州出版社,2019:428.

⑤ 王悦,李立峰.记者心中的角色模范及其影响初探:香港个案研究[J].新闻学研究,2014(119):1-43.

线,共同为抗战的胜利而献身奋斗。作为连接不同群体的枢纽性人物,范长江借助其广泛而有力的社会网络促进了异质性群体的联络与互动,他的积极行动也进一步推动了无产阶级新闻工作者的队伍建设,为新中国建立后的人民新闻事业蓬勃发展赓续了力量。作为从资产阶级报刊——《大公报》走出来的新闻人,范长江在后续的新闻实践中不断革新自身的价值观念与工作方法,他为摆脱旧名声和旧思想而付出的努力是显著的。同时,他的蜕变过程亦如穆青所言,是"一个艰难的探索过程"。

加入中国共产党后的范长江,随着对马克思列宁主义新闻观的习得和对党领导下新闻宣传事业的深入理解而逐步成长为坚定的无产阶级新闻人。在人民新闻事业中的奋斗实践令范长江更加深刻地认识到"任何一个革命家、思想家、科学家、文学家、社会事业家,他的首要条件是全心全意为人民服务,把自己所从事的有益于人民的工作,作为自己最高的生命,为了人民的利益,可以牺牲自己的一切"[①]。坚定的共产主义理想信念和忘我的精神品质促使他勇于开拓,全力以赴投身于人民新闻事业的建设中。

---

① 范长江.通讯与论文[M].北京:新华出版社,1981:307.

结　语

　　近代史学者李细珠认为,历史人物研究最大的难点是不确定性。这既因为涉及人物的生平事迹、交往关系、思想源流、精神世界等具体史实的描述与解释,同时需要对其功过是非有整体的把握。历史人物都是复杂多面的,单一面相的人物是不存在的。[①]回到范长江所处的时代背景和社会环境,考察他的人生历程、新闻活动与社会网络,亦可发现这样一个在中国近现代新闻史上赫赫有名的新闻人有着复杂的社会网络和多维的面相。

　　社会在变动,社会成员在变化,由社会成员构筑的社会网络的性质、内涵、功能及表现形态也在变化。范长江的社会网络变化呈现出"新陈代谢"的特点。近代以来,中国社会面临剧烈的变动。日寇入侵,国家处于生死存亡的边缘,国内的革命浪潮亦风起云涌。"影响二十世纪中国命运和决定其整体面貌的最重要的事件就是革命。"[②]中国革命的核心要义则是民族独立、民主共和与社会改造。社会的动荡与时代的变迁始终影响范长江的求索之路。作为爱国青年知识分子的范长江早年表现出参加革命和救亡图存事业的热情。他跨出乡关故土,以脚踏实地的实践迈向新的空间,探求个人与国家的出路。陈旭麓指出:"中国近代是一个动态的、新陈代谢迅速的社会。"[③]范长江的社会网络呈现出从早期的血缘、亲缘、地缘、学缘等传统关系向更为现代的业缘、政缘等关系转变的样态,如"新陈代谢"一般,从参加南昌起义的小兵到国民党中央政校的学员,从北大哲学系学子到《大公报》记者,从追求客观真相的新闻记者到拥护统一战线主张的进步新闻人,再到成为无产阶级新闻事业的领导者,复杂的场域折射出范长江不断迭代的社会网络形态。

　　社会在变,但范长江"这个"人物是其所构建的社会网络"中心"的规律不

---

① 李细珠.人物研究是历史研究的"题眼"[N].北京日报,2017-12-05.
② 杨奎松.杨奎松著作集:革命[M].桂林:广西师范大学出版社,2012:总序1.
③ 陈旭麓.近代中国社会的新陈代谢[M].北京:生活·读书·新知三联书店,2017:序3.

变。范长江是既受到社会网络制约,同时又具有强烈主观能动性的新闻人。"每个人都是他社会影响所推出去的圈子的中心。"[①]无论社会如何变化,无论是在《大公报》时期还是在"青记"、国新社时期乃至加入共产党成为无产阶级新闻人之后的人生岁月中,范长江在其编织的社会网络中始终处于"中心位置"。同时,正如格兰诺维特所指出的:"行动者的行为是嵌入在互动的网络中,会受到社会脉络的制约。"作为网络中心的范长江必然受到社会网络结构的影响与制约,主要表现在他的人生道路选择、政治立场、行为方式、思想态度等方面。然而,范长江又有着强大的主观能动性。作为卓越的新闻人,他在时代的浪潮与社会网络的变迁中始终追求真理与进步,始终借助关系网络的力量实现个体的价值与理想,始终把个人命运与民族国家命运联系在一起。

范长江的成功得益于社会网络的力量,"离场"则源于对新的社会网络调适不足。范长江凭借自身的天赋和努力构筑起的社会网络助力他成为举世瞩目的名记者。他带着这一"闪耀的光环"投身于进步新闻事业中、无产阶级新闻事业中,并成为新中国新闻事业的重要建设者与领导者。新中国成立后,他主持的《人民日报》改革并不顺利且后来因此离开了所热爱的新闻事业。这反映出在新的社会网络中,范长江未能把握好自己在整个新闻宣传系统中的位置,亦未能调适自身的角色。

总而言之,范长江在新闻史上是具有典型性、代表性的人物。从他的身上可以看到,青年知识分子将个体命运与国家民族出路结合在一起,通过不断自我探索与践履,在新闻事业的不同场域中构筑出丰富而复杂的社会关系网络,并借助网络的影响实现自我的价值和人生的意义。虽然社会网络几经变化,但是范长江能始终追求真理与进步,始终把国家民族利益置于个人利益之上,始终坚持新闻工作与人民群众的密切联系,正是"变中之不变"铸就了范长江的形象及其深远的社会影响。

---

① 费孝通.乡土中国[M].北京:人民出版社,2008:28.

附　录　范长江新闻活动大事记

一九〇九年
10月16日出生于四川省内江县田家乡赵家坝村，原名范希天
一九二一年（时年十二岁）
就读田家乡、松柏乡小学
一九二三年（时年十四岁）
入读内江县立中学
一九二六年（时年十七岁）
转入资中县省立第六中学
一九二七年（时年十八岁）
年初考入吴玉章主办的中法大学重庆分校
经历"三三一"惨案后前往武汉
7月，加入国民革命军第二十军学兵营
8月，参加八一南昌起义
一九二八年（时年十九岁）
考入南京国民党中央政治学校（1930年更名为中央政治学校），按照校规，入校即加入国民党
一九三一年（时年二十二岁）
12月，主动离开中央政治学校并退出国民党
一九三二年（时年二十三岁）
1月，赴北平半工半读
9月，以同等学力方式进入北京大学哲学系学习
一九三三年（时年二十四岁）
参加辽吉黑热抗日义勇军后援团和北大学生长城抗战慰问团赴热河、长城一线劳军，并进行社会考察。在校内组织发起"北大一九三六研究会"
一九三四年（时年二十五岁）
前往南昌，秘密研究苏区文件和红军情况
下半年开始为《北平晨报》《世界日报》《益世报》《大公报》撰稿
10月14日，在《大公报》发表《北京中文书精华"善本书"之概况》

10月22日,在《大公报》发表《北大之研究教授及其工作》

12月4日,在《北平晨报》发表《北大军训风潮》,开始使用笔名"长江"

12月24日,在《北平晨报》发表《佛学在北大》

一九三五年(时年二十六岁)

1月5日,在《大公报》发表《北大图书"丛书"之现状》

1月11日—1月12日,在《大公报》发表《北大研究院所藏明清档案及其整理》

1月25日,在《大公报》发表《顾颉刚主持之"禹贡"学会与中国沿革地理学之研究》

年初被聘为《大公报》特约通讯员

5月—7月,跟随四川工商团由天津出发南下江浙,沿江来到四川,沿途采访,在《大公报》(天津版)发表旅行通讯二十余篇,包括:

5月10日,发表《塘沽码头》

5月11日,发表《安东的中国人》

5月12日,发表《烟台警察枪杀女学生》

5月13日—5月15日,发表《烟台今夕》

5月19日—5月20日,发表《南迁的古物》

5月24日,发表《浙江政治新动向》

5月29日,发表《浙江的烟禁》

5月30日—5月31日,发表《浙江土地的整理》

6月3日,发表《浙江的公路》

6月4日,发表《留杭一周记》

6月5日,发表《沪桂公路上》

6月8日—6月9日,发表《兰溪实验县》

6月13日,发表《夜走杭江路》

6月14日,发表《高兴后的悲哀》

6月19日,发表《上海真正"大减价"》

6月22日,发表《扬子江上的香客》

6月24日,发表《千里江陵一日还》

6月26日—6月27日,发表《危崖上的重庆》

7月9日—7月12日,发表《成渝道上》

7月19日,发表《成都改观了》

7月24日—7月28日,发表《内江的糖业》

7月底,从成都出发,赴西北旅行采访,历时十个月,行程数千公里。在《大公报》(天津版)发表了引起社会轰动的西北通讯,包括:

9月13日—9月14日,发表《岷山南北剿匪军事之现势》

9月20日,发表《成兰纪行(一):成都出之前夕》

9月21日,发表《成兰纪行(二):由成都至中壩途中所见》

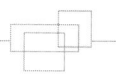

9月25日,发表《成兰纪行(三):中壩平谧铺间匪区残迹》

9月27日,发表《成兰纪行(四):响岩壩山中土劣横行》

9月29日,发表《成兰纪行(五):可怜焦土一百里》

9月30日,发表《成兰纪行(六):到松潘去》

10月1日,发表《成兰纪行(七):过大雪山之艰苦》

10月2日,发表《成兰纪行(八):松潘所见藏民情形》

10月7日,发表《成兰纪行(九):松潘章腊之金矿区》

10月8日,发表《成兰纪行(十):藏民之社会经济状况》

10月9日—10月12日,发表《徐海东果为肖克第二乎?》

10月16日,发表《成兰纪行(十一):自弓杠岭至戎洞 林海中旅行见闻》

10月17日,发表《成兰纪行(十二):甘藏边境见闻实录》

10月19日,发表《成兰纪行(十三):甘肃边境极荒凉难行》

10月21日,发表《成兰纪行(十四):甘边农村经济疲敝情形》

10月22日,发表《成兰纪行(十五):洮河上游种族战争残迹》

10月25日,发表《成兰纪行(十六):洮河南岸访问杨土司》

10月27日,发表《成兰纪行(十七):旧城回教新教运动教主马明仁访问记》

11月1日—11月2日,发表《成兰纪行(十八):由陌务赴夏河途中 拉卜楞之一般状况》

11月4日,发表《成兰纪行(十九):千里长征安抵终点》

11月11日,发表《陕甘形势片断(一):长安一瞥》

11月21日,发表《红军之分裂》

11月23月,发表《毛泽东过甘入陕之经过》

11月26日,发表《从瑞金到陕边——一个流浪青年的自述》

11月28日,发表《陕北共魁——刘志丹的生平》

12月22日,发表《陕甘形势片断(二):兰州印象记》

12月23日,发表《陕甘形势片断(三):对于西兰公路之观感》

12月24日,发表《陕甘形势片断(四):陕北甘东边境上》

一九三六年(时年二十七岁)

1月4日—1月11日,发表《松潘战争之前后》

2月4日—2月6日,发表《陕甘形势片断(五):渭水上游》

4月4日—4月6日,发表《伟大的青海是中华民族的一个支撑点》

4月9日—4月12日,发表《弱水三千之"河西"》

4月21日,发表《祁连山南的旅行(一):兰州永登间》

4月22日,发表《祁连山南的旅行(二):庄浪河至大通河》

4月23日,发表《祁连山南的旅行(三):到了西宁》

4月25日,发表《祁连山南的旅行(四):马步芳的政治作业》

4月26日,发表《祁连山南的旅行(五):动荡中的青海》

4月27日,发表《祁连山南的旅行(六):班禅在塔尔寺》

4月28日,发表《祁连山南的旅行(七):回教过年》

4月29日,发表《祁连山南的旅行(八):西宁至新城》

4月30日,发表《祁连山南的旅行(九):过大板山》

5月1日,发表《祁连山南的旅行(十):浩亹河上游》

5月4日,发表《祁连山南的旅行(十一):祁连山中》

5月6日,发表《祁连山南的旅行(十二):走出祁连山》

6月12日,发表《祁连山北的旅行(一):"金"张掖的破产》

6月15日,发表《祁连山北的旅行(二):张掖的破产,是人懒的过》

6月16日,发表《祁连山北的旅行(三):弱水南岸的风光》

6月18日,发表《祁连山北的旅行(四):策马望酒泉》

6月19日,发表《祁连山北的旅行(五):酒泉走向地狱中》

6月20日,发表《祁连山北的旅行(六):嘉峪关头》

6月22日,发表《祁连山北的旅行(七):玉门安西间》

6月23日,发表《祁连山北的旅行(八):塞外桃源的敦煌》

6月27日,发表《祁连山北的旅行(九):敦煌返张掖》

6月28日,发表《祁连山北的旅行(十):到古意盎然的凉州》

6月29日,发表《祁连山北的旅行(十一):武威现状不乐观》

7月4日,发表《贺兰山的四边(一):再会吧!兰州》

7月5日,发表《贺兰山的四边(二):过大峡》

7月6日,发表《贺兰山的四边(三):红山峡和黑山峡》

7月7日,发表《贺兰山的四边(四):路过中卫》

7月13日,发表《贺兰山的四边(五):宁夏地理特性》

7月16日,发表《贺兰山的四边(六):西夏给我们留下的历史教训》

7月17日,发表《贺兰山的四边(七):宁夏民生的痛苦》

7月18日,发表《贺兰山的四边(八):宁夏的纸币鸦片与宗教》

7月19日,发表《贺兰山的四边(九):宁夏赴青铜峡》

7月20日,发表《贺兰山的四边(十):飘羊皮筏到金积》

7月21日,表发《贺兰山的四边(十一):灵武城中忆当年》

7月22日,发表《贺兰山的四边(十二):河工与屯垦》

7月23日,发表《贺兰山的四边(十三):踏破了贺兰山缺》

7月24日,发表《贺兰山的四边(十四):满洲人的治蒙政策》

7月25日,发表《贺兰山的四边(十五):平罗南北》

7月27日,发表《贺兰山的四边(十六):石嘴山外》

7月28日,发表《贺兰山的四边(十七):磴口和宁阿之争》

7月30日,发表《贺兰山的四边(十八):三圣宫天主堂》

7月31日,发表《贺兰山的四边(十九):临河五原至包头》

8月13日—8月14日,发表《西北当前集中急务》

8月,《中国的西北角》正式由《大公报》报馆出版发行

同月出发秘密考察西蒙地区

8月29日—8月30日,在《大公报》发表《从嘉峪关到山海关》

10月,赴绥远抗日战场采访报道

12月9日—12月20日,在《大公报》发表《百灵庙战役之经过及其教训》

一九三七年(时年二十八岁)

1月1日,在《国闻周报》发表《绥战的检讨》

1月14日—1月20日,在《大公报》发表《沉静了的绥边》

2月,"撞入西安",采访"西安事变"真相。后赴延安,成为第一个赴延安采访、与中共人士接触的国统区新闻记者

2月6日,在《大公报》发表《动荡中之西北大局》

2月17日—2月26日,在《大公报》发表《西北近影》

3月15日,在《大公报》发表《不磨的记忆》

4月,赴四川采访

5月21日,在《大公报》发表《蓉沪空中遇喜多》

5月23日—6月2日,在《大公报》发表长篇通讯《川灾勘察记》

6月,通讯集《塞上行》由《大公报》报馆出版发行

在《妇女生活》1937年第5卷第1期发表《对于妇女参政运动的一点意见》

在《新四川月报》1937年第1期发表《平凡论》

7月7日,抗日战争全面爆发,奔赴华北、中原战场进行战地报道,在《大公报》等报刊发表系列战地通讯与专论作品,包括:

7月23日,发表《杂话北方》

7月24日—7月28日,发表《卢沟桥畔》

8月1日,发表《陷落前的宛平》

8月3日—8月4日,发表《保定前方》

8月14日,被任命为《大公报》通讯科主任

8月17日,发表《中原杂感》

8月26日—8月27日,发表《几点要务》

9月3日,发表《西线战场》

9月14日,发表《察哈尔的陷落》

9月23日,在《国闻周报·战时特刊》,发表《如何巩固抗敌战线》

9月27日,发表《怀来回想》

10月1日—10月5日,发表《察南退出记》

10月10日,在《战友》创刊号发表《胜利的把握》

10月18日—10月19日,发表《吊大同》

10月28日,发表《闸北撤兵之后》

10月29日—10月30日,发表《忆夜战场》

11月8日,发表《上海当前形势的说明》;与恽逸群、羊枣等人发起成立"中国青年记者协会"

11月24日—11月27日,发表《告别上海》

11月,编辑出版通讯集《西线风云》

在《抵抗》1937年第12期发表《严重的汉奸问题》

一九三八年(时年二十九岁)

1月4日,在《抗战三日刊》发表《赶紧洗刷我们不合理的政治》

1月11日,在《抗战三日刊》发表《抗战中的党派问题》

1月19日,在《血路周刊》创刊号发表《苏联出兵问题座谈会》

1月27日—1月28日,在《大公报》发表《今后之战时新闻政策》

1月30日—2月5日,在《大公报》发表《中原大战之前夕》

2月5日,在《大公报》发表《李宗仁纵谈抗战前途》

2月6日,在《大公报》发表《敌人威胁下的鲁南煤矿》

2月8日—2月15日,在《大公报》发表《川军在山东前线》

2月17日,在《大公报》发表《变动中的徐州》

2月18日,在《大公报》发表《苏鲁豫皖战区民众动员问题》

2月17日—2月25日,在《大公报》发表《淮上观战记》

3月3日,在《大公报》发表《豫南皖西的新气象》《江淮间的运动战》

3月5日,在《大公报》发表《安徽政治在好转中——以六安为中心的新局面》

3月10日—3月11日,在《大公报》发表《淮南战场》

3月12日—3月16日,在《大公报》发表《皖中战影》

3月14日,在《大公报》发表《战区文化供应问题》

3月19日,在《大公报》发表《桂兵佳话》

3月21日,撰写完成《青年记者学会组织的必要和前途》

3月27日,在《抗战三日刊》发表《新民族政策论》

3月31日,在武汉主持中国青年记者学会成立大会,被推选为主要负责人

4月,赴台儿庄、徐州采访徐州会战。发表战地通讯、专论等作品:

在《新闻记者》1938年第1卷第2期发表《建立新闻记者的正确作风》

在《新闻记者》1938年第1卷第3期发表《中外记者在火线上的座谈会纪要》

4月12日,在《大公报》发表《台儿庄血战经过》

4月13日—4月15日,在《大公报》发表《慰问台儿庄》

4月18日,在《大公报》发表《台儿庄血战故事》

4月22日,在《大公报》发表《大兵团的运动战》

4月23日—4月24日,在《大公报》发表《鲁南运动战的经验》

4月26日—4月28日,在《大公报》发表《光辉的战场》

5月27日,在《新华日报》发表《怀念徐州未脱险的同业》

5月29日—6月2日,在《大公报》发表《胜利的退却》

在《新闻记者》1938年第4期发表《怎样发战事、电讯与写战地通讯》

7月22日,在《大公报》发表《湖南对抗战之政治准备》

7月24日—7月25日,在《大公报》发表《长沙行》

在《新闻记者》1938年第5期发表《祝记者学会长沙分会成立》

8月23日,在《大公报》发表《夜过码头镇》

8月25日,在《大公报》发表《另眼看庐山》

9月4日—9月5日,在《大公报》发表《"东方佛朗哥"之死》

9月6日,在《全民抗战》发表《瑞昌——前线的一个据点》

在《国民公论》1938年9月第1卷第1期发表《地小任大的阳新》《建立积极的新闻领导政策》

在《新闻记者》1938年第6、7期合刊发表《战时新闻工作的真义》

10月,脱离《大公报》,与胡愈之、刘尊棋、邵宗汉等人创办国际新闻社

11月25日,在上海《蜜蜂》(半月刊)发表《忆小方》

在《抗战三日刊》1938年第33期发表《对外苦撑与对内洗刷》

在《新闻记者》1938年第1卷第9、10期合刊发表《开展敌人后方的新闻工作》《我们要"真"的集体生活》

一九三九年(时年三十岁)

在《新闻记者》1939年第2卷第1期发表《新阶段新闻工作与新闻从业员之团结运动》

在《国民公论》1939年第2卷第1期发表《一个新闻记者的认识》

在《星岛周刊》1939年第2期发表《对汪精卫最后处置的期待》

在《民族公论》1939年第1卷第3期发表《论目前抗战形势》

在《战时记者》1939年第1卷第8期发表《战时报业之质的变化》

3月28日—4月3日,在《救亡日报》发表《南国的生长》

4月5日,在《扫荡》副刊发表《用更大的团结纪念本会的诞生》;在《救亡日报》发表《平凡的成就》

4月6日,在《救亡日报》发表《台儿庄光荣胜利一周年》

在《现实》1939年第4期发表《论日本的新战略》

在《工作与学习·漫画与木刻》1939年4月发表《最近英日在运动之冲突》

在《全民抗战》1939年第69期发表《平凡的估计与平凡的努力》

4月15日,在《建设研究》发表《怎样推进广西地方新闻工作》

5月,经周恩来介绍,报送延安党中央批准,在重庆正式加入中国共产党

6月17日,在《救亡日报》发表《今年"六一七"的特殊意义》

6月20日,在《广西日报·南方》发表《看敌人有多少炸弹?——重庆五·二五被炸后感想》

8月6日,在《广西日报》发表《记取英日谈判的教训》

8月8日,在《广西日报》发表《英日谈判与中国》

8月13日,在《广西日报》发表《不要忘记了胜利的经验》

在《现实(上海1939)》1939年第6期发表《宪政运动在重庆——记第一次宪政座谈会》

9月1日,在《新华日报》发表《怎样纪念今年记者节》

10月10日,在《云南日报》发表《汪逆精卫的"组府"》

在《战时记者》1939年第12期发表《两年来的新闻事业》

在《改进》1939年第2卷第1期发表《日本对朝鲜的苦闷》

在《浙江潮》1939年第83期发表《泛论我对英法美苏应有的关系》

在《国讯旬刊》1939年第216期发表《敌国舆论对于苏联的期望》

在《导报增刊》1939年第1卷第12期发表《在轰炸下进步》

在《浙江潮》1939年第91期发表《日本咽喉的溃烂症》

在《西南青年》1939年创刊号发表《南宁战争的意义与教训》

一九四〇年(时年三十一岁)

1月14日,在《开明日报》发表《访聂耳之家》

1月20日,在《云南日报》发表《昆仑关的攻略战》

1月21日,在《救亡日报》发表《桂南敌我形势的对比》

在《中学生》1940年1月号发表《寒假中的工作》

2月3日—2月4日,在《救亡日报》发表《论敌人在桂南的新东西》

2月6日,在《救亡日报》发表《敌人包围了昆仑关之后》

3月18日,在《力报》发表《印度民族解放运动的新形势》

3月24日,在《救亡日报》发表《怎样粉碎敌人的新阴谋》

在《国民公论》1940年第3卷第3期发表《桂南战局之现状与前途》

在《战时记者》1940年第2卷第9期发表《中国新闻记者之将来》

在《星期文摘》1940年第1卷第516期发表《论南宁战局》

5月31日,在延安《新中华报》发表《陈嘉庚先生印象记》

在《浙江潮》1940年第93期发表《国际新形势与抗日前途》

在《抗日周刊》1940年第31期发表《歧途上的危机》

在《国新社两周纪念特辑》发表《集体主义的实践》

在《新闻记者》第2卷第9期发表《"国新"两年》

在《上海宁波公报》两周年纪念特刊发表《宁波同乡慈善工作的中心:上海四明公所》

在《浙江潮》1940年第124期发表《重庆与昆明》

一九四一年(时年三十二岁)

1月,秘密离开桂林,前往香港

1月9日,在《开明日报》发表《昆明教授群中的一支"战国策派"之思想》

在《精忠导报》1941年第4卷第3期发表《越南革命的新时代》

在《东方战友》1941年第24、25合刊发表《中国西南国防上的危机》

在《新闻记者》1941年第2卷第10期发表《进步与退步》

4月,参与创办中共在香港的报纸《华商报》

在《时代批评》1941年第73、74期合刊发表《摧残新闻界人权之一例——湖南〈开明日报〉受摧残之经过》

9月,在《华商报》发表连载文章《祖国十年》。

9月1日,在《华商报》发表《九一散记》;在《新华日报》发表《纪念记者节的三大任务》

在《青年知识周刊》1941年第4期发表《中国需要什么样的记者》

9月8日,在《华商报》发表《悼季鸾先生》

10月11日,在《华商报》发表《三十年了》

在《全民抗战》1941年第154期发表《云南在抗战中的新地位》

12月,太平洋战争爆发,香港沦陷,返回桂林

一九四二年(时年三十三岁)

1月,离开桂林,辗转于7月到达新四军苏北根据地

在《野草》1942年第4卷第1、2期发表《正确估计——港战之杂话》

9月23日,在《解放日报》发表《苏北建设突飞猛进 政治经济文化提高 人民踊跃参加抗战》

10月,创办中共华中局机关报《新华报》和新华社华中分社

一九四四年(时年三十五岁)

10月23日,在《解放日报》发表《死得太早了》

12月15日,在重庆《新华日报》发表《怀念韬奋》

一九四五年(时年三十六岁)

编辑出版《上饶集中营》

12月,在江苏淮阴,创办《新华日报》(华中版)

一九四六年(时年三十七岁)

2月,创办华中新闻专科学校

在《综合》1946年第1卷第9期发表《论放手创作》

2月17日,在《新华日报》(华中版)发表《关于新闻工作中的三个问题——在华中新闻工作座谈会上的总结》

在华中新闻专科学校发表讲话《论人民的报纸》

在《海燕》1946年第2期发表《殷秀岑落难汉口》

5月,赴南京出任中共代表团新闻发言人,兼任新华社南京分社社长

7月6日,在《新华日报》发表《南京的歪风》

7月9日,在《新华日报》发表《南京谈判杂述》

在《文萃》1946年第1卷第36期发表《从"江北难民"说起》

10月,国共和谈破裂后赴延安,担任《解放日报》和新华社副总编辑

一九四七年(时年三十八岁)

2月,跟随党中央从延安撤退,转战陕北。担任中央纵队第四大队大队长,负责将红色的声音传递给全国人民

5月12日,在《人民日报》发表《志大才疏阴险虚伪的胡宗南》

9月11日,致信新华社总社《范长江给新华社总社社长廖承志及社委会的信》

一九四八年(时年三十九岁)

在《内幕新闻》1948年第4期发表《居院长农民本色》

12月,从西柏坡抵达良乡,参加准备接管北平的临时团队

一九四九年(时年四十岁)

1月,奉命接管北平国民党的新闻机构,创办《人民日报》(北平版),组建新华社北平分社

5月,奉调上海,出任上海军管会文委会副主任,兼任《解放日报》社社长

5月12日,在《北平解放报》发表《北平办报初期的一些经验》

10月,调回北平,出任新闻总署副署长

一九五〇年(时年四十一岁)

1月,任《人民日报》社社长

3月22日,在《南京金融周报》第17期发表《财经工作的新时期——追记二月全国财政会议》

8月28日,在《新闻学习》发表《这一期的教学重心应当是什么?》

12月21日,在《新闻学习》发表《认清任务 虚心学习——纪念北京新闻学校成立一周年》

一九五一年(时年四十二岁)

4月8日,在《人民日报》发表《拥护缔结和平公约,坚决反对武装日本》

在《旅行杂志》第25卷第12期发表《旅京见闻录》

12月28日,在《人民日报》发表《太原工人住宿问题今天仍然十分严重的原因在哪里?》

一九五二年(时年四十三岁)

3月21日—3月22日,在《人民日报》发表《川底村的农业生产合作社》

4月,任中央人民政府政务院文化教育委员会副秘书长

8月7日,在《新闻学习》发表《毕业是新的学习的开始》

一九五三年(时年四十四岁)

撰写《祖国正青春》

一九五四年(时年四十五岁)

任国务院第二办公室副主任

一九五五年(时年四十六岁)

8月,作为《韬奋文集》编辑委员会成员撰写《韬奋的思想的发展》

一九五六年(时年四十七岁)

任国家科委副主任

一九五七年(时年四十八岁)

7月21日,发表《为真理而奋斗——纪念韬奋同志逝世十五周年》

10月7日,在《人民日报》发表《要"招"旧大公报之魂吗?》

一九五八年(时年四十九岁)

任国家科协副主席、党组书记

6月,发表《欢呼技术革命和文化革命的新时代》(湖北人民出版社出版)

一九六一年(时年五十二岁)

发表《记者工作随想》

12月12日,发表《沙门岛之行》

一九六三年(时年五十三岁)

9月9日,在《文汇报》(香港版)发表《观国术》

一九六四年(时年五十五岁)

7月24日,在《人民日报》发表《一个光辉的榜样——纪念韬奋同志逝世二十周年》

一九六七年(时年五十八岁)

在"文化大革命"中遭到迫害并被长期关押

一九七〇年(时年六十一岁)

10月23日,在河南省确山县离世

参考文献

一、报刊资料

1.《北平晨报》
2.《大公报》(天津版、上海版、汉口版)
3.《妇女生活》
4.《国闻周报》
5.《华商报》(香港)
6.《解放日报》
7.《救亡日报》
8.《抗战三日刊》
9.《全民抗战》
10.《人民日报》
11.《时代批评》
12.《西南青年》
13.《新华日报》
14.《新华日报》(华中版)
15.《新闻记者》
16.《星岛周刊》(香港)
17.《益世报》
18.《战事画刊》
19.《浙江潮》

二、人物传记、回忆录、文集、档案等

1.《大公报一百周年报庆丛书》编委会编:《我与大公报》,上海:复旦大学出版社,2002年。
2. 曹聚仁著:《采访外记采访二记》,北京:生活·读书·新知三联书店,2007年。
3. 曹聚仁著:《万里行二记》,北京:生活·读书·新知三联书店,2005年。
4. 陈纪滢著:《陈纪滢文存》,北京:华龄出版社,2011年。
5. 陈涛著:《新闻巨子范长江评传》,北京:中国文史出版社,2014年。

6. 丁济沧,苏若望主编:《我们同党报一起成长——回忆延安岁月》,北京:人民日报出版社,1989年。

7. 范苏苏,王大龙主编:《范长江与"青记"》,北京:北京工艺美术出版社,2008年。

8. 范长江著,范苏苏编:《范长江新闻文集补遗》,北京:学苑出版社,2019年。

9. 范长江著,沈谱编:《范长江新闻文集》,北京:新华出版社,2001年。

10. 范长江著:《塞上行》,上海:大公报馆,1937年。

11. 范长江著:《通讯与论文》,北京:新华出版社,1980年。

12. 范长江著:《中国的西北角》,天津:大公报馆,1936年。

13. 方蒙著:《范长江传》,北京:中国新闻出版社,1989年。

14. 冯英子著:《劲草——冯英子自传》,上海:华东师范大学出版社,1999年。

15. 顾雪雍著:《奇才奇闻奇案——恽逸群传》,上海:上海人民出版社,1996年。

16. 广西日报新闻研究室编:《国际新闻社回忆》,长沙:湖南人民出版社,1987年。

17. 胡玫,王瑾编:《回忆胡政之》,天津:天津人民出版社,2009年。

18. 胡乔木著:《胡乔木文集》(三卷本),北京:人民出版社,2012年。

19. 胡愈之,夏衍,等著:《不尽长江滚滚来——范长江纪念文集》,北京:群言出版社,2004年。

20. [美]黄仁宇著,张逸安,译:《黄河青山:黄仁宇回忆录》.2版.北京:生活·读书·新知三联书店,2001年。

21. 黄药眠著:《黄药眠口述自述》,北京:中国社会科学出版社,2003年。

22. 金韵琴著:《茅盾晚年谈话录》,上海:上海书店出版社,2014年。

23. 孔昭恺著:《旧大公报坐科记》,北京:中国文史出版社,1991年。

24. 李纯青著:《笔耕五十年》,北京:生活·读书·新知三联书店,1994年。

25. 李新著:《流逝的岁月——李新回忆录》,成都:四川人民出版社,2019年。

26. 李庄著:《人民日报风雨四十年》,北京:人民日报出版社,1993年。

27. 廖承志著:《廖承志文集》,北京:生活·读书·新知三联书店,1990年。

28. 刘汝明著:《刘汝明回忆录》,台北:传记文学出版社,1979年。

29. 陆定一著:《陆定一文集》,北京:人民出版社,1992年。

30. 孟秋江著,陆诒,冯英子主编:《孟秋江文集》,上海:华东师范大学出版社,1994年。

31. 潘阆主编:《苏北抗日根据地纪事》,上海:华东理工大学出版社,1997年。

32. 人物编辑部:《人物》1980年第3辑,北京:生活·读书·新知三联书店,1980年。

33. 陕西日报社,延安时期新闻出版工作者西安联谊会编:《延安时期新闻出版工作者回忆录》,西安:陕西日报社,2006年。

34. 沈钧儒纪念馆编:《沈钧儒家书》,北京:群言出版社,2008年。

35. 王海波编:《阿英日记》,太原:山西教育出版社,1998年。

36. 王瑾,胡玫编:《胡政之文集》,天津:天津人民出版社,2007年。

37. 夏衍著:《懒寻旧梦录(增订本)》,北京:中华书局,2016年。

38. 萧乾著:《萧乾回忆录》,北京:中国工人出版社,2005年。

39. 徐向明著:《范长江传》,南京:南京大学出版社,2002年。
40. 徐铸成著:《报海旧闻》,上海:上海人民出版社,1981年。
41. 徐铸成著:《报人张季鸾先生传》,北京:生活·读书·新知三联书店,1986年。
42. 徐铸成著:《民国记事——徐铸成回忆录》,南宁:广西人民出版社,2015年。
43. 徐铸成著:《徐铸成日记》,北京:生活·读书·新知三联书店,2013年。
44. 恽逸群著:《恽逸群文集》,南京:江苏人民出版社,1986年。
45. 政协四川省内江市委员会文史和学习委员会编:《内江文史》第26辑,2009年。
46. 中共湖北省党史资料征集编研委员会编:《抗战初期中共中央长江局》,武汉:湖北人民出版社,1991年。
47. 中共中央文献研究室编:《毛泽东文集》(十卷本),北京:人民出版社,1996年。
48. 中国人民政治协商会议全国委员会文史资料研究委员会编:《文史资料选辑》第25辑,北京:中华书局,1962年。
49. 中央统战部,中央档案馆编:《中共中央抗日民族统一战线文件选编》,北京:档案出版社,1985年。
50. 周雨编:《大公报人忆旧》,北京:中国文史出版社,1991年。
51. 周雨著:《回忆大公报》,北京:中国文史出版社,2016年。

三、史料汇编、研究专著等

1. 边江,郭小良,孙江编著:《延安大学新闻班:中国共产党创办的第一个大学新闻专业》,北京:新华出版社,2020年。
2. 边燕杰著:《关系社会学:理论与研究》,北京:社会科学文献出版社,2011年。
3. 蔡铭泽著:《中国国民党党报历史研究(1927—1949)》,北京:团结出版社,1998年。
4. 曹立新著:《统制与自由之间:战时重庆新闻史研究》,桂林:广西师范大学出版社,2012年。
5. 陈建云著:《大变局中的民间报人与报刊》,福州:福建教育出版社,2008年。
6. 陈旭麓著:《近代中国人物论》,北京:九州出版社,2019年
7. 陈旭麓著:《近代中国社会的新陈代谢》,北京:生活·读书·新知三联书店,2017年。
8. 陈蕴茜著:《崇拜与记忆——孙中山符号的建构与传播》,南京:南京大学出版社,2009年。
9. 陈占彪著:《五四知识分子的淑世意识》,北京:商务印书馆,2010年。
10. 董广安著:《穆青新闻思想与新闻实践》,郑州:郑州大学出版社,2008年。
11. [德]卡尔·曼海姆著,徐彬译:《卡尔·曼海姆精粹》,南京:南京大学出版社,2002年。
12. 杜绍文著:《中国报人之路》,金华:浙江省战时新闻学会,1939年。
13. 樊亚平著:《中国新闻从业者职业认同研究(1815—1927)》,北京:人民出版社,2011年。

14. 方汉奇等编:《大公报百年史》,北京:中国人民大学出版社,2004年。
15. 方汉奇等主编:《民国时期新闻史料续编》,北京:国家图书馆出版社,2017年。
16. 方汉奇主编:《民国时期新闻史料汇编》,北京:国家图书馆出版社,2011年。
17. 方汉奇主编:《中国新闻事业通史》,北京:中国人民大学出版社,1996年。
18. [法]雷蒙·阿隆著;吕一民,顾杭译:《知识分子的鸦片》,上海译林出版社,2012年。
19. [法]马克·布洛赫著;张和声,程郁译:《历史学家的技艺》,上海:上海社会科学院出版社,1992年。
20. 付海晏,徐剑主编:《大数据与中国历史研究第1辑》,北京:社会科学文献出版社,2017年。
21. 傅国涌编:《笔底波澜:百年中国言论史的一种读法》,桂林:广西师范大学出版社,2006年。
22. 顾执中著:《战斗的新闻记者》,北京:新华出版社,1985年。
23. 桂林政协文史和学习委员会编:《抗战时期范长江在桂林新闻史料研究》,桂林:漓江出版社,2015年。
24. 郭沫若著:《文艺与宣传》,重庆:独立出版社,1938年。
25. 郭沫若著:《战时宣传工作》,重庆:重庆青年书店,1940年。
26. 韩辛茹著:《中外名记者丛书:陆诒》,北京:人民日报出版社,2005年。
27. 洪长泰:《新文化史与中国政治》,台北:远流出版社,2003年。
28. 侯杰编:《〈大公报〉与近代中国社会》,天津:南开大学出版社,2006年。
29. 侯杰著:《大公报历史人物》,香港:大公报出版有限公司,2002年。
30. 胡涤非著:《民族主义与近代中国政治变迁》,北京:知识产权出版社,2009年。
31. 胡正强著:《中国现代报刊活动家思想评传》,北京:新华出版社,2003年。
32. 黄旦主编:《范式的变更:新报刊史书写》,上海:上海交通大学出版社,2018年。
33. 黄旦著:《传者图像:新闻专业主义的建构与消解》,上海:复旦大学出版社,2005年。
34. 黄志辉著:《追梦与幻灭:报人成舍我研究》,北京:中国社会科学出版社,2017年。
35. 贾晓慧著:《大公报新论:20世纪30年代〈大公报〉与中国的现代化》,天津:天津人民出版社,2002年。
36. 蒋竹山主编:《当代历史学新趋势》,台北:联经出版社,2019年。
37. 金冲及著:《转折年代:中国的1947年》,北京:生活·读书·新知三联书店,2009年。
38. 蓝鸿文著:《范长江记者生涯研究》,北京:中国人民公安大学出版社,2009年。
39. 李彬:《新时代新闻论》,北京:清华大学出版社,2019年。
40. 李彬著:《中国新闻社会史》,北京:清华大学出版社,2009年。
41. 李滨著:《中国近代新闻思想的嬗变》,北京:人民出版社,2017年。
42. 李洁非、杨劼著:《解读延安——文学、知识分子和文化》,北京:当代中国出版社,

2010 年。

43. 李金铨编:《报人报国:中国新闻史的另一种读法》,香港:香港中文大学出版社,2013 年。

44. 李金铨编:《文人论政:知识分子与报刊》,桂林:广西师范大学出版社,2008 年。

45. 李礼著:《转向大众:晚清报人的兴起与转变 1872—1912》,北京:北京师范大学出版社,2017 年。

46. 李里峰著:《革命政党与乡村革命:抗战时期中国共产党的组织形态研究》,南京:江苏人民出版社,2011 年。

47. 李仁渊著:《晚清的新式传播媒体与知识分子:以报刊出版为中心的讨论》,台北:稻香出版社,2012 年。

48. 李秀云著:《中国新闻学术史(1834—1949)》,北京:新华出版社,2004 年。

49. 梁启超著:《中国历史研究法》,南京:江苏文艺出版社,2008 年。

50. 廖梅著:《汪康年:从民权论到文化保守主义》,上海:上海古籍出版社,2001 年。

51. 林聚任著:《社会网络分析:理论、方法与应用》,北京:北京师范大学出版社,2009 年。

52. 刘海龙著:《宣传:观念、话语及其正当化》,北京:中国大百科全书出版社,2020 年。

53. 刘妮编著:《清凉山记忆》,西安:三秦出版社,2011 年。

54. 罗志田著:《乱世潜流:民族主义与民国政治》,上海:上海古籍出版社,2001 年。

55. 马光仁著:《上海新闻史(1850—1949)》,上海:复旦大学出版社,1996 年。

56. [美]费约翰著;李恭忠等译:《唤醒中国:国民革命的政治、文化与阶级》,北京:生活·读书·新知三联书店,2004 年。

57. [美]卡尔·博格斯著;李俊,蔡海榕译:《知识分子与现代性的危机》,南京:江苏人民出版社,2002 年。

58. [美]罗纳德·S.伯特著;任敏,李璐,林虹译:《结构洞:竞争的社会结构》,上海:上海人民出版社,2017 年。

59. [美]马克·塞尔登著;魏晓明,冯崇义译:《革命中的中国:延安道路》,北京:社会科学文献出版社,2002 年。

60. [美]马修·杰克逊著;余江译:《人类网络:社会位置决定命运》,北京:中信出版社,2019 年。

61. [美]迈克尔·舒德森著;陈昌凤,常江译:《发掘新闻:美国报业的社会史》,北京:北京大学出版社,2009 年。

62. [美]尼尔·弗格森著;周逵译:《广场与高塔:网络、阶层与全球权力竞争》,北京:中信出版社,2020 年。

63. [美]史华慈著;叶凤美译:《寻求富强:严复与西方》,北京:中信出版社,2016 年。

64. [美]萧邦奇著;刘东总主编;周武彪译:《血路——革命中国中的沈定一(玄庐)传奇》,南京:江苏人民出版社,2010 年。

65. [美]约翰·司徒雷登著;程宗家译:《在华五十年——司徒雷登回忆录》,北京:北京出版社,1982年。

66. [美]张灏著;高力克,王跃译;毛小林校译:《危机中的中国知识分子:寻求秩序与意义,1890—1911》,北京:中央编译出版社,2016年。

67. [美]张灏著:《幽暗意识与时代探索》,广州:广东人民出版社,2016年。

68. [美]周锡瑞,李皓天主编;陈骁译:《1943:中国在十字路口》,北京:社会科学文献出版社,2016年。

69. 茅家琪等著:《中国国民党史》,南京:江苏人民出版社,2018年。

70. 倪延年主编:《民国新闻史人物》,南京:南京师范大学出版社,2018年。

71. 倪延年著:《新闻传播理论与实践之史学观照》,北京:社会科学文献出版社,2015年。

72. 潘光哲著:《晚清士人的西学阅读史》,南京:凤凰出版社,2019年。

73. 桑兵著:《历史的本色——晚清民国的政治、社会与文化》,桂林:广西师范大学出版社,2016年。

74. 桑兵:《治学的门径与取法——晚清民国研究的史料与史学》,北京:社会科学文献出版社,2014年。

75. 邵建著:《一个上海香山人的人际交往——郑观应社会关系网研究》,上海:上海辞书出版社,2014年。

76. 施展著:《枢纽——3000年的中国》,桂林:广西师范大学出版社,2018年。

77. 唐小兵著:《十字街头的知识人》,北京:中国人民大学出版社,2013年。

78. 唐小兵著:《与民国相遇》,北京:生活·读书·新知三联书店,2017年。

79. 汪朝光编:《蒋介石的人际网络》,北京:社会科学文献出版社,2011年。

80. 王传寿主编:《烽火信使——新四军及华中抗日根据地报刊研究》,合肥:合肥工业大学出版社,2010年。

81. 王笛著:《袍哥:1940年代川西乡村的暴力与秩序》,北京:北京大学出版社,2018年。

82. 王汎森著:《思想是生活的一种方式:中国近代思想史再思考》,北京:北京大学出版社,2018年。

83. 王江松著:《知识分子的自我启蒙》,北京:线装书局,2012年。

84. 王磊著:《章太炎报刊实践与传播思想研究》,北京:中国社会科学出版社,2018年。

85. 王奇生:《党员、党权与党争:1924—1949年中国国民党的组织形态》,北京:华文出版社,2010年。

86. 王晴佳著:《新史学讲演录》,北京:中国人民大学出版社,2010年。

87. 王晓岚著:《喉舌之战——抗战中的新闻对垒》,桂林:广西师范大学出版社,2001年。

88. 翁礼明、姚伟民主编:《范长江研究论丛》第二辑,成都:四川大学出版社,2016年。

89. 吴廷俊著:《新记〈大公报〉史稿》,武汉:武汉出版社,2002年。

90. 湘潭大学主编:《红藏:进步期刊总汇(1915—1949)》,湘潭:湘潭大学出版社,

2014年。

91. 中共中央文献研究室,新华通讯社编:《毛泽东新闻工作文选》,北京:新华出版社,2014年。

92. 许纪霖著:《大时代的知识人》,北京:中华书局,2012年。

93. 许纪霖著:《家国天下——现代中国的个人国家与世界认同》,上海:上海人民出版社,2017年。

94. 许纪霖著:《中国知识分子十论》,上海:复旦大学出版社,2003年。

95. 杨春华,星华编译:《列宁论报刊与新闻写作》,北京:新华出版社,1983年。

96. 杨奎松著:《忍不住的"关怀":1949年前后的书生与政治》,桂林:广西师范大学出版社,2013年。

97. 杨奎松著:《学问有道——中国现代史研究访谈录》,北京:九州出版社,2009年。

98. 杨新正著:《中国新闻通讯员简史》,北京:人民日报出版社,2014年。

99. 叶文心著:《民国知识人:历程与图谱》,北京:生活·读书·新知三联书店,2015年。

100. 于友著:《解读范长江——记者要坚持真理说真话》,北京:群言出版社,2009年。

101. 余敏玲著:《形塑"新人":中共宣传与苏联经验》,台北:"中央研究院",2015年。

102. 余英时编:《士与中国文化》,上海:上海人民出版社,2003年。

103. 俞凡著:《新记〈大公报〉再研究》,北京:中国社会科学出版社,2016年。

104. 虞坤林编著:《二十世纪日记知见录》,北京:国家图书馆出版社,2014年。

105. [英]彼得·伯克著;姚明,周玉鹏等译:《历史学与社会理论》,上海:上海人民出版社,2001年。

106. [英]沈艾娣著;赵妍杰译:《梦醒子:一位华北乡居者的人生(1857—1942)》,北京:北京大学出版社,2013年。

107. 张静庐:《中国的新闻记者与新闻纸》,上海:光华书局,1930年。

108. 张威著:《光荣与梦想:一代新闻人的历史终结》,北京:清华大学出版社,2012年。

109. 张文明编:《邹韬奋新闻出版实践与思想研究》,北京:社会科学文献出版社,2015年。

110. 张晓锋著:《新闻职业精神论纲》,北京:中国广播电视出版社,2011年。

111. 张育仁著:《自由的历险——中国自由主义新闻思想史》,昆明:云南人民出版社,2002年。

112. 张仲民著:《叶落知秋:清末民初的史事和人物》,上海:上海人民出版社,2020年。

113. 章清著:《清季民国的"思想界"》,北京:社会科学文献出版社,2014年。

114. 郑保卫著:《中国共产党领导人新闻实践与新闻思想研究》,北京:中国人民大学出版社,2011年。

115. 郑保卫著:《中国共产党新闻思想史》,福州:福建人民出版社,2004年。

116. 中国社会科学院新闻研究所编:《中国共产党新闻工作文件汇编》(上、中、下),北京:新华出版社,1980年。

117. 周兵著:《新文化史:历史学的"文化转向"》,上海:复旦大学出版社,2012年。

118. 周海燕著:《记忆的政治》,北京:中国发展出版社,2013年。

四、硕博士学位论文、中文期刊论文

博士学位论文:

1. 曹明臣著:《蒋介石崛起过程中的媒体认知及作用——以1926—1932年〈大公报〉为中心的探讨》,浙江大学博士论文,2013年。

2. 陈建新著:《〈大公报〉与抗战宣传》,浙江大学博士论文,2006年。

3. 陈艳辉著:《湖南〈力报〉(1936—1945)研究——基于文化抗战视角的考察》,华中科技大学博士论文,2013年。

4. 陈志强著:《胡政之新闻职业观及其实践研究》,华中科技大学博士论文,2010年。

5. 褚金勇著:《报刊媒介影响下的书写观念转型——以晚清报人为中心的考察》,武汉大学博士论文,2014年。

6. 丁骋著:《中国大陆民营报纸退场的探究(1949—1954)》,华中科技大学博士论文,2012年。

7. 樊亚平著:《在自由记者与中共党员之间:范长江心态研究》,复旦大学博士后出站报告,2015年。

8. 方晨著:《詹姆斯·W.凯瑞的新闻历史观研究》,华中科技大学博士论文,2017年。

9. 郭恩强著:《重塑新闻共同体:新记〈大公报〉职业意识研究》,复旦大学博士论文,2012年。

10. 贺碧霄:《新闻范式更替:从民间报人到党的干部——以上海私营报业改造为中心的考察(1949—1952)》,复旦大学博士论文,2011年。

11. 胡丹著:《清末民初知识分子与媒介批评研究》,暨南大学博士论文,2012年。

12. 孔祥军著:《新闻精品:一种理论建构和组织文化的框架》,复旦大学博士论文,2005年。

13. 李凤成著:《理想与现实之间——胡适自由理念及其实用主义选择》,南京大学博士论文,2014年。

14. 李理著:《从合作社性质的民营报纸到共产党的党报——汉口〈大刚报〉史研究(1945.11—1951.12)》,华中科技大学博士论文,2011年。

15. 李卫华著:《报刊传媒与清末立宪思潮》,厦门大学博士论文,2009年。

16. 林牧茵著:《移植与流变——密苏里大学新闻教育模式在中国(1921—1952)》,复旦大学博士论文,2012年。

17. 林盼著:《清末新式媒体与关系网络——〈中外日报〉(1898—1908)研究》,复旦大学博士论文,2013年。

18. 刘峰著:《20世纪30年代农村复兴思潮研究》,湖南大学博士论文,2015年。

19. 刘红著:《新民主主义革命时期中国共产党文化领导权思想与实践研究》,陕西师范大学博士论文,2018年。

20. 罗映纯著：《近代中国新闻职业化的建构——以民国新闻教育为考察中心》，暨南大学博士论文，2015年。

21. 马瑞洁著：《喉舌之困——国民党党媒制度与新闻宣传（1945—1949年）》，南开大学博士论文，2013年。

22. 潘西华著：《"文化领导权"：无产阶级政权合法性的基石——葛兰西文化领导权思想研究》，中国人民大学博士论文，2008年。

23. 邵志择著：《中国近代报刊思想的起源与转折》，浙江大学博士论文，2009年。

24. 佘爱春著：《抗战时期桂林文化城的文学空间》，南京大学博士论文，2011年。

25. 宋荣超著：《20世纪初政论报刊与现代民族国家的初期建构》，中央民族大学博士论文，2010年。

26. 孙健著：《民国时期报刊客观性思想研究》，上海大学博士论文，2012年。

27. 王豪著：《马克思主义新闻思想中国化研究》，苏州大学博士论文，2012年。

28. 王红军著：《清末民初思想界的黄远生——新闻撰述生涯及生平史实之考辨与补正》，复旦大学博士论文，2010年。

29. 王继先著：《新闻人马星野研究》，南京师范大学博士论文，2015年。

30. 王彦堂著：《民主革命时期党的新闻工作者教育研究（1937—1949）》，吉林大学博士论文，2011年。

31. 王永恒著：《媒体的力量——抗战时期的〈新华日报〉及其影响》，华中师范大学博士论文，2004年。

32. 魏剑美著：《陈独秀报刊活动及报刊思想研究》，湖南师范大学博士论文，2015年。

33. 吴斌著：《〈大公报〉宪政言论分析（1902—1949）》，中国政法大学博士论文，2009年。

34. 吴自力著：《中共中央南方局报人群体研究》，暨南大学博士论文，2016年。

35. 夏学花著：《〈时与文〉知识分子群体对国家出路的探索及历史选择》，复旦大学博士论文，2013年。

36. 徐基中著：《上海新闻记者职业团体研究（1921—1937）》，华中科技大学博士论文，2016年。

37. 许晓明著：《中国近代新闻教育发展史研究（1912—1949）》，河北大学博士论文，2015年。

38. 许莹著：《办报干政的另一种探索——汪康年报刊思想与实践研究》，华中科技大学博士论文，2010年。

39. 阳海洪著：《探索中国新闻史研究新范式——基于媒介生态的视角》，华中科技大学博士论文，2008年。

40. 杨绍琼著：《列宁早期党的宣传工作思想研究》，南京师范大学博士论文，2017年。

41. 叶青青著：《从农村办报走向城市办报：中共执政初期的党报新闻制度构建——以〈人民日报〉为例(1948—1953)》，复旦大学博士论文，2011年。

42. 张继木著：《张季鸾抗战言论研究》，华中科技大学博士论文，2013年。

43. 张朋著：《民国新闻人陈独秀研究》，南京师范大学博士论文，2018年。

44. 张世海著：《中国报业的产权问题研究》，中国社会科学院研究生院博士论文，2010年。

45. 赵雪波著：《战地记者论》，中国传媒大学博士论文，2005年。

学术期刊论文：

1. 白润生，陈春丽：《范长江的民族新闻情结》，《当代传播》，2011年第11期。

2. 蔡奕：《范长江与西安事变》，《新闻知识》，1999年第4期。

3. 陈凯：《毛泽东与三位〈大公报〉人的交往》，《文史天地》，2013年第1期。

4. 陈锐，高卫红：《抗战时期以范长江为核心的记者群建构研究》，《内江师范学院学报》，2018年第11期。

5. 陈锐，高卫红：《从名记者到政工干部——范长江进入新四军前后职业角色转变的现实理路与缘由探析》，《内江师范学院学报》，2019年第5期。

6. 陈锐，高卫红：《开拓者与奠基者：范长江对无产阶级新闻教育事业的贡献》，2019年第7期。

7. 陈涛：《历史的真实与历史理解的真实——关于深化范长江研究的几点思考》，《内江师范学院学报》，2014年第9期。

8. 陈涛：《范长江的"民本"新闻观》，《新闻界》，2006年第4期。

9. 陈涛：《范长江新闻作品的话语初探》，《内江师范学院学报》，2006年第6期。

10. 陈绚，董书华：《范长江〈论人民的报纸〉》，《新闻界》，2012年第12期。

11. 陈玉申：《范长江死因探析》，《新闻与传播研究》，2009年第6期。

12. 邓炘炘：《范长江的新闻生涯》，《新闻研究资料》，1991年第6期。

13. 丁柯：《怀念范长江和上海〈解放日报〉初创的日子》，《新闻记者》，2009年第11期。

14. 丁晓原：《信息与文化：范长江报告文学论》，《黄淮学刊（哲学社会科学版）》，1996年第9期。

15. 樊亚平，丁冬女：《从职业无意识到职业认同——范长江职业认知与职业精神的发育与建构》，《兰州大学学报（社会科学版）》，2017年第1期。

16. 樊亚平，李向辉：《从"超然""独立"到"新闻参战"——抗战初期范长江职业身份与新闻思想的转变》，《甘肃社会科学》，2018年第2期。

17. 樊亚平，李向辉：《抗日民族统一战线下的特殊话语表达——抗战时期范长江在国统区的公开言说与话语策略》，《国际新闻界》，2018年第10期。

18. 樊亚平，王婷婷：《挽救国运为"体"，职业选择为"用"——范长江步入记者生涯的心路与动力因素探析》，《兰州大学学报（社会科学版）》，2018年第4期。

19. 樊亚平：《从自由记者到中共党员：范长江走向中共的步履》，《山西大学学报（哲学社会科学版）》，2016年第4期。

20. 樊亚平：《范长江离开〈大公报〉的原因探析》，《新闻大学》，2017年第3期。

21. 樊亚平：《群众运动中的表情与会意——范长江离开新闻事业的原因探析》，《安徽大学学报（哲学社会科学版）》，2016年第7期。

22. 范东升,周弯:《〈中国的西北角〉〈塞上行〉版本学研究初探——从〈动荡中之西北大局〉谈起》,《新闻与传播研究》,2016年第9期。

23. 范东升:《当他还不是一个名记者的时候——介绍我的父亲范长江同志的早期新闻活动》,《新闻记者》,1984年第4期。

24. 范东升:《范长江西蒙行行程与路线考辨》,《新闻春秋》,2019年第2期。

25. 范东升:《范长江研究与实事求是的精神——编辑〈中国的西北角〉〈塞上行〉(校注本)的缘起与原则》,新闻记者,2015年第1期。

26. 范红芝:《范长江的飞扬与落寞——关于新闻人价值取向的思考》,《大众文艺(理论)》,2009年第8期。

27. 范苏苏,苗青:《范长江在1938》,《档案春秋》,2018年第8期。

28. 范苏苏:《父亲范长江与张学良副官陈大章》,《炎黄春秋》,2006年第12期。

29. 范长城,邱沛篁:《范长江的成长》,《新闻界》,1985年第2期。

30. 方蒙:《要树立新闻记者的正气——记范长江对青年记者的教育》,《中国记者》,1989年第8期。

31. 冯大彪:《范长江与沈谱的婚礼》,《文史精华》,2001年第9期。

32. 冯广圣:《范长江新闻思想对当下"走转改"的启示》,《今传媒》,2014年第3期。

33. 冯英子:《范长江是怎样采访的》,《新闻大学》,1981年第1期。

34. 冯英子:《长江为什么离开〈大公报〉?》,《新闻记者》,1992年第8期。

35. 高长明:《用史料说话——关于范长江与中国新闻史研究的思考》,《新闻大学》,2011年第3期。

36. 郭仁怀,袁德龙:《范长江与淮南根据地文艺运动》,《南京广播电视大学学报》,2002年第1期。

37. 洪梅芬:《"一定把报纸办到上海去"——范长江与上海〈解放日报〉创刊》,《档案春秋》,2016年第5期。

38. 胡正强:《〈中国需要什么样的记者〉与范长江的记者素质观》,《新闻爱好者》,2012年第11期。

39. 胡正强:《范长江"研究红军北上以后中国的动向"目的论析》,《南京理工大学学报(社会科学版)》,2014年第1期。

40. 胡正强:《范长江媒介批评实践论略》,《当代传播》,2012年第11期。

41. 胡正强:《范长江四篇新闻佚文述略》,《新闻爱好者》,2014年第8期。

42. 胡正强:《范长江研究中的不足及其表现》,《青年记者》,2013年第12期。

43. 胡正强:《范长江与"抗战中的中国"丛刊》,《新闻爱好者》,2013年第10期。

44. 胡正强:《稿件修改背后的意识形态踪迹——以范长江〈歧途上的危机〉一文为例》,《南京理工大学学报(社会科学版)》,2013年第10期。

45. 胡正强:《论范长江离开〈大公报〉之"偶然说"不成立》,《青年记者》,2014年第10期。

46. 胡正强:《论媒介转换对〈中国的西北角〉成功的影响》,《内江师范学院学报》,2014

年第3期。

47. 胡正强：《评析范长江发表在〈浙江潮〉上的新闻轶文》，《国际新闻界》，2013年第3期。

48. 胡正强：《试论范长江的政论写作及其艺术特色》，《淮北师范大学学报（哲学社会科学版）》，2013年第8期。

49. 胡忠青，李相成：《〈中国的西北角〉：是伤疤还是足迹？》，《现代传播（中国传媒大学学报）》，2007年第10期。

50. 黄成炬：《"记者成名假说图"——范长江成名之因研究心得》，《人才研究》，1987年第6期。

51. 黄春平：《历史需要宽容还是需要真实？——关于范长江"新说法"争论的思考》，《新闻大学》，2008年第3期。

52. 黄旦：《范长江通讯中的政论色彩》，《新闻业务》，1986年第1期。

53. 黄旦：《中国新闻传播的历史建构——对三个新闻定义的解读》，《新闻与传播研究》，2003年第3期。

54. 黄剑庆：《范长江报道西安事变真相及意义》，《内江师范学院学报》，2006年第6期。

55. 黄剑庆：《无私方能无畏——关于范长江的断想》，《新闻研究资料》，1987年5期。

56. 季音：《范长江的风格——回忆长江同志二三事》，《新闻通讯》，1995年第4期。

57. 蒋晓丽，贾瑞琪：《符号学视域下主流媒体对范长江的人物形象建构——以人民网相关报道为例》，《新闻与写作》，2016年第12期。

58. 蒋晓丽，李玮：《客观真实 公共服务 社会责任——论范长江新闻专业主义精神及其当代启示》，《采写编》，2012年第12期。

59. 蒋晓丽，闻学峰：《报纸三"工具"论——1942年以前范长江对于报纸性质和作用的认识》，《西南民族大学学报（人文社科版）》，2009年第10期。

60. 蒋忠波：《析〈中国的西北角〉连版九次的原因》，《编辑之友》，2011年第12期。

61. 金石：《范长江笔下的西北民族问题——以〈中国的西北角〉为文本的考察》，《今传媒》，2010年第11期。

62. 靳国君：《范长江何曾"合作出版"〈中国的西北角〉？》，《出版发行研究》，2012年第4期。

63. 孔晓宁：《范长江新闻通讯的特色》，《新闻研究资料》，1984年第3期。

64. 孔晓宁：《回忆范长江——率领党中央机关报踢开头三脚》，《中国报业》，2017年第3期。

65. 蓝鸿文：《从范长江的三次采访看记者素质》，《新闻界》，1987年第1期。

66. 蓝鸿文：《从一篇通讯看范长江惊人的分析和判断能力》，《新闻知识》，1986年第10期。

67. 蓝鸿文：《范希天在北大除"长江"外，还用过别的笔名吗？——对一个笔名的考证》，《国际新闻界》，2008年第7期。

68. 蓝鸿文:《范长江报道红军长征的七篇佚文》,《新闻战线》,1986 年第 10 期。

69. 蓝鸿文:《范长江有哪些新闻文章未收入〈范长江新闻文集〉?——给读者提供一个研究目录》,《国际新闻界》,2009 年第 3 期。

70. 蓝鸿文:《既有全局高度 又有政策观念——谈谈毛主席表扬范长江的两篇通讯》,《新闻记者》,1984 年第 5 期。

71. 蓝鸿文:《抗战初期活跃在山西战场的大公报记者》,《采写编》,2005 年第 12 期。

72. 蓝鸿文:《五十年前范长江笔下的红军长征》,《新闻与写作》,1986 年第 11 期。

73. 黎澍:《胡愈之、范长江和国新社》,《新闻研究资料》,1987 年 5 期。

74. 李爱平:《1949 年接管国民党"中央社"始末》,《百年潮》,2010 年第 3 期。

75. 李彬,姜琳:《"青记"成立情况小考》,《国际新闻界》,2006 年第 2 期。

76. 李华:《范长江新闻思想的贡献及当代启示》,《编辑之友》,2012 年第 11 期。

77. 李理:《〈大刚报〉是唯一的一家合作社性质的民间报纸"——范长江对〈大刚报〉评价的原因及历史检视》,《国际新闻界》,2012 年第 4 期。

78. 李满星:《范长江与张季鸾:何以从道义之交到分道扬镳》,《文史春秋》,2016 年第 8 期。

79. 李双胜:《试论范长江离开〈大公报〉的经过与因由》,《新闻春秋》,2015 年第 4 期。

80. 李文:《范长江报告文学创作成功原因探析》,《西北师大学报(社会科学版)》,2001 年第 11 期。

81. 李晓灵,王晓梅:《"CNKI"视域下的范长江研究(2000—2011)及反思》,《当代传播》,2012 年第 7 期。

82. 李晓灵:《"范长江现象":中国现代新闻理想的历史隐喻》,《关东学刊》,2016 年第 9 期。

83. 李秀云,朱孟艳:《时代的呼唤:〈中国的西北角〉成功要因分析》,《浙江传媒学院学报》,2012 年第 4 期。

84. 李庄:《新闻工作忆往——从范长江同志对我的言传身教说起》,《新闻与写作》,1999 年第 8 期。

85. 刘鹏:《换装——解放初上海新闻文化变迁一瞥》,《新闻与传播研究》,2013 年第 1 期。

86. 刘庆田:《从历史档案看青年记者学会的斗争》,《新闻窗》,1997 年第 12 期。

87. 刘少文:《办报也为稻粱谋?——记者的稿酬》,《新闻传播》,2001 年第 4 期。

88. 刘宪阁:《做宣传,还是写史论?——关于抗战时期新闻遗产之思考》,《天府新论》,2015 年第 11 期。

89. 刘晓琴:《范长江与史沫特莱抗战时期新闻活动比较研究》,《当代传播》,2011 年第 3 期。

90. 路鹏程:《论民国新闻记者交际费用的来源、使用与影响》,《新闻大学》,2017 年第 2 期。

91. 罗雅琳:《西部中国的"现代"形象——1930 年代范长江、斯诺与陈学昭的西行写作》,《中国现代文学研究丛刊》,2017 年第 12 期。

92. 马红星:《范长江与川底村》,《文史月刊》,2019 年第 2 期。
93. 马庆,谭艳丽:《论范长江新闻思想的两次转变》,《青年记者》,2011 年第 32 期。
94. 倪延年:《论〈中国的西北角〉产生轰动的动因及启示》,《新闻春秋》,2019 年第 1 期。
95. 彭继良:《抗战时期广西新闻事业概况》,《新闻大学》,1994 年第 8 期。
96. 钱江:《范长江出任〈人民日报〉社社长的前前后后》,《党史文苑》,2015 年第 1 期。
97. 钱江:《范长江为什么离开〈人民日报〉》,《百年潮》,2009 年第 6 期。
98. 钱江:《为什么调范长江主持〈人民日报〉》,《中国报业》,2011 年第 8 期。
99. 邱家宜:《战后初期台湾报人群体的多重"感知结构"》,《新闻学研究》,2012 年第 7 期。
100. 邱沛篁:《范长江的采访思想和实践》,《新闻界》,1999 年第 12 期。
101. 邱沛篁:《范长江新闻作品的写作艺术》,《新闻界》,1987 年第 6 期。
102. 任嘉尧:《抗战时期的范长江同志》,《新闻大学》,1997 年第 8 期。
103. 任振宇,马慜:《如何理解"青年范长江"?——"为民族独立与自由而呼号"的新闻记者》,《宁夏社会科学》,2015 年第 1 期。
104. 施蕾蕾,沈荟:《朋友与同志:夏衍和小报文人交往关系的建构与维系》,《新闻与传播研究》,2019 年第 4 期。
105. 石含芳:《再议范长江西北之行》,《档案》,2005 年第 6 期。
106. 宋梅:《总编辑如何使用和发现人才——新记大公报用人经验的借鉴与思考》,《新闻界》,1997 年第 12 期。
107. 陶喜红:《论范长江的党报思想》,《东南传播》,2007 年第 3 期。
108. 汪幼海:《范长江通讯的地域特色》,《新闻大学》,1995 年第 5 期。
109. 王华:《五四时期新闻学遗产与近代中国重大自然灾害报道模式流变》,《中国出版》,2019 年第 4 期。
110. 王淮冰:《漫谈范长江的新闻思想》,《新闻通讯》,1990 年第 12 期。
111. 王君超:《学习范长江的问题意识》,《新闻爱好者》,1993 年第 6 期。
112. 王润泽:《范长江离开〈大公报〉的新解》,《采写编》,2008 年第 12 期。
113. 王天根:《近代中国报刊与社会历史》,《安徽大学学报(哲学社会科学版)》,2010 年第 7 期。
114. 王醒:《〈中国的西北角〉的历史价值及版数考证》,《新闻出版交流》,1999 年第 9 期。
115. 王咏梅:《范长江论言论自由》,《炎黄春秋》,2009 年第 11 期。
116. 王咏梅:《范长江与〈大公报〉》,《新闻与写作》,2010 年第 4 期。
117. 王芝琛:《范长江为何离开〈大公报〉》,《书屋》,1998 年第 10 期。
118. 魏华龄:《范长江与国际新闻社》,《文史春秋》,2009 年第 2 期。
119. 吴廷俊:《范长江新闻教育思想与实践初探》,《新闻春秋》,2018 年第 2 期。

120. 夏俊生：《北平解放前后党的新闻机构》，《新闻与写作》，2008 年第 4 期。

121. 徐向明：《新闻工作者的职业观和事业观——学习范长江新闻思想札记》，《新闻通讯》，2000 年第 12 期。

122. 严怪愚：《我与范长江的交往》，《文史天地》，2004 年第 11 期。

123. 燕凌：《范长江当〈人民日报〉社长的日子》，《炎黄春秋》，2004 年第 9 期。

124. 尹韵公：《〈长征中党的报刊活动〉一文史事补遗》，《百年潮》，2015 年第 1 期。

125. 尹韵公：《范长江前的几位西北考察者》，《新闻研究资料》，1986 年第 5 期。

126. 尹韵公：《范长江西北采访行程究竟是多少?》，《新闻战线》，1986 年第 3 期。

127. 尹韵公：《关于范长江与〈中国的西北角〉之余论》，《安徽大学学报（哲学社会科学版）》，2010 年第 7 期。

128. 尹韵公：《论范长江"研究红军北上以后中国的动向"的目的之不能成立》，《新闻与传播研究》，2009 年第 6 期。

129. 尹韵公：《为什么不是范长江?》，《新闻与传播研究》，2003 年第 2 期。

130. 于友：《范长江晚年对新闻工作的思考》，《炎黄春秋》，2009 年第 1 期。

131. 张瑷：《斯诺与范长江报告文学比较研究》，《新疆师范大学学报（哲学社会科学版）》，1992 年第 9 期。

132. 张刃：《范长江脱离大公报前后》，《炎黄春秋》，2014 年第 4 期。

133. 张涛甫，项一嶔：《发现"西北中国"：范长江的视角》，《新闻大学》，2012 年第 8 期。

134. 张威：《被遗忘的涪江东岸：范长江"成兰之行"若干问题考略》，《新闻春秋》，2019 年第 1 期。

135. 张燕：《范长江新闻报道中的文化气质——以"旅行通讯"为例》，《现代传播（中国传媒大学学报）》，2012 年第 11 期。

136. 郑德金：《范长江与军事报道》，《军事记者》，2006 年第 12 期。

137. 周亚军，陈继静：《试论范长江与〈大公报〉的分离》，《国际新闻界》，2011 年第 7 期。

138. 朱锦翔：《新闻采访的楷模——评范长江和他的〈中国的西北角〉》，《兰州大学学报》，1988 年第 1 期。

139. 朱生华：《抗战初期范长江在武汉》，《武汉文史资料》，1995 年第 3 期。

140. 朱悦华：《范长江新闻生涯的最后两年》，《中国记者》，2010 年第 2 期。

后 记

拙著是在我的博士论文《社会关系网络视域下的新闻人范长江研究》基础上修改完成的。2018年的金秋时节丹桂飘香，我再一次迈入熟悉的南师随园，师从倪延年教授攻读博士学位。时光荏苒，岁月如歌。攻读博士学位是读书破万卷的过程，是曲径通幽的过程。只有千回百转，才能"悠然见南山"。套用莫泊桑的话，读博的"生活可能不像你想象得那么好，但也不会像你想象得那么糟。人的脆弱和坚强都超乎了自己的想象。有时候，可能脆弱得一句话就泪流满面，有时候你发现自己咬着牙已经走过了很长的路"。致敬那段生命中最宝贵的时光和遇到的每一个人，他们为我打开了人生的一扇门，把我带入了新的人生境界。

正如范长江在《中国的西北角》第七版前言中所述："本书的出版，此中百分之九十五是各地朋友们的力量，其余百分之五才是机会和我自己的微力。"一个人的成长、成果的取得离不开他社会网络的支持与助力。诚挚感谢我的授业恩师倪延年教授。本书的选题写作、修改完成并顺利纳入《南京师范大学民国新闻史研究所丛书》（第二辑）出版，离不开先生的热切鼓励与鼎力支持。倪老师是学界公认的中国近代新闻史研究领军人，能拜入倪门、在先生的指导下进行新闻史的研究与学习是我人生中的一大幸事。读书的时光匆匆，与先生的每一次相处都让我记忆犹新，每一次交流更让我如沐春风。我从先生身上不仅感受到严谨治学、一丝不苟的学术精神，更为先生的格局视野、人格魅力和为人品质所折服。这种精神力量必将指引我未来的教学科研工作。这本书稿亦是在倪老师的悉心指导与帮助下完成的。范长江是新闻史上非常重要的人物，同时也是热门人物，确定以范长江为对象开展研究时，倪老师即和我细致讨论这个题目的难度与突破口。特别是在我沉浸于史料而无法提炼出观点的"至暗时刻"，倪老师有如一盏明灯为我照亮前方的路。那一刻的茅塞顿开、豁然开朗至今难忘。初稿完成后，倪老师认真、细致地逐字逐句审阅修改，前前后后帮助我修改了五稿，红笔批注写满了一张张A4纸，上面的每一字都凝结了他的心血，令我非常感动。在此，向倪老师表示最崇高的敬意。

从仙林到随园，在南师求学十年，师恩难忘。借着本书即将出版之际，特别向方晓红教授、顾理平教授、张晓锋教授、庄曦教授、邹举教授、骆正林教授、胡正强教授、王继先教授、于德山教授、刘永昶教授、靖鸣教授等表示感谢，感谢他们在本书选题和写作方面所提供的宝贵意见和中肯建议。感谢李培林老师、卜新章老师、汤天明老师、张宁老师、俞小松老师、刘发群老师等对我学业之路的关心与支持。

作为新闻史研究的新人，由衷感谢学界前辈给予的关心和鼓励。感谢新闻史学界泰斗方汉奇先生对本书选题的肯定与指教。感谢范长江的长子范苏苏先生，次子范东升教授，伍心言后人伍丕庆先生以及张威教授为本书所提供的史料支持。感谢兰州大学樊亚平教授将他的博士后出站报告与我分享，为我指点迷津。樊老师的学养学品让我非常钦佩。他称我是"范长江研究新锐"对我而言更是莫大的鼓励。感谢两本范长江传记的作者徐向明先生和陈涛教授对我的关心指点。感谢尹韵公教授、程丽红教授、潘祥辉教授在博士论文预答辩、正式答辩中对我的指导与鼓励。他们中肯的意见与建议给予了我修改论文并形成书稿的方向与动力。感谢内江师范学院魏伟书记、陈锐老师为本研究的开展所提供的支持与帮助。

倪门的泱育师兄、吴翔师兄、关梅师姐、继先师兄、爱民师兄、钱珺师姐、张朋师兄、勇丽师姐为我树立了榜样，给予我共同体的温暖；感谢操瑞青博士、夏羿博士、虞文俊博士、林若野博士、王晗啸博士、张炳旭博士、许天颖博士、董浩博士、姚瑶博士、程河清博士、夏冬博士、冯迪拉博士的鼓励与陪伴，朋辈相互间的砥砺奋进支撑着我们学术共同体的发展。

特别感谢淮阴师范学院的领导与同仁。感谢他们对我工作、生活以及学业上的关心与帮助。

衷心感谢我的家人。没有他们在做好后勤保障，解决我的后顾之忧，我定无法安心读书、完成专著的写作。感谢我的父母及岳父岳母在我离家的时候所付出的一切。感谢我的夫人刘铭老师在处理繁重的教学工作同时，还能悉心照顾好宝宝、陪伴她成长。感谢我的小棉袄菀菀，在她六个月时候我去台湾访学半年，在她两岁半时候我又赴南京攻博求学。爸爸对她的亏欠很多，这本书也算是爸爸送给她的一份礼物，真心期盼她能健康快乐的成长！

本书的出版也得到了南京师范大学出版社的大力支持，出版社的领导和本书责任编辑李思思老师为此倾注了大量心血。在此向他们表示诚挚的谢意。

由于时间和史料的限制,本书对范长江的研究尚有诸多不足,本人对史料的挖掘和解读的水平尚需进一步提高。希望今后有机会进一步搜集更新鲜的研究资料,创新方法观念和学术发现,进一步增强论证的严谨性。对于本书的不妥之处,也请方家多批评、指正。

周　浒

二〇二四年十一月五日

修订于江苏淮安清江浦大运河畔